A FORÇA SIMBÓLICA DOS DIREITOS HUMANOS

Edvaldo Moita (org.)

A força simbólica dos direitos humanos

Textos escolhidos de Marcelo Neves

Volume II

wmf martinsfontes

1ª edição 2024

Acompanhamento editorial *Célia Camargo*
Preparação de textos *Célia Camargo*
Revisões *Sandra Regina de Souza e Beatriz de Freitas Moreira*
Edição de arte e capa *Gisleine Scandiuzzi*
Produção gráfica *Geraldo Alves*
Paginação *Renato Carbone*

Dados Internacionais de Catalogação na Publicação (CIP)
(Câmara Brasileira do Livro, SP, Brasil)

A força simbólica dos direitos humanos : textos escolhidos de Marcelo Neves : volume II / Edvaldo Moita (org.). – 1. ed. – São Paulo : Editora WMF Martins Fontes, 2024.

Bibliografia.
ISBN 978-85-469-0586-7

1. Direitos humanos 2. Neves, Marcelo, 1957- 3. Simbolismo no direito I. Moita, Edvaldo.

24-196309 CDU-342.7

Índice para catálogo sistemático:
1. Direitos humanos : Direito 342.7

Cibele Maria Dias - Bibliotecária – CRB-8/9427

Todos os direitos desta edição reservados à
Editora WMF Martins Fontes Ltda.
Rua Prof. Laerte Ramos de Carvalho, 133 01325.030 São Paulo SP Brasil
Tel. (11) 3293.8150 e-mail: info@wmfmartinsfontes.com.br
http://www.wmfmartinsfontes.com.br

SUMÁRIO

LISTA DE TEXTOS ESCOLHIDOS

Volume I

Capítulo 1: "Entre subintegração e sobreintegração: a cidadania inexistente".

Capítulo 2: "Constitucionalização simbólica e desconstitucionalização fática: mudança simbólica da Constituição e permanência das estruturas reais de poder".

Capítulo 3: "Aumento de complexidade nas condições de insuficiente diferenciação funcional: o paradoxo do desenvolvimento social da América Latina".

Capítulo 4: "Justiça e diferença numa sociedade global complexa".

Capítulo 5: "Do consenso ao dissenso: o Estado democrático de direito a partir e além de Habermas".

Capítulo 6: "E se faltar o décimo segundo camelo? Do direito expropriador ao direito invadido".

Capítulo 7: "Da autopoiese à alopoiese do direito".

Volume II

Capítulo 1: "A força simbólica dos direitos humanos". *Revista Eletrônica de Direito do Estado*, 2005, nº 4, pp. 1-35.

Primeira publicação: *Anais da XVIII Conferência Nacional dos Advogados*, 2002, pp. 1087-117.

Também em: *Revista Brasileira de Direito Público*, 2003, nº 3, pp. 139-74.

Também em: M. Mont'Alverne Barreto Lima e P. A. de M. Albuquerque (orgs.). *Democracia, direito e política: estudos internacionais em homenagem a Friedrich Müller*. Florianópolis: Conceito Editorial, 2006, pp. 507-42.

Tradução espanhola: "La fuerza simbólica de los derechos humanos". *Doxa – Cuadernos de Filosofía del Derecho* 27, 2004, pp. 143-80.

Tradução francesa: "La force symbolique des droits de l'homme". *Droit et Société : Revue Internationale de Théorie du Droit et de Sociologie Juridique* 58, 2004, pp. 599-632.

Tradução alemã: "Die symbolische Kraft der Menschenrechte". *Archiv für Rechts- und Sozialphilosophie* 91 (Stuttgart: Franz Steiner), 2005, nº 2, pp. 159-87.

Tradução inglesa: "The Symbolic Force of Human Rights". *Philosophy & Social Criticism* 33, jun. 2007, nº 4, pp. 411-44.

Capítulo 2: "Do pluralismo jurídico à miscelânea social: o problema da falta de identidade da(s) esfera(s) de juridicidade na modernidade periférica e suas implicações na América Latina". *Direito em Debate* (Ijuí/RS: Universidade de Ijuí), 1995, vol. 4, nº 5, pp. 7-37.

Primeira publicação: *Anuário do Mestrado em Direito* (Recife: UFPE), 1993, nº 6, pp. 313-57.

Tradução espanhola (1. ed.): "Del pluralismo jurídico a la miscelánea social: el problema de la falta de identidad de la(s) esfera(s) de juridicidad en la modernidad periférica y sus implicaciones en América Latina". *El Otro Derecho* 6, nº 1, 1994, pp. 67-97.

Também em: J. Witker Velásquez (org.). *Antología de estudios sobre la enseñanza del derecho*. México: Universidad Nacional Autônoma de México, 1995, pp. 157-89.

Também em (2. ed.): M. G. Villegas e C. A. Rodríguez (orgs.). *Derecho y Sociedad en América Latina: Un debate sobre los estudios jurídicos críticos*. Bogotá: ILSA/Universidad Nacional de Colombia, 2003, pp. 261-90.

Tradução francesa: "Du pluralisme juridique au mélange social : Le problème du manque d'identité/autonomie de la (des) sphère(s) juridique(s) dans la modernité périphérique et ses implications en Amérique Latine". *Revue interdisciplinaire d'études juridiques* 4, 2000, pp. 179-211.

Tradução inglesa: "From Legal Pluralism to Social Miscellany: The Problem of the Lack of Identity of the Legal Sphere(s) in Peripheral Modernity and Its Implications for Latin America". *In*: C. A. Rodríguez (org.). *Law and Society in Latin America (Beyond Law: New Work on Law and Social Change from Latin America and Around the World* 9, nº 26). Bogotá: ILSA, 2003, jan., pp. 125-54.

Tradução alemã revista e ampliada: "Vom Rechtspluralismus zum sozialen Durcheinander: Der Mangel an Identität der Rechtssphäre(n) in der peripheren Moderne und seine Implikationen in Lateinamerika". *In*: H. Brunkhorst, G. Grözinger e W. Matiaske (orgs.). *Peripherie und Zentrum in der Weltgesellschaft*. Munique/Mering: Rainer Hammp, 2004, pp. 165-94.

Capítulo 3: "Estado democrático de direito e discriminação positiva: um desafio para o Brasil". *In*: J. Souza (org.). *Multiculturalismo e racismo: uma comparação Brasil e Estados Unidos*. Brasília: Editora Paralelo 15, 1997, pp. 253-75.

Capítulo 4: "Niklas Luhmann: 'Eu vejo o que tu não vês'". *In*: J. Almeida e W. Bader (orgs.). *Pensamento alemão no século XX: grandes protagonistas e recepção das obras no Brasil*. São Paulo: Goethe-Institut/Cosac Naify, 2009, vol. 1, pp. 257-73.

Capítulo 5: "A concepção de Estado de direito e sua vigência prática na América do Sul, com especial referência à força normativa de um direito supranacional". *Revista Brasileira de Estudos Constitucionais*, vol. 2, nº 8, 2008, pp. 217-36.

Tradução espanhola: "La concepción de Estado de derecho y su vigencia práctica en Suramérica, con especial referencia a la fuerza normativa de un derecho supranacional". *In*: A. von Bogdandy, C. L. Arroyo e M. M. Antoniazzi (orgs.). *¿Integración suramericana a través del derecho? Un análisis multidiciplinario y multifocal*. Heidelberg: Instituto Max Planck de Direito Comparado e Direito Público Internacional/Madrid: Centro de Estudios Constitucionales, 2009, pp. 51-78.

Capítulo 6: "A Constituição e a esfera pública: entre diferenciação sistêmica, inclusão e reconhecimento". *In*: C. de Melo, M. V. Benevides e G. Bercovici (orgs.). *Direitos humanos, democracia e república: homenagem a Fábio Konder Comparato*. São Paulo: Quartier Latin, 2009, pp. 653-88.

Também em: R. Dutra e J. P. Bachur (orgs.). *Dossiê Niklas Luhmann*. Belo Horizonte: Editora UFMG, 2013, pp. 105-47.

Primeira publicação: "Verfassung und Öffentlichkeit: Zwischen Systemdifferenzierung, Inklusion und Anerkennung". *Der Staat* 47 (Berlim: Duncker & Humblot), 2008, pp. 477-510.

Também em: R. Kreide (org.). *Staatliche Souveränität und transnationales Recht*. Munique/Mering: Rainer Hammp, 2010, pp. 160-93.

Tradução espanhola: "La Constitución y la Esfera Pública: entre diferenciación sistémica, inclusión y reconocimiento". *Doxa – Cuadernos de Filosofía del Derecho* 37, 2014, pp. 163-92.

Capítulo 7: "From Constitutionalism to Transconstitutionalism: Beyond Constitutional Nationalism, Cosmopolitan Constitutional Unity and Fragmentary Constitutional Pluralism". *In*: P. Blokker e C. Thornhill (orgs.). *Sociological Constitutionalism*. Cambridge: Cambridge University Press, 2017, pp. 267-312.

CAPÍTULO 1

A FORÇA SIMBÓLICA DOS DIREITOS HUMANOS

O artigo trata da força simbólica dos direitos humanos. Em primeiro lugar, delimita o sentido do termo "simbólico" e da expressão "força simbólica". Em seguida, discute o conceito de direitos humanos. Baseado nesses pressupostos, o autor entra no núcleo do seu argumento, caracterizando a força simbólica dos direitos humanos como ambivalente: de um lado, serve à afirmação e realização generalizada desses direitos; de outro lado, atua como forma de manipulação política. A esse respeito, o artigo concentra-se, primeiramente, na força simbólica dos direitos humanos no plano dos Estados e, em seguida, no contexto internacional e mundial. Por fim, o autor apresenta uma breve crítica ao uso retórico dos direitos humanos pela única superpotência da atualidade, os Estados Unidos.

1.1 Introdução

A conexão de duas expressões tão vagas, ambíguas e, porventura, pretensiosas, no título deste artigo, torna a minha exposição especialmente delicada. É verdade que esse é um problema inerente a todos os termos relevantes nas diversas áreas do saber referentes ao mundo cultural e social. Mas, no que concerne ao adjetivo "simbólico" e à expressão "direitos humanos", pode-se observar um abusivo exagero nas suas utilizações, sem maiores preocupações com os seus conteúdos significativos. No primeiro caso, no tocante a "simbólico", a questão relaciona-se antes com a dimensão cognitiva, havendo uma variedade de usos que torna o termo, muitas vezes, de uso teórico pouco frutífero. Nesse sentido, Umberto Eco reporta-se à ocasião em que os redatores do dicionário filosófico de Lalande reuniram-se para discutir publicamente a respeito da definição de "símbolo" como "um dos momentos mais patéticos da lexicografia filosófica", enfatizando que o dicionário "*não conclui*: a conclusão indireta a que Lalande convida é que o símbolo são muitas coisas, e nenhuma. Em síntese, não se sabe o que é" (Eco, 1984, pp. 199-200 [trad. bras., 1991, p. 196]; cf. Lalande (org.), 1992, pp. 1079-81)[1]. No segundo caso, concernente a "direitos humanos", o problema diz respeito sobretudo (não apenas!) à dimensão normativa. A ideia da essencialidade, fundamentalidade e universalidade dos direitos humanos conduz a uma luta para incluir certos conteúdos e excluir outros do seu âmbito semântico, de acordo apenas com os valores *particulares* dos respectivos grupos e o contexto histórico correspondente. Em uma postura de certa maneira cínica ou, no mínimo, irônica, poder-se-ia dizer com relação a "direitos humanos", recorrendo-se à terminologia de Lévi-Strauss (1973, pp. XLIX s., nota 1 [trad. bras., 1974, p. 35, nota 37]), que se trata de "significante flutuante" ou de "valor simbólico zero", cuja função ou eficácia seria "a de opor-se à ausência de significação sem comportar por si mesma qualquer significação". Outra alternativa consistiria em sustentar, com apoio no modelo desconstrutivista, que a expressão "direitos humanos" constitui um "significante vazio"

---

[1] A respeito da ambiguidade de "símbolo", "simbólico" e "simbolismo", ver Neves, 1994a, pp. 11-2.

(Laclau, 1994). Essas saídas não nos ajudariam muito no tratamento do problema com o qual nos confrontamos neste artigo, servindo apenas para o questionamento do uso semanticamente arbitrário do significante "direitos humanos". É preciso exatamente reconstruir o campo de sentido predominante em que os direitos humanos são utilizados no discurso político e jurídico da atualidade, para, a partir daí, enfrentar com maior clareza a questão da sua força simbólica.

Na exposição que se segue, pretendo, em primeiro lugar, delimitar muito brevemente o sentido em que emprego o termo "simbólico" e a expressão "força simbólica" no âmbito do presente artigo, enfatizando-lhes a ambiguidade (1.2). Em seguida, abordarei a questão semântica do significado e a pragmática dos portadores dos direitos humanos, salientando que não se trata de direitos "eternos", mas sim de construção e conquista político-jurídicas da modernidade, que, porém, têm viabilizado várias formas concretas de positivação e "interpretação" de acordo com o respectivo contexto cultural e social; nesse passo, referir-me-ei também aos paradoxos dos direitos humanos e às formas de seu desenvolvimento e superação (1.3). Baseado nesses pressupostos, entrarei no núcleo da minha exposição, caracterizando a força simbólica dos direitos humanos como ambivalente: de um lado, serve à afirmação e realização generalizada de direitos relacionados com a inclusão jurídica em condições de dissenso estrutural; de outro lado, atua como forma de manipulação política, seja para encobrir situações de carência de direitos, seja, mais bruscamente, para dar ensejo à opressão política, implicando, nesse caso, ofensas escandalosas aos próprios direitos humanos de amplas parcelas da população civil inocente. A esse respeito, concentrar-me-ei, primeiramente, na força simbólica dos direitos humanos no plano dos Estados (1.4) e, em seguida, abordá-la-ei no contexto internacional e mundial (1.5). Por fim, procurarei apresentar uma breve crítica ao uso retórico dos direitos humanos pela única superpotência da atualidade, os Estados Unidos, uso cuja força simbólica negativa contraria e põe em risco a própria afirmação simbólica e realização dos direitos humanos na complexa e heterogênea sociedade mundial do presente (1.6).

1.2 "Simbólico" e "força simbólica": a ambiguidade das palavras

Muito comumente, a referência ao termo "simbólico" sugere que se trata de algo diferente do fático ou real. No entanto, toda a dimensão do semiótico – não apenas do simbólico no sentido que pretendo utilizar aqui – é realidade concernente à realidade. É um plano reflexivo da realidade construída socialmente. Daí o paradoxo dos signos: são formas de referência à realidade que, de certa maneira, constroem essa mesma realidade e constituem, eles mesmos, parte da realidade social, podendo ser referidos como objetos (signos-objeto) em outros planos semióticos. Não se trata, porém, de planos no sentido formal da teoria dos tipos (Russell, 1968, pp. 75-80), pois não apenas entre significante e significado há uma circularidade dinâmica no processo de construção de significações, mas também a relação entre signos referentes e signos referidos, embora assimétrica, não exclui "entrelaçamentos" (cf. Hofstadter, 1979, espec. pp. 21-2 [trad. bras., 2001, espec. pp. 23 ss.]), autorreferência ou circularidade: assim, por exemplo, a linguagem judicial, objeto da linguagem legal, ao interpretá-la, constrói, em parte, o sentido desta, de tal maneira que a distinção entre linguagem-objeto e metalinguagem fica relativizada (cf. Neves, 1994a, p. 82; 2000, pp. 146 e 148). Enfim, os signos são parte da realidade social que, paradoxalmente, referem-se a essa mesma realidade social, autoconstruindo-a.

Mas com a dimensão simbólica em sentido estrito, essa questão ganha uma especificidade. Isso significa que não adoto um conceito holístico, inespecífico do simbólico. Não confundo o simbólico com o semiótico (Cassirer, 1944, pp. 24 ss. [trad. bras., 1972, pp. 49 ss.]; 1988, pp. 1 ss.), nem defino a estrutura social simplesmente como simbólica (Lévi-Strauss, 1973, p. XIX [trad. bras., 1974, p. 9]; 1958, pp. 305-6)[2], nem reduzo a política à dimensão do simbólico (Edelman, 1967; 1977). No uso que faço aqui, o qual encontra amplo respaldo nas ciências sociais em geral e na própria semiologia, o simbólico constitui apenas uma dimensão (embora relevantíssima) do social e mesmo do semiótico (cf. Neves, 1994a, pp. 24 ss.). O simbólico importa uma linguagem ou discurso em que há um deslocamento do sentido para uma outra esfera de significações (figura 1). O agir simbólico é conotativo na medida em que adquire um sentido mediato e impreciso que se acrescenta ao seu significado imediato e manifesto (Gusfield, 1986, p. 170; 1967, p. 177) e prevalece em relação a este. Assim, por exemplo, o significado político latente de um texto de sentido manifestamente jurídico pode ser imensamente mais relevante do que este. A respeito, estudando um caso de legislação simbólica, a "lei seca" nos Estados Unidos, Joseph Gusfield salientou que muitas leis, pelos seus conteúdos, são dignificadas tanto em caso de violação generalizada quanto na hipótese de cumprimento sistemático (Gusfield, 1967, p. 177), para relevar exatamente que a força político-simbólica daquela legislação estava relacionada com a falta de eficácia jurídica.

---

[2] É inegavelmente sob influência da antropologia estruturalista de Lévi-Strauss que Bourdieu e Passeron vão desenvolver a concepção de "violência simbólica", "eficácia simbólica" ou "poder simbólico" (cf. Bourdieu e Passeron, 1970, pp. 13-84; Bourdieu, 1971, pp. 298 ss.; 1982, espec. pp. 97-161; 1989, espec. pp. 48 ss. e 552 ss.).

Figura 1 – Força simbólica: deslocamento de sentido para outra esfera de significado

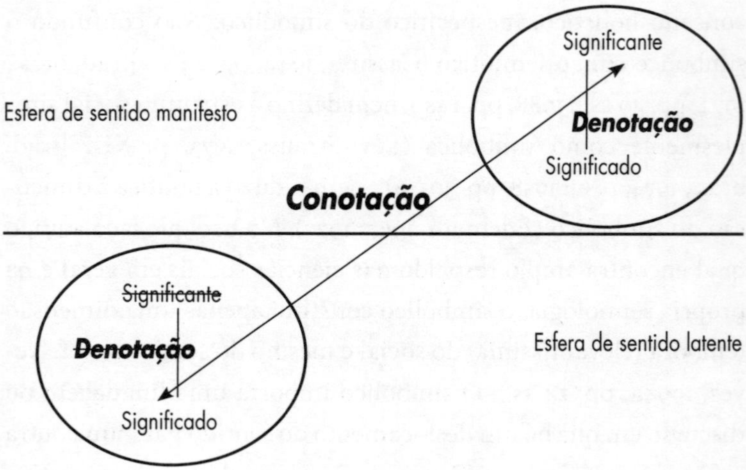

Em estudo anterior sobre constitucionalização simbólica (Neves, 1994a), dei ênfase ao caráter negativo do simbólico para a normatividade constitucional. Naquele contexto e âmbito específico de problema, destacava-se a hipertrofia da dimensão político-simbólica do texto constitucional em detrimento de sua eficácia jurídica. A constitucionalização simbólica consistiria em uma "superexploração" do direito pela política, de tal maneira que a própria autonomia operacional do sistema jurídico estaria, com isso, prejudicada (*ibid.*, p. 132). Não se negava que toda Constituição tem uma dimensão simbólica nem que esta pode servir à própria normatividade constitucional, mas se restringia o conceito de constitucionalização simbólica àquelas situações de hipertrofia do político-simbólico em desfavor da força normativo-jurídica do texto constitucional. Também não se negava o caráter positivo da constitucionalização simbólica no processo de superação do autoritarismo e luta pela democratização (*ibid.*, p. 162), mas essa dimensão não era posta em primeiro plano.

No contexto do tratamento da "força simbólica dos direitos humanos", cabe antes apontar a ambivalência do simbólico. É verdade que, no âmbito do normativo, quando enfatizamos a força simbólica, sugerimos um certo grau de falta, pelo menos no momento, da força normativa dos correspondentes atos, discursos, declarações ou textos. Mas o caráter conotativo de declarações, discursos, atos e textos simbólicos nem sempre serve à manutenção do *status quo* de carência dos respectivos direitos. A dimensão simbólica do normativo pode exatamente servir à superação de situações concretas de negação dos direitos. A referência simbólica a determinado instituto jurídico caracterizado por um alto grau de ineficácia normativo-jurídica serve tanto ao encobrimento dessa realidade, e mesmo à manipulação política para usos contrários à concretização e efetivação das respectivas normas, quanto a uma ampla realização do modelo normativo no futuro. A força simbólica de atos, textos, declarações e discursos de caráter normativo serve tanto à manutenção da falta de direitos quanto à mobilização pela construção e realização dos mesmos. Essa ambivalência significa que o simbólico não se reduz ao "ideológico" no sentido de ilusão negadora de outras alternativas ou ao "retórico" no sentido de uma mera persuasão descomprometida com o acesso aos direitos, pois também, paradoxalmente, incorpora o espaço da crítica ao modelo normativo de fachada. Além do mais, qualquer recurso à força simbólica é sempre arriscado. Por um lado, a afirmação simbólica de direitos e institutos jurídicos, sem qualquer compromisso com o real acesso aos mesmos ou à sua efetivação, pode levar à apatia pública e ao cinismo das elites (Neves, 1994a, pp. 112 e 161; Kindermann, 1989, p. 270), como também pode conduzir à mobilização social que contribua para a sua concretização normativa e efetivação. Nesse sentido, acentua Friedrich Müller em referência a textos normativos: "Afinal de contas, não se estatuem impunemente textos de normas e textos constitucionais, que foram concebidos com pré-compreensão insincera. Os textos podem revidar [zurückschlagen]" (1997, p. 56 [trad. bras., 1998, p. 105]). Por outro lado, o recurso crítico à força simbólica para mobilizar na perspectiva da efetivação de modelos jurídicos e do acesso a direitos solenemente declarados pode "revidar" negativamente no sentido da apatia pública e da desconfiança nas próprias possibilidades reais de conquista de direitos, assim como no sentido de um desprezo cínico das elites dominantes a respeito da inocuidade dos seus críticos, desde que não se considerem adequadamente os limites socioestruturais para o funcionamento das respectivas instituições e o efetivo gozo dos direitos pela massa dos excluídos. O direito não é uma esfera isolada no mundo social, havendo uma variedade de pressupostos não jurídicos (econômicos, políticos, culturais, científicos, técnicos, educacionais etc.) do jurídico.

Atualmente, tais ambivalências da força simbólica do normativo manifestam-se de maneira especialmente relevante no âmbito dos direitos humanos. Antes, porém, de entrar nesse tema nuclear do presente artigo, faz-se mister delimitar, para os fins que me proponho, o campo semântico (de significação) e, inseparável deste, o campo pragmático (dos titulares) dos direitos humanos.

1.3 Os direitos humanos: seu significado semântico-pragmático

Quando me refiro a direitos humanos, não aponto para a noção de direitos eternos, essenciais, aistóricos. Os direitos humanos constituem uma conquista da sociedade moderna, cabendo também caracterizá-los como uma construção ou "invenção" da modernidade (cf. Bobbio, 1992; Lefort, 1981). Com isso não se quer negar que haja antecedentes históricos da ideia de direitos humanos já na Antiguidade, persistindo até o início da era moderna (cf. Gerhardt, 1999, pp. 20 ss.). Daí, todavia, não se deve concluir que os direitos humanos não tenham sido "inventados" (no sentido de socialmente construídos) no âmbito de uma nova semântica da sociedade moderna[3], correspondendo a transformações radicais da estrutura societária que implicaram a denominada "Revolução dos Direitos Humanos" (Gauchet, 1989). Evidentemente, nenhuma "invenção", enquanto construção social, surge do nada. Os direitos humanos remontam a noções pré-modernas no âmbito da filosofia, da teologia e da política (cf. Brunkhorst, 2000; 2002), mas constituem um novo artefato social que emerge com a modernidade. Nesse sentido, pode-se observar que a ideia moderna dos direitos humanos apresenta-se como um substituto da noção mais antiga de direito natural, de tal maneira que a sua fundamentação é uma "herança que a decadência do direito natural europeu antigo nos deixou" (Luhmann, 1993a, p. 539). Mas enquanto na tradição do direito natural pré-moderno as expectativas cognitivas e normativas misturam-se (a "natureza essencial" como modelo normativo) e há como que uma preponderância do passado em relação ao futuro, aquele a determinar e fixar este, a emergência dos direitos humanos implica tanto a distinção entre o normativo e o cognitivo quanto uma orientação para o futuro. Os direitos humanos relacionam-se, portanto, com a "abertura da sociedade moderna para o futuro" (Luhmann, 1993b, p. 115). Não se trata, porém, simplesmente do reconhecimento e confirmação dessa abertura para o futuro. Ao reconhecimento e à confirmação *cognitivos* da contingência social e incerteza com relação ao futuro no âmbito da sociedade moderna, os direitos

[3] Em sentido contrário, ver Gerhardt, 1999, espec. pp. 26-7.

humanos respondem com a exigência *normativa* de estruturação da "abertura para o futuro". Isso significa que os direitos humanos servem à transformação de complexidade desestruturada em complexidade estruturada[4], ao implicarem a pretensão de justificar certas expectativas normativas e excluir a validade jurídica de outras. Esse papel estruturador da abertura para o futuro e da complexidade relaciona-se com exigências normativas sensíveis ao reconhecimento cognitivo do excesso de possibilidades e riscos inerentes à sociedade moderna.

Da mesma maneira que se relacionam com a supercomplexidade, o alto grau de contingência e a ampla abertura para o futuro – que caracterizam a sociedade moderna (Luhmann, 1981, p. 80; 1992, pp. 93 ss.; 1987b, pp. 344 ss.) –, os direitos humanos, assim como já se disse a respeito dos direitos fundamentais positivados constitucionalmente (Luhmann, 1986, pp. 23-5), referem-se ao "perigo de desdiferenciação", servindo à dinâmica de uma ordem social cujas comunicações permanecem "abertas à diferenciação", ou seja, à "manutenção de uma ordem diferenciada de comunicação". Em outras palavras, pode-se dizer que os direitos humanos respondem às exigências sociais de autonomia das diversas esferas de comunicação e de discursos. Embora em uma perspectiva crítica e com outra linguagem, já Marx (1988, pp. 361 ss.), ao definir os "direitos humanos" ("em contraposição aos direitos do cidadão") como "direitos do membro da sociedade burguesa, isto é, do homem egoísta" (*ibid.*, p. 364), sugeria uma conexão com o problema da diferenciação social: "O homem não foi por isso libertado da religião, ele obteve a liberdade religiosa.

---

[4] Sobre a distinção entre complexidade estruturada e não estruturada, cf. Luhmann (1987a, p. 383; 1987b, pp. 6-7). Paralelamente, ele distingue entre complexidade indeterminada/indeterminável e determinada/determinável (1971, pp. 300-2; 1975, pp. 209 ss.).

Não foi libertado da propriedade, obteve a liberdade de propriedade. Não foi libertado do egoísmo da indústria, obteve a liberdade industrial" (*ibid.*, p. 369)[5]. Mais tarde, a crítica de Lefort (1981) às tendências totalitárias contrárias aos direitos humanos também apontava para essa dimensão, eis que ele reconduz a institucionalização desses direitos ao "desintrincamento" de poder, lei e saber, acentuando que não se trata de uma cisão desses domínios (1981, p. 64 [trad. bras., 1987, p. 53]). Nessa perspectiva, a subordinação do direito e do saber à política é incompatível com os direitos humanos. Mas o "desintrincamento" (diferenciação) pode ser referido aqui, mais abrangentemente, às diversas esferas de comunicação (subsistemas) ou jogos de linguagem (discursos) com pretensão de autonomia em condições de complexidade. A negação da diferenciação ou a repressão da autonomia sistêmica ou discursiva por um código empiricamente mais forte em um contexto social determinado, hoje antes o econômico que o político, atua no sentido oposto à positivação dos direitos humanos. Um expansionismo da economia ou da política com efeitos socialmente "desdiferenciadores" importa não só a rejeição da autonomia do direito (legalidade e constitucionalidade no âmbito dos Estados ou, mais abrangentemente, *rule of law* e *due process of law*), pressuposto da realização dos direitos humanos, mas também a sonegação das liberdades nos âmbitos da ciência, arte, educação etc.

Outrossim, os direitos humanos não se referem apenas à pluralidade e autonomia de sistemas sociais e discursos, reagindo ao perigo da "desdiferenciação" (sobretudo política e econômica, mas também religiosa, midiática etc.) da sociedade, como tam-

---

[5] Entretanto, em sua postura crítica, Marx falava de "decomposição do homem" (1988, p. 357), não de diferenciação social.

bém dizem respeito à inclusão de pessoas e grupos. Do ponto de vista pragmático dos portadores ou destinatários, os direitos humanos têm a pretensão de validade universal. Todo homem é portador dos direitos humanos. Enquanto os modelos jusnaturalistas que remontam ao pensamento europeu antigo tendiam a excluir determinadas espécies de homem (escravos, mulheres e, de certa maneira, estrangeiros) ou a construir uma ordem hierárquica entre os homens com relação aos seus direitos, os direitos humanos (modernos) têm a pretensão de inclusão generalizada dos homens no âmbito jurídico. Portanto, nesse sentido, não constituem uma expressão ética de valores coletivos particulares, pois se relacionam com um discurso com pretensão normativa de universalidade pragmática[6]. Podem-se definir os direitos humanos, nessa perspectiva, como *expectativas normativas de inclusão jurídica de toda e qualquer pessoa na sociedade (mundial)* e, portanto, de *acesso universal ao direito enquanto subsistema social* (autônomo). Ao passo que, no conceito de justiça, a noção de *igualdade* assume o primeiro plano, no conceito de direitos humanos é a ideia de *inclusão* jurídica como acesso ao direito que é central, embora não só a primeira pressuponha a segunda, como esta se orienta no sentido daquela. A exclusão jurídica de amplos grupos humanos apresenta-se exatamente como a dimensão negadora dos direitos humanos, que, paradoxalmente, fortifica a sua semântica e também as expectativas normativas correspondentes. Diferentemente da cidadania em sentido amplo, que aponta para a inclusão jurídica generalizada no âmbito de uma ordem estatal particular (Neves, 2000, pp. 134 ss.), os direitos humanos referem-se à inclusão jurídica no plano da sociedade

---

[6] Sob esse aspecto, embora com outros pressupostos e consequências teóricos, assiste razão a Habermas (cf., p. ex., 1998a, espec. pp. 162-3).

mundial. Sob esse aspecto, o próprio direito à cidadania pode ser visto como uma dimensão reflexiva dos direitos humanos[7]. Os direitos humanos têm pretensão, portanto, de afirmar-se tanto perante as diversas ordens estatais quanto em face da ordem internacional, assim como diante da pluralidade de ordens extraestatais em que expectativas normativas têm relevância estrutural.

Mas o universalismo dos direitos humanos, enquanto exigência de inclusão jurídica generalizada no âmbito da sociedade mundial, relaciona-se com a heterogeneidade de pessoas e grupos no tocante a expectativas normativas, valores e interesses, característica da modernidade. Em um horizonte pré-moderno de uma ordem político-jurídica excludente e repressora dos valores, das expectativas e dos interesses divergentes dos dominantes, eram inconcebíveis os direitos humanos. A semântica dos direitos humanos desenvolve-se exatamente na medida em que transformações estruturais levam a uma pluralidade conflituosa de expectativas, valores e interesses não apenas entre as diversas esferas discursivas e sistêmicas com pretensão de autonomia, mas também entre pessoas e grupos no âmbito do mesmo campo discursivo ou sistêmico. Isso significa que os direitos humanos têm muito pouco a ver com consenso ou condições discursivas ideais para a busca do consenso. Ao contrário, a ideia de direitos humanos emerge no contexto do *dissenso estrutural* que advém com o surgimento da sociedade moderna, dissenso este (insisto) que concerne tanto à integração sistêmica conflituosa entre esferas de comunicação com pretensão de autonomia (Luhmann, 1997, espec. pp. 603-4) e à heterogeneidade de jogos de linguagem

---

[7] Por sua vez, em planos reflexivos diversos, define-se, de um lado, "a cidadania como o direito a ter direitos" (Lafer, 1988, pp. 146 ss.) e fala-se, de outro, com pretensão fundamentadora, de "direito a direitos humanos" (Brunkhorst, Köhler e Lutz-Bachmann [orgs.], 1999).

(Wittgenstein, 1997, p. 250, § 23; Lyotard, 1979, pp. 20 ss.; Welsch, 1991, 1996, pp. 401 ss.; Teubner, 1996; Ladeur, 1992, espec. pp. 41-5) quanto à divergência de valores, expectativas e interesses de pessoas e grupos (figura 2). Nessa perspectiva, assiste razão a Welsch, quando afirma – embora admitindo que tal interpretação é um tanto forçada – que os direitos humanos são, em seu núcleo, "direitos ao dissenso" (1991, p. 180). É que uma ordem fundada no consenso a respeito dos conteúdos valorativos prescinde dos direitos humanos, pois a virtude decorrente da harmonia social, já no plano das estruturas normativas, inclui os que aceitam a respectiva ordem e exclui, desconsiderando ou reprimindo, os que não concordam com ela. Também não caberia falar de direitos humanos com base em regras procedimentais ideais que viessem servir a um resultado consensual ou, em outras palavras, tendo como critério as condições ideais do discurso orientado para o entendimento (cf., p. ex., Habermas, 1992, pp. 187-207). Os direitos

Figura 2 – Direitos humanos como expectativas normativas generalizadas de inclusão jurídica em condições de dissenso

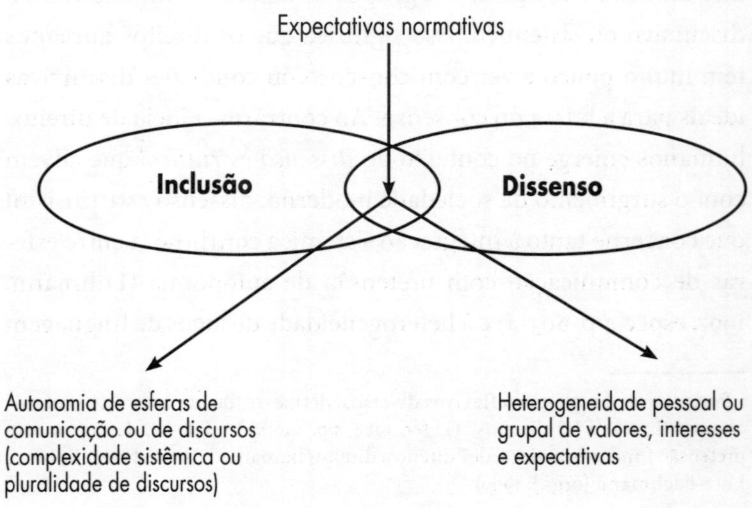

humanos servem, antes, para permitir a convivência nas condições reais de dissenso estrutural. Se quisermos falar de uma moral universalista moderna que estaria suposta na ideia de direitos humanos, essa moral deveria ser entendida como moral do dissenso. Por exemplo, a tortura e outros métodos de repressão contrários aos direitos humanos dirigem-se exatamente à negação do dissenso. A questão dos direitos humanos só se manifesta quando o dissenso vem à tona. Nos espaços de consenso (e estes, sem dúvida, não são poucos nem restritos) ou em condições favoráveis a um consenso racional a ser alcançado mediante discurso, os direitos humanos são dispensáveis. Estes surgem como exigência funcional e pretensão normativa de tornar provável a improvável convivência social no contexto de conflitos intersistêmicos ou interdiscursivos e de divergências pessoais e grupais referentes a valores, expectativas normativas e interesses. Isso não quer dizer que os direitos humanos levem a um relativismo absoluto. A inclusão jurídica universal e a autonomia discursiva constituem a moldura dentro da qual as divergências devem ser suportadas. Portanto, qualquer forma de "fundamentalismo" – em um sentido muito amplo dessa expressão: seja ele religioso, étnico ou político, referente a pessoas e grupos que pretendem uma ordem excludente de valores, ou mesmo econômico, que tende a negar a autonomia de outras esferas de comunicação e discurso – atua na direção oposta ao universalismo dos direitos humanos como possibilitador da convivência social em condições de dissenso estrutural. Daí por que, na medida em que os direitos humanos pretendem dar suporte e resposta normativos a esse dissenso estrutural, eles exigem institucionalização de procedimentos abertos à heterogeneidade cultural, à complexidade sistêmica e à pluralidade discursiva da sociedade mundial que venham a garanti-los. A respeito desses procedimentos, impõe-se, sim, funcional e normativamente, uma base consensual ampla. Entretanto, esse consenso procedimental é exigido para assegurar o dissenso estrutural inerente aos direitos humanos. O problema reside exatamente no fato de que os direitos humanos, no contexto da sociedade mundial hodierna, ao contrário dos direitos fundamentais no âmbito estrito do Estado democrático de direito, constituem expectativas normativas carentes de uma institucionalização satisfatória tanto na dimensão pessoal (consenso sobre procedimentos) e na material (identificação de sentido) quanto na temporal (normatização)[8].

Em outro plano, isso nos põe perante a questão da vagueza da expressão "direitos humanos", que implica dissenso sobre os âmbitos material, pessoal e temporal de validade desses direitos. Ou seja, aqui se trata de um dissenso sobre o que são os direitos humanos enquanto direitos à inclusão jurídica generalizada. É contestável a tese de que a própria ideia de direitos humanos, que aponta para a exigência funcional e normativa de inclusão jurídica universal em condições de dissenso, independe da mencionada institucionalização procedimental. Seguramente, não é uma ideia *a priori*[9], mas sim uma construção social da sociedade moderna. A institucionalização procedimental dos direitos humanos é carregada pelo pluralismo das diversas interpretações destes em diferentes contextos (Bobbio, 1992, pp. 18-9). Nesse sentido, com base nas ideias de Rawls concernentes a um "pluralismo razoável" de interpretações divergentes (Rawls, 1993, pp. 36-7 e 144), o próprio Michelman fala de um "pluralismo interpretativo

---

[8] Trata-se aqui do conceito abrangente de "instituição" no sentido de Luhmann: "Instituições são expectativas de comportamento generalizadas temporal, material e socialmente, e constituem, enquanto tais, a estrutura de sistemas sociais" (1986, p. 13).

[9] Em sentido contrário, Michelman (1999, pp. 53-4 [trad. ingl., 2000, p. 66]).

razoável" dos direitos humanos (1999, pp. 59 ss. [trad. ingl., 2000, pp. 70 ss.]). Essa expressão relaciona-se, a rigor, à própria variedade de concepções a respeito do âmbito de validade normativa dos direitos humanos e de como enfrentar tal variedade racionalmente. Isso nos coloca, por seu turno, diante da relação dos direitos humanos com a democracia. Michelman sustenta, com razão, que uma interpretação correta dos direitos humanos em um contexto político determinado depende de um discurso democrático aberto à pluralidade de interpretações: "A razão por que uma pessoa sujeita a um determinado regime de direitos humanos pode, com base no convencimento interno e na lealdade, respeitar esse regime, só pode ser o fato de que a interpretação dominante dos direitos humanos nesse regime está subordinada a um controle e a uma crítica democráticos permanentes" (1999, p. 61 [trad. ingl., 2000, p. 73])[10]. No entanto, Michelman, na esteira de Habermas, aponta para um discurso democrático orientado para o consenso (*ibid.*, p. 62 [trad. ingl., pp. 73-4]). Como já foi observado antes, a institucionalização dos direitos humanos, definidos como expectativas normativas orientadas para a inclusão jurídica em condições de dissenso estrutural, implica antes a construção de procedimentos democráticos que se destinem a garantir a convivência social e política nessas condições de dissenso estrutural, não só absorvendo este, mas também estimulando a sua emergência. Isso significa que a institucionalização dos direitos humanos relaciona-se com uma base consensual a respeito de procedimentos democráticos que, por sua vez, assegurem o dissenso sobre o conteúdo dos direitos humanos (cf. Neves, 2000, pp. 108 ss.). Na falta de procedimentos democráticos,

---

[10] Indo além disso, Habermas (1992, pp. 161-2) enfatiza a afinidade e "cooriginalidade" de direitos humanos e soberania popular. Em sentido contrário, ver Böckenförde (1999).

surge a tendência de negar o dissenso ou reprimir a sua emergência e de excluir certos grupos da arena político-jurídica, de tal maneira que a institucionalização dos direitos humanos enquanto direitos à inclusão e ao dissenso fica prejudicada. É precisamente essa falta ou fragilidade dos procedimentos democráticos no âmbito de muitos Estados e no plano internacional ou transnacional que torna muito insuficiente a institucionalização dos direitos humanos na atualidade. Embora estes não sejam um privilégio do Ocidente desenvolvido[11], a sua institucionalização só se realizou satisfatoriamente, em grau maior ou menor, de maneiras as mais diversas, no âmbito dos Estados de direito em que os procedimentos democráticos alcançaram um nível de institucionalização e efetivação socialmente relevante. Isso não significa, porém, que haja apenas uma leitura democrática possível dos direitos humanos. As diferenças culturais e os tipos de ordem jurídica (estatal, internacional, transnacional etc.) podem levar a institucionalizações democráticas bem diversas dos direitos humanos, dando ênfase ora a um aspecto (por exemplo, o dos direitos individuais), ora a outro (por exemplo, o dos direitos sociais mínimos ou dos direitos coletivos), mas, em todo caso, deve estar assegurada a inclusão jurídica generalizada e o reconhecimento do dissenso estrutural.

A esse respeito, pode-se dar relevância a um tipo ou outro de direitos humanos. Assim como T. H. Marshall (1976, pp. 71 ss.; cf. também Bendix, 1969, pp. 92 ss.; Neves, 1994b, pp. 254-5) referiu-se a diversas fases no desenvolvimento da cidadania, a saber, a

---

[11] Habermas (1998a, pp. 170 ss., ou 1999a) argumenta, com razão, que o problema dos direitos humanos não pode mais ser compreendido apenas como um assunto particular do Ocidente e defende "uma interpretação dos direitos humanos que seja ajustada ao mundo moderno também do ponto de vista de outras culturas" (1998a, pp. 181-2, ou 1999a, p. 395).

concernente ao surgimento dos direitos civis (liberdade-autonomia individual), a referente à emergência dos direitos políticos (liberdade-participação) e a relacionada ao advento dos direitos sociais, apontando para os conflitos que essas diversas formas de direito envolveram, também é lugar-comum fazer-se referência, analogamente, mas sem coincidência com aquelas fases, às gerações dos direitos humanos, correspondentes ao surgimento e desenvolvimento, respectivamente, dos direitos individuais, sociais e coletivos. Essa visão muito abrangente dos direitos humanos, incluindo os chamados direitos de terceira e mesmo os de quarta geração (Lafer, 1988, pp. 131 ss.), deu ensejo a críticas com relação à vagueza e mesmo à inocuidade de tal conceito. Nesse sentido, Norberto Bobbio (1992, p. 6) refere-se ao caráter excessivamente heterogêneo e vago dos direitos humanos de "terceira geração", "o que nos impede de compreender do que efetivamente se trata", e, recorrendo a essa crítica, Danilo Zolo (1993, p. 259) faz objeções à "inflação normativa do conceito de cidadania", apontando para "o risco de diluição do seu significado histórico e funcional". Também Luhmann (1993b, pp. 574 ss.) adota uma semântica restritiva, ao propor que a discussão sobre direitos humanos na perspectiva de um sistema jurídico mundial concentre-se no problema das ofensas flagrantes e escandalosas à "dignidade humana". Assim ficariam excluídas do âmbito dos direitos humanos pretensões a "direitos sociais" mínimos, cuja realização ou não estaria relacionada antes com fatores sociais e econômicos estranhos ao direito, tendo em vista que tais direitos não seriam passíveis de institucionalização e implementação processual no plano da sociedade mundial. Mas, assim como a reação a violações escandalosas e flagrantes aos direitos humanos, que se manifestam, por exemplo, na tortura e no genocídio, constitui um dos "mais importantes indícios de um sistema jurídico mundial"

(1993b, p. 578), não se pode negar que também a falta de condições mínimas de sobrevivência para grande parte da população na sociedade mundial de hoje, implicando como que uma exclusão social absoluta dos respectivos grupos humanos, também tem sido vista como violação gritante e escandalosa à "dignidade humana" e, pois, aos direitos humanos enquanto inclusão jurídica generalizada. Em ambos os casos, trata-se do paradoxo da afirmação de expectativas normativas (contrafáticas) diante da própria prática, comissiva ou omissiva, que as contraria sistematicamente. A diferença reside no fato de que aqueles direitos humanos em sentido estrito, que se referem basicamente à proibição de ações violentas – políticas, policiais ou militares – contra indivíduos ou grupos, são suscetíveis de institucionalização e, sobretudo, contam com perspectivas de positivação e implementação processual em escala mundial, especialmente na esteira de transformações no direito internacional, enquanto os direitos sociais e grande parte dos chamados direitos humanos de terceira geração são fragilmente institucionalizados, e as perspectivas de sua positivação e implementação processual em extensão mundial são negativas. Estes últimos só foram institucionalizados e positivados no âmbito muito restrito de alguns Estados democráticos e sociais de direito. A precariedade de sua institucionalização e a dificuldade de sua implementação processual permitem que se diga tratar-se de direitos humanos *frágeis*, em contraposição aos direitos humanos *fortes*, cuja positivação e mesmo a implementação processual encontram-se no horizonte do próprio direito internacional público, na qualidade de *ius cogens* (Brunkhorst, 2002, pp. 191 ss.). Sem dúvida, nos dois casos, trata-se de expectativas que, no plano mundial, ainda se fortificam, paradoxalmente, com os desapontamentos e apoiam-se em uma força predominantemente simbólica. Mas, considerando-se que os direitos humanos, definidos aqui como expectativas normativas de inclusão jurídica generalizada nas condições de dissenso estrutural da sociedade mundial, estão na fronteira do sistema jurídico, conectando-o com uma "moral do dissenso" relativa à autonomia das esferas discursivas ou sistêmicas e à inclusão social, pode-se dizer que certas formas de sua expressão (direitos humanos frágeis) ainda não atravessaram, para usar uma metáfora, a porta do sistema jurídico no âmbito abrangente da sociedade mundial, pois lhes falta o mínimo de institucionalização jurídica, de positivação e de condições de implementação processual, enquanto outras formas (os direitos humanos fortes) já ultrapassaram essas fronteiras e lutam, antes, por concretização e efetivação (figura 3).

Figura 3 – Direitos humanos fortes e frágeis

Como já sugerem as observações anteriores, a construção social dos direitos humanos tem um caráter paradoxal (e qual a construção social não o tem?). A esse respeito, Luhmann (1993a) reporta-se ao paradoxo dos direitos humanos e a três formas do seu desenvolvimento. Em primeiro lugar, Luhmann aponta para a relação íntima entre o surgimento dos direitos humanos individuais e a doutrina do contrato social originário. O paradoxo residiria aqui no problema de quem viria primeiro, o contrato social ou os indivíduos (*ibid.*, pp. 541 ss.). A Teoria Contratualista teria procurado a superação desse paradoxo com a formulação de que os direitos humanos constituiriam os direitos que "podem passar, a salvo, do estado de natureza para o estado civil", o que implicaria, por sua vez, a forma paradoxal dos direitos humanos como unidade da diferença "estado de natureza/estado civil" (Luhmann, 1993a, p. 542). Luhmann insiste, porém, que o paradoxo a ser eliminado retornaria de outra forma, a saber, na questão de como o contrato, que seria vinculante por força dele mesmo, adequar-se-ia às transformações das relações sociais (*ibid.*). Mas essa forma do desenvolvimento do paradoxo dos direitos humanos não interessa diretamente no âmbito deste artigo. Mais importantes aqui são as outras duas formas de desenvolvimento do paradoxo dos direitos humanos: aquela referente à positivação e a concernente à sua globalização. Nesse caso, não se trata apenas dos direitos humanos individuais, mas também de outras formas de emergência dos direitos humanos (sociais e de terceira ou quarta geração).

As declarações políticas e, posteriormente, a positivação dos direitos humanos nas Constituições dos Estados democráticos de direito do Ocidente, as quais remontam às revoluções liberais dos fins do século XVIII, põem-nos diante de um novo paradoxo. Este exprime-se na questão de se os direitos humanos são direitos pré-positivos ou se eles só têm validade jurídica na medida em que são positivados. A "solução" do paradoxo teria sido encontrada na "textualização, enfim, na positivação desses direitos pré-positivos" (Luhmann, 1993a, p. 542). Entretanto, o paradoxo apareceria, novamente, "na forma da necessidade de positivação do direito pré-positivo" (*ibid.*). O meio de administrar esse paradoxo teria sido a formulação textual com o indicativo do verbo "ser" (em vez do emprego da forma deôntica "dever-ser"), seja nas declarações políticas, seja nas Constituições, de tal maneira que os direitos humanos poderiam ser considerados "direitos naturais" política e juridicamente expressos e reconhecidos textualmente (Luhmann, 1993a, pp. 542-3). Uma maneira de ir além de Luhmann seria enfrentar a superação do paradoxo no sentido da distinção entre a semântica política e social dos direitos humanos e a semântica jurídico-positiva dos direitos fundamentais. No âmbito do Estado constitucional democrático, as expectativas normativas referentes à inclusão jurídica generalizada só ganham validade jurídica se elas passam na prova dos procedimentos democráticos, constituintes ou constitucionais. É verdade que o paradoxo reaparece, uma vez que os direitos humanos permanecem nas fronteiras do sistema jurídico, ora na fronteira externa, enquanto expectativas normativas que pretendem tornar-se normas jurídicas válidas por procedimentos positivadores, ora na fronteira interna, como parte dos direitos fundamentais constitucionalmente garantidos (e, portanto, na questão dos direitos humanos, manifesta-se, de forma destacadamente crucial, o paradoxo da *abertura* cognitiva fundada no *fechamento* operativo do sistema jurídico – Luhmann, 1983, espec. pp. 139 e 152-3; 1984, pp. 110 ss.; 1993b, pp. 38 ss.). Entretanto, tal paradoxo é socialmente visível, embora não possa ser definitivamente superado, pois se relaciona com a diversidade de compreensões dos próprios direitos humanos como direitos à inclusão jurídica generalizada em condições de dissenso estrutural. A forma de administrar esse paradoxo, no Estado democrático de direito, foi a de tornar a positivação dos direitos humanos como direitos fundamentais dependente de procedimentos constitucionais que sejam tanto seletivos em face da pluralidade e contingência de expectativas normativas referentes à inclusão jurídica generalizada quanto abertos e promotores dessa mesma pluralidade e contingência (e, assim, ressurge o paradoxo de uma nova maneira na forma da seleção excludente do incluído e da abertura includente do excluído).

A terceira forma de desenvolvimento do paradoxo dos direitos humanos refere-se à pretensão de validá-los no plano internacional ou mesmo no de um direito mundial (Luhmann, 1993a, pp. 543 ss.; 1993b, pp. 574 ss.)[12]. O problema relaciona-se, sobretudo e mais evidentemente, com o fato reconhecido de que muitos Estados não aderiram nem minimamente aos princípios do Estado democrático de direito e caracterizam-se pela negação direta dos direitos humanos mediante a exclusão jurídica de amplas parcelas da população (tendendo mesmo, às vezes, à eliminação física), seja por fundamentos étnico-culturais, políticos ou econômicos. Nesse caso, os próprios textos jurídicos de hierarquia constitucional e legislativa rejeitam qualquer ideia de direitos humanos como direitos universais. Entretanto, também em muitos Estados em que os direitos humanos são textualizados constitucionalmente como direitos fundamentais, falta sobremaneira força normativa da Constituição no âmbito desses direitos, sendo comum as práticas ilegais e inconstitucionais contrárias aos direitos humanos por parte dos próprios órgãos estatais. Por fim, não se pode negar que, em muitas ocasiões, mesmo em Estados democráticos de direito que dispõem de Constituição com força normativa ampla resultante de procedimentos de concretização e efetivação normativo-constitucional, práticas dos agentes estatais contrárias aos direitos humanos constitucionalmente assegurados como direitos fundamentais cristalizam-se em certos âmbitos de validade da ordem jurídica. Nesse sentido, salienta Luhmann que "a dimensão das violações aos direitos humanos em quase todos os Estados é chocante, assim como a drasticidade dos casos" (1993a, p. 543), e, a partir dessa constatação, define a

[12] Na esteira de Luhmann, embora com outras consequências, ver Fischer-Lescano (2002a; 2002b; 2005, espec. pp. 13 ss. e 67 ss.).

nova forma em que o paradoxo dos direitos humanos é desenvolvido no contexto atual: "A validade da norma manifesta-se na sua violação" (1993a, p. 544). Ou seja, o paradoxo reside no fato de que os direitos humanos são tanto mais conhecidos e afirmados quanto mais graves e frequentes as violações dos mesmos. Nesse contexto, Luhmann limita os direitos humanos conceitualmente apenas àquelas situações de violações escandalosas e chocantes à dignidade humana no âmbito da sociedade mundial (1993b, pp. 578-9), sem desconhecer o papel dos meios de comunicação na construção e no controle dos escândalos e na provocação do choque, muitas vezes de forma seletivamente manipuladora (1993a, p. 545). É verdade, "seria 'de mau gosto'", em vista das atrocidades das ofensas violentas aos direitos humanos, "consultar textos ou indagar se elas são permitidas ou não pela ordem jurídica válida no local" (1993a, p. 544). Mas, por outro lado, é bem difícil determinar que formas de violação aos direitos humanos seriam caracterizadas como escandalosas e chocantes, tornando, só por isso, as expectativas normativas correspondentes em normas válidas de um direito mundial. A percepção do que seja chocante e escandaloso varia amplamente na situação de complexidade sistêmica, pluralidade discursiva e heterogeneidade cultural da sociedade mundial do presente (cf. Fischer-Lescano, 2002b, pp. 363 ss.). Luhmann não desconhece essa dificuldade ao enfatizar que "a ordem jurídica mundial assemelha-se antes às formas de ordem de sociedades tribais, ou seja, precisa renunciar ao poder sancionador organizado e à definição autêntica das violações com base em regras conhecidas" (Luhmann, 1993a, p. 544). Eis por que indaga se não seriam necessárias novas formas de "desenvolvimento" do paradoxo dos direitos humanos (*ibid.*).

Sem dúvida, a ordem jurídica de uma sociedade moderna supercomplexa, rica em alternativas, não pode ser adequada a essa sociedade se mantiver as características de uma ordem jurídica tribal, adequada, sim, aos limites de possibilidades das sociedades arcaicas. Sendo assim, cabe observar que o paradoxo dos direitos humanos só poderá ser desenvolvido de maneira produtiva na sociedade mundial hodierna mediante formas complexas de institucionalização de procedimentos nos planos global ou internacional, que, no entanto, não poderão ter o caráter centralizado que marcou a positivação dos direitos humanos como direitos fundamentais na experiência do Estado democrático de direito. Exige-se, portanto, aqui, outra vez, mas de uma maneira inovadora, a emergência de procedimentos que – além de atuarem seletivamente perante a pluralidade de definições das ofensas chocantes e escandalosas que dariam ensejo à transformação das expectativas normativas correspondentes em norma jurídica válida referente aos direitos humanos, com força sancionadora (*rule of law* e *due process of law*) – permaneçam abertos ("democraticamente") a essa mesma pluralidade (e, também aqui, ressurge o paradoxo na forma da seleção excludente do incluído e da abertura includente do excluído). A imensa dificuldade de uma tal institucionalização procedimental dos direitos humanos nos planos internacional ou global dá à questão de sua força simbólica um destaque ainda mais especial.

1.4 A ambivalência da força simbólica dos direitos humanos no âmbito dos Estados nacionais

As colocações anteriores sobre a ambivalência da força simbólica na esfera normativa (1.2) e o sentido semântico-pragmático dos direitos humanos, assim como sobre as formas paradoxais de sua emergência e seu desenvolvimento histórico (1.3), abrem o caminho para uma melhor compreensão da força simbólica específica dos direitos humanos. Também e sobretudo a força simbólica dos direitos humanos é ambivalente. Por um lado, serve à força normativo-jurídica e à realização destes; de outro, contribui para impedir-lhes ou dificultar-lhes a concretização jurídica e a efetivação. Antes de entrar nessa questão, gostaria de fazer, novamente, um breve esclarecimento sobre a relação entre a força normativo-jurídica e a força simbólica, pois, quando se fala em ambivalência da força simbólica, trata-se, a rigor, de ambivalência dessa relação.

A força normativa dos direitos humanos diz respeito, em primeiro lugar, à concretização das respectivas normas, sejam constitucionais ou legais no âmbito dos Estados, sejam jurídico-internacionais ou jurídico-globais. A concretização, por sua vez, concerne à construção do sentido da norma jurídica a ser aplicada, judicial ou extrajudicialmente, a um caso jurídico determinado (Müller, 1994; 1995, espec. pp. 166 ss.). Da concretização nessa acepção técnica restrita cabe distinguir a realização enquanto eficácia e efetivação da norma[13]. A força normativa envolve tanto a concretização quanto um certo grau socialmente relevante de realização da norma. A descaracterização do processo concretizador com decisões totalmente incompatíveis com o sentido semântico-pragmático do texto normativo ou, simplesmente, a insuficiente realização (ineficácia e inefetividade) da norma significam a carência de sua força normativa. A força simbólica, que se refere ao sentido conotativo, latente, dos respectivos textos ou discursos normativos pode, como já foi afirmado antes, contribuir para a intensificação da força normativa de preceitos jurídicos. Mas a afirmação simbólica de textos normativos no processo constituinte ou legislativo, em convenções e tratados

[13] Em trabalhos anteriores (Neves, 1994a, pp. 42 ss.; 1992, pp. 83 ss.), adotei um sentido mais amplo de concretização da norma, abrangendo tanto a sua concretização no sentido técnico estrito quanto a sua realização.

internacionais ou em outras formas de ordem jurídica, assim como em discursos políticos, pode dirigir-se exatamente ao encobrimento da insuficiente força normativa dos respectivos institutos jurídicos ou mesmo a prejudicá-la. No tocante aos direitos humanos, a situação tem algo de singular, pois a sua afirmação simbólica no discurso jurídico-político independe de textualização. Apesar disso, o discurso simbólico dos direitos humanos, fortemente conflituoso, não atua apenas negativamente com relação a sua força normativa, servindo também para incrementá-la.

As declarações liberais clássicas de direitos, no contexto da revolução francesa e do movimento da independência americana, já continham uma força simbólica que veio a contribuir, em muito, para a realização posterior dos direitos humanos. Nesse sentido, Lefort refere-se à relevância das declarações "legais" dos direitos humanos no Estado democrático de direito, cuja função simbólica teria servido à conquista e à ampliação desses direitos (1981, pp. 67 ss. e 82 [trad. bras., 1987, pp. 56 ss. e 68). A esse respeito, pode-se observar que a passagem da força meramente simbólica para a força normativa dos direitos humanos, com a conquista e extensão dos mesmos, implicou quatro momentos distintos, que, conforme o contexto histórico de construção e desenvolvimento do respectivo Estado democrático de direito, resultaram em processos mais lentos ou mais céleres.

No primeiro momento, manifestam-se, no domínio de um discurso social difuso, amparado inicialmente na reflexão filosófica (contratualismo), expectativas normativas por inclusão universal no direito. Essas expectativas implicam, originariamente, uma reação contra o absolutismo e a pretensão da afirmação política e da validação jurídica das liberdades civis (individuais). Nesse contexto, sobretudo a liberdade religiosa e a liberdade econômica (propriedade privada) têm destaque. A força simbólica desse discurso social, altamente conflituoso, leva, posteriormente, à estruturação política das expectativas correspondentes. Nesse segundo momento, surgem as declarações políticas das liberdades civis, sem que essas tenham a validade jurídica dos direitos positivados. Aqui, já há um forte grau de seletividade em relação às expectativas diversas e conflituosas que emergem no momento anterior. As declarações políticas das liberdades civis tiveram uma enorme força simbólica nos processos constituintes decorrentes das revoluções liberais. Tal força simbólica contribuiu imensamente para a positivação jurídica dessas liberdades como direitos constitucionalmente garantidos. Mas, nesse terceiro momento, tem-se, a rigor, apenas a textualização de expectativas normativas referentes às liberdades individuais. Evidentemente, a força normativa não decorre diretamente da textualização em documentos constitucionais. Esta já implica uma estruturação jurídica seletiva de expectativas normativas textualizadas nas declarações políticas. No entanto, textos de normas, especialmente de normas constitucionais, podem aflorar abundantemente, sem que estas sejam concretizadas ou realizadas. A textualização constitucional pode, porém, ter um papel simbólico relevante na paulatina concretização e realização normativa. Só nesse quarto momento é que se passa de uma força meramente simbólica para a força normativo-jurídica dos direitos humanos enquanto direitos constitucionais concretizados e amplamente realizados no Estado democrático de direito. Aqui, há como que um equilíbrio construtivo entre força simbólica e força normativa, uma servindo de suporte e fortificando, reciprocamente, a outra.

Essas colocações a respeito dos momentos de afirmação simbólica dos direitos humanos na direção de sua posterior força normativa não devem conduzir ao entendimento de que se trata de um processo linear. Mesmo no Estado democrático de direito ocidental, houve avanços e recuos na institucionalização dos direitos humanos individuais. O questionamento destes no âmbito dos movimentos socialistas, a negação político-jurídica dos mesmos nas experiências totalitárias do século XX, assim como a ofensa a eles na prática dos agentes estatais e os limites de sua realização por falta dos pressupostos sociais e econômicos, são fatos que, indiscutivelmente, bloquearam-lhes o desenvolvimento. Além do mais, a emergência de novas expectativas normativas referentes ao enquadramento dos direitos políticos, sociais e de terceira ou quarta geração na esfera dos direitos humanos trouxe novos conflitos relacionados à tensão entre as pretensões contidas, respectivamente, nessas categorias de direitos. Por seu turno, esses novos direitos precisaram passar também por aqueles quatro momentos de transição da força meramente simbólica para a sua plena força normativa. Assim, há como que uma intersecção não coincidente de momentos: às vezes, por exemplo, determinados direitos sociais sem qualquer força normativo-jurídica são, com força simbólica maior ou menor, pleiteados socialmente, ou declarados politicamente, ou textualizados em documentos constitucionais determinados, exatamente no sentido da limitação de direitos humanos concernentes às liberdades econômicas individuais, tais como o direito de propriedade e a liberdade contratual, que se caracterizam por terem plena força normativa nos termos da Constituição normativa. Da mesma maneira, não se pode negar que a pretensão de minorias étnicas por respeito à sua identidade, que se quer enquadrar nos direitos culturais de terceira geração, tem tido, inclusive nos Estados democráticos de direito da Europa e da América do Norte, mesmo quando não disponha de nenhuma força normativa, uma força simbólica perturbadora dos direitos humanos individuais clássicos, estes, sim, com força normativa ampla no regime constitucional das democracias ocidentais.

Outrossim, a força simbólica positiva dos direitos humanos no sentido de sua institucionalização com força normativa só prevaleceu nos Estados constitucionais e democráticos do Ocidente, que constituem uma parcela muito reduzida no conjunto dos chamados "Estados nacionais". Nas palavras de Loewenstein (1975, pp. 151 ss.), a concretização normativa e a realização fática dos direitos humanos como direitos fundamentais só se impuseram adequadamente no contexto das "constituições normativas". Nas chamadas "constituições nominalistas" e "semânticas", falta aos dispositivos referentes aos direitos humanos força normativa jurídica e socialmente relevante. O problema reside no fato de que, embora os direitos humanos como construção e conquista histórica da modernidade tenham emergido com o constitucionalismo liberal ocidental, a exigência de sua concretização normativa e realização fática não é mais um assunto particular do Ocidente, tendo se tornado, cada vez mais, um problema que se apresenta aos mais diversos Estados e nos mais variados contextos nacionais (ver nota de rodapé 11). Não se trata aqui de encontrar uma saída simplista e afirmar que a textualização dos direitos humanos nos documentos constitucionais ou legais dos Estados periféricos ou daqueles que não partilham dos valores ocidentais constitui apenas uma cópia colonizada e inadequada de modelos dos países dominantes. Embora as concepções de direitos humanos variem, a ideia de inclusão jurídica generalizada nas condições de dissenso estrutural da sociedade mundial emerge problematicamente, com relevância, em todas as partes do globo terrestre. A questão é antes a de enfrentar as variáveis socioeconômicas, políticas e culturais que dificultam ou impedem a concretização normativa e a realização fática dos direitos humanos na maioria dos Estados e conduzem, frequentemente, a uma hipertrofia de sua força simbólica em detrimento de sua força normativa.

No âmbito das "constituições nominalistas", os direitos humanos passam por três dos quatro supramencionados momentos dirigidos à sua institucionalização com força normativa, sendo ampla e precisamente textualizados nos respectivos documentos constitucionais. Tal textualização tem, porém, uma função eminentemente simbólica e não contribui, de um modo relevante, para a força normativa dos direitos humanos. As normas constitucionais referentes aos direitos humanos são sistematicamente bloqueadas no decorrer do processo concretizador e, portanto, são amplamente carentes de eficácia. A exclusão social de enorme parte da população impede a inclusão jurídica generalizada e, com isso, os direitos humanos tornam-se, paradoxalmente, um privilégio de minorias. A textualização dos direitos humanos desempenha o importante papel político-simbólico de apresentar o Estado ou o governo como instância identificada com as expectativas normativas expressas nos correspondentes dispositivos constitucionais. Como já observei antes, discuti essa questão, de maneira abrangente, não apenas em relação aos direitos humanos, no meu livro intitulado *A constitucionalização simbólica* (Neves, 1994a). Mas, principalmente com relação aos direitos humanos, pode-se dizer que, nos casos de constitucionalização simbólica, o direito é "superexplorado" pela política (cf. *ibid.*, p. 132). Tal como na formulação paradoxal de Raymundo Faoro, em brilhante análise do constitucionalismo de fachada no Brasil, trata-se, no contexto de constitucionalização simbólica dos direitos humanos em geral, da "criação de um mundo falso mais eficiente que o mundo verdadeiro" (Faoro, 1976, p. 175). Cria-se, assim, a ilusão dos "direitos humanos" constitucionalmente consagrados e obstrui-se, ao mesmo tempo, uma discussão consequente dos fatores que impedem a sua concretização normativa. Destarte, a textualização dos direitos humanos, embora também possa ter as funções de "confirmação de valores" de determinado grupo ou de "compromisso dilatório", típicas da legislação simbólica em geral, desempenha sobretudo uma função de álibi (Neves, 1994a, pp. 34 ss. e 92 ss.; Kindermann, 1988, 1989). Entretanto, a hipertrofia da força simbólica dos direitos humanos em detrimento de sua força normativa, no ambiente de constitucionalismo simbólico, pode não apenas ensejar a apatia e desconfiança do público com relação ao Estado e seus agentes, mas também conduzir, tanto por parte da chamada "sociedade civil" quanto da oposição política organizada, contrária ao *status quo*, a um discurso crítico da concretização insuficiente dos mesmos, baseado na referência à sua própria textualização constitucional. Nessa perspectiva, a força simbólica de textos e discursos constitucionais atinentes aos direitos humanos pode ganhar uma dimensão positiva no sentido de promover a concretização e realização das normas correspondentes, mesmo nos casos de Constituições "nominalistas" ou simbólicas (todavia, com frequência, a postura "crítica" das oposições pode constituir também apenas uma encenação política praticamente inconsequente para a força normativa dos direitos humanos ou, tomando estes a sério, esbarrar em limites estruturais difíceis de superar no respectivo contexto social). Inegavelmente, nesses casos, o aspecto positivo da força simbólica para a promoção da força normativa é bem mais limitado do que se passa no contexto das "Constituições normativas". No entanto, também no âmbito da constitucionalização simbólica, não desaparece o caráter ambivalente da força simbólica dos direitos humanos com relação à sua força normativa, ora a impedindo ou dificultando, ora lhe servindo; apenas a balança, ao contrário do que se passa com relação às "Constituições normativas", pende antes, fortemente, para o lado negativo.

Já com relação às "Constituições semânticas", que prefiro denominar de "Constituições instrumentais", pois constituem meros instrumentos dos eventuais detentores do poder (Neves,

1994a, pp. 98-9; 1992, pp. 69 ss.), sendo alteradas à mercê de suas necessidades e seus interesses concretos de manutenção no poder, não se pode falar precisamente de uma função *predominantemente* simbólica mediante a textualização dos direitos humanos. Nessa hipótese, que corresponde às experiências políticas autocráticas, sejam elas totalitárias ou autoritárias (Loewenstein, 1975, pp. 52 ss.), já no plano de leis com força constitucional os direitos humanos são rejeitados direta, aberta e amplamente ou textualizados com tantas restrições, que perdem qualquer significado prático. Não apenas a partir do processo bloqueado de concretização constitucional, mas já dos próprios textos com hierarquia constitucional, pode inferir-se que se trata de um regime de negação dos direitos humanos. Isso não significa que, no âmbito de experiências autocráticas, caracterizadas antes por uma instrumentalização da legislação com hierarquia constitucional, não se faça uso da força simbólica dos direitos humanos. Isso ocorre mais comumente no discurso político, sem qualquer textualização jurídica, mas pode haver formas de textualização em documentos constitucionais e legais. Assim, por exemplo, a Constituição Brasileira de 1967, na redação dada pela Emenda nº 1, de 1969, que vigorou no auge do regime militar autoritário (1964-1984), mantinha a referência aos direitos individuais fundamentais e suas garantias (arts. 153-154). Embora o Ato Institucional nº 5, de 1968, com força normativa (supra)constitucional ("a verdadeira Constituição" jurídica do regime militar?), desse ao chefe do poder Executivo a competência de suspender as garantias constitucionais[14], não se pode negar que tal textualização constitucional desempenhava a função simbólica de apresentar o regime

[14] Seguindo a formulação paradoxal de Luhmann em relação às minhas interpretações do caso brasileiro (Neves, 1992; 1994a), pode-se afirmar que em um tal contexto "governa-se 'inconstitucionalmente' com ajuda da Constituição" (Luhmann, 2000, p. 428).

como identificado com os direitos humanos individuais negados pelo totalitarismo de esquerda, contra o qual, pretensamente, a ditadura teria vindo para lutar. A utilização negativa da força simbólica dos direitos humanos, que servia especialmente para apresentação internacional do Estado como "relativamente democrático", levou à regulamentação do Conselho de Defesa dos Direitos da Pessoa Humana (Regimento Interno aprovado pelo Decreto nº 63.681, de 22/11/1968), que havia sido criado pela Lei nº 4.319, de 16/03/1964, ainda promulgada pelo regime deposto em 1964 e posteriormente alterada pela Lei nº 5.763, de 15/12/1971, que assegurava a maioria governamental (cf. Neves, 1972). O papel simbólico de álibi desempenhado por esse Conselho residia no fato de que a maioria governamental sempre prevalecia contra a minoria formada por representantes da oposição tolerada e dos representantes da sociedade civil, de tal maneira que todos os casos graves e escandalosos de violação dos direitos humanos, envolvendo agentes do Estado e do governo, eram arquivados. O Conselho era um conselho de fachada, que servia exatamente à obstaculização de um regime de direitos humanos. Nem por isso desapareceu, no âmbito das oposições legais e ilegais e da "sociedade civil" organizada (e inclusive na voz altiva e corajosa do representante da OAB no Conselho, protestando contra o arquivamento dos processos e denunciando a farsa), apesar de toda repressão, a força simbólica dos direitos humanos no sentido positivo de sua textualização constitucional e força normativa ampla e irrestrita. Também naquelas condições havia uma ambivalência da força simbólica dos direitos humanos, embora a balança pendesse para o lado negativo com relação à sua força normativa. Contudo, no "constitucionalismo semântico", especialmente em experiências totalitárias, a negação direta e aberta dos direitos humanos pelo regime, inclusive na legislação (é o caso chocante da legislação racista e genocida do Nacional Socialismo na Alemanha), implica que a força simbólica dos direitos humanos só pode emergir, em sua forma positiva, no contexto da luta contra o próprio regime violador dos direitos humanos.

Para findar essas colocações sobre a força simbólica ambivalente dos direitos humanos no plano estatal, gostaria de chamar a atenção para um exemplo interessante, concernente ao caso híbrido de constituição "nominalista" e "semântica" que caracteriza o atual regime venezuelano do presidente Hugo Chávez. O art. 350 da Constituição venezuelana de 1999, editado em conformidade com a pretensão governamental de justificar, *a posteriori*, a tentativa de golpe de Estado dirigida por Chávez em 1992, prescreve: "El pueblo de Venezuela [...] desconocerá cualquier régimen, legislación o autoridad que contraríe los valores, principios y garantías democráticos o menoscabe los derechos humanos." Tal dispositivo, que justificaria a desobediência civil, foi, recentemente, invocado pelo General Enrique Medina Gómez, líder de um grupo de oficiais rebeldes, justamente para convocar os venezuelanos à desobediência contra o regime do presidente Chávez (Delcas, 2002). Em tal exemplo, demonstra-se, de forma contundente, que a força simbólica dos direitos humanos pode ser utilizada nos sentidos os mais diversos, inclusive para justificar, retoricamente, golpes de Estado e rebeliões militares.

1.5 A ambivalência da força simbólica dos direitos humanos no contexto internacional e global

Mais recentemente, a questão da força simbólica dos direitos humanos ganhou um significado particular, sobretudo no campo do direito internacional público ou de um direito mundial emergente. Nesse novo contexto, discute-se principalmente se e em que medida a ordem jurídica internacional ou transnacional faculta normativamente o controle e a sanção dos Estados que venham a ofender diretamente os direitos humanos ou não estejam em condições de protegê-los. Destaca-se, em primeiro plano, o problema da legitimidade ou não da intervenção para proteger os direitos humanos.

No âmbito internacional, pode-se observar que houve o desenvolvimento de uma semântica socialmente difusa, passando por um momento de declarações de natureza eminentemente política[15], até a textualização jurídico-internacional dos direitos humanos em convenções e tratados. Além do mais, pode-se observar um processo de desenvolvimento que vai da proteção de direitos humanos específicos[16] para um regime de proteção generalizada, que se inicia com a Carta das Nações Unidas. Posteriormente, surgem as convenções ou cartas regionais (Convenção Europeia, Convenção Americana, Carta Africana etc.)[17]. Entretanto, apesar de um desenvolvimento intenso no plano dos textos normativos, os direitos humanos permanecem com força predominantemente simbólica no direito internacional. A concretização e a realização das normas internacionais referentes à proteção dos direitos humanos são muito limitadas. Aquilo que Habermas (1999b, p. 229) sustenta, com razão, a respeito da cons-

---

[15] A própria Declaração Universal dos Direitos Humanos (1948) apresentou-se, em sua origem, como mera "recomendação" política da Assembleia Geral das Nações Unidas aos seus membros, sem pretensão de vinculatoriedade jurídica. Só mais tarde foi interpretada como texto normativo de Direito Internacional Público, especialmente no âmbito da Jurisprudência da Corte Internacional de Justiça (cf. Comparato, 1999, pp. 209-11).

[16] Eu penso aqui, de uma forma muito abrangente, também no chamado "direito humanitário" consagrado nas Convenções de Genebra de 1864 e 1929 (embora ele se distinga técnico-juridicamente dos direitos humanos – cf. Provost, 2002, espec. pp. 6 ss.), mas sobretudo na Convenção de Genebra sobre a Escravatura (1926).

[17] Sobre o desenvolvimento da proteção internacional dos direitos humanos em convenções, tratados e cartas, ver, p. ex., Comparato (1999), Piovesan (1996) e Lafer (1999, pp. 147 ss.).

titucionalização simbólica por mim analisada, a saber, que, nessas circunstâncias, "a letra imaculada do texto constitucional não é senão a fachada simbólica de uma ordem jurídica imposta de uma maneira altamente seletiva", pode ser afirmado, apesar da diversidade de estruturas e contextos, com relação ao regime jurídico internacional dos direitos humanos. Mesmo admitindo-se a existência de uma Constituição da "comunidade internacional" (Fassbender, 1998), que estaria estreitamente relacionada à proteção global dos direitos humanos, não se pode negar que essa Constituição teria características análogas às das constituições simbólicas na esfera estatal: hipertrofia de sua função simbólica em detrimento de sua força normativa (cf. Fischer-Lescano, 2002a, p. 1244). O problema refere-se, em primeiro lugar, à dificuldade de determinar a competência orgânica, o domínio material e a capacidade de uma proteção generalizada dos direitos humanos, nos termos de regras e procedimentos preestabelecidos (*rule of law* e *due process of law*): Quem é competente para decidir e implementar a proteção de direitos humanos contra Estados ou organizações que os violam sistematicamente? Quais são os casos que ensejam o controle e justificam as sanções? Há os pressupostos e os instrumentos que possibilitem uma proteção generalizada? Em segundo lugar, o problema refere-se ao uso político da retórica dos direitos humanos para fins da imposição dos interesses de determinadas potências: aqui caberia falar, um tanto paradoxalmente, de "imperialismo dos direitos humanos".

A determinação do(s) órgão(s) competente(s) para definir os casos que implicam violações dos direitos humanos e implementar uma proteção generalizada dos mesmos envolve problemas de natureza jurídico-dogmática, de legitimidade e de condições práticas, que se implicam mutuamente. Aqui nos interessa sobretudo a questão da intervenção militar para fins de proteção dos direitos humanos. Em uma perspectiva jurídico-dogmática, confrontamo-nos com algumas dificuldades, destacando-se a vagueza da noção de ameaça à "paz e segurança internacionais" a serem mantidas conforme decisões do Conselho de Segurança da ONU (art. 39 da Carta da ONU), noção que tem dado ensejo à prática intervencionista, assim como a relação conflituosa entre as garantias dos direitos humanos, proclamadas nos artigos 1.3 e 55-56 da Carta da ONU, e o princípio da não intervenção, consagrado no art. 2.7, relação que se torna mais problemática quando se considera o princípio da "autodeterminação dos povos", previsto no art. 1.2. O conceito vaguíssimo de ameaça à paz e à segurança internacionais veio, na práxis, a constituir-se em uma autorização em branco para o Conselho de Segurança em sua atividade intervencionista (Koskenniemi, 1998, p. 64). E a relação entre garantias dos direitos humanos e princípio da não intervenção "só é determinável com base na prática aplicadora dos órgãos políticos da ONU, de acordo com as prioridades válidas no momento" (*ibid.*, p. 65). Tal situação leva-nos ao problema da legitimidade do próprio Conselho de Segurança – no funcionamento do qual o princípio do direito de veto dos cinco membros permanentes (art. 27.3) desempenha um papel decisivo – para proceder a uma proteção generalizada dos direitos humanos. Há como que uma hiperpolitização da proteção internacional, que, de forma casuística, não corresponde às exigências de um modelo jurídico generalizado em termos de "*rule of law*". Nesse contexto, o direito fica subordinado diretamente ao poder. Mesmo competências da Corte Internacional de Justiça têm sido desconhecidas pelo Conselho de Segurança, sem que daí tenha decorrido qualquer sanção (cf. *ibid.*, pp. 63-4). Dessa maneira, o Conselho "realiza um intervencionismo arbitrário" em relação aos direitos humanos (Brunkhorst, 1999, p. 382), o que envolve "intenções paternalistas" inerentes às propostas interventivas e a classificação "seletiva" das violações aos direitos humanos ensejadoras da intervenção (Maus, 1997, pp. 168 e 190).

Consequentemente, permanece muito limitada a força normativo-jurídica da proteção internacional dos direitos humanos. No plano internacional, desenvolve-se uma prática de relação entre poder e direito que guarda, ao mesmo tempo, traços das constituições "nominalistas" ou simbólicas e das constituições "semânticas" ou instrumentalistas no âmbito dos Estados. De um lado, a função predominantemente simbólica é expressa sobretudo na Declaração Universal dos Direitos Humanos e nas garantias contidas na Carta das Nações Unidas. De outro lado, a falta de um modelo de "separação de poderes", com a prevalência praticamente absoluta do Conselho de Segurança em relação à Corte Internacional de Justiça e à Assembleia Geral da ONU, leva a uma instrumentalização dos próprios textos normativos por aquele órgão executivo-militar, que também desempenha funções de natureza "quase-legislativa" (resoluções) e judiciais (julgamento dos casos de ofensa aos direitos humanos, por exemplo). Mas mesmo nessa estrutura assimétrica de poder, a força simbólica dos direitos humanos está presente. Por um lado, o Conselho de Segurança, órgão que expressa os interesses de uma minoria, recorre ao discurso dos direitos humanos principalmente para justificar a sua prática interventiva com relação a Estados mais fracos na constelação internacional de poder. Evidentemente, tal uso da força simbólica tem um caráter manipulativo e serve negativamente ao incremento da força normativa dos direitos humanos. Por outro lado, não se pode negar que a Assembleia Geral, em sua fragilidade político-real, tenha realizado, em parte, uma política simbólica que favorece um desenvolvimento no sentido da força normativa dos direitos humanos. Na mesma orientação, tem atuado a chamada "frágil esfera pública global" (Brunkhorst, 2002, pp. 184 ss.), composta principalmente de organizações não governamentais e movimentos sociais, assim como "os setores espontâneos" (Teubner, 2000; 2003, pp. 25-6) da sociedade mundial. Em suma, há também uma ambivalência da força simbólica dos direitos humanos no que concerne à sua concretização normativa e realização no plano internacional ou global: a textualização na Carta da ONU e em diversos tratados, convenções e declarações, assim como o discurso da Assembleia Geral e da "frágil esfera pública global", têm, antes, uma força simbólica positiva, enquanto a prática política arbitrária do Conselho de Segurança e das grandes potências mundiais vincula-se principalmente a um uso negativo da força simbólica dos direitos humanos, o qual não só encobre o jogo de interesses que, com frequência, está na base do intervencionismo, mas também importa, muitas vezes, violações escandalosas aos direitos humanos.

1.6 O uso retórico dos direitos humanos pelos Estados Unidos

O problema agrava-se quando se considera a nova postura dos Estados Unidos e do seu instrumento, a Otan, que, desde a queda do bloco soviético, vêm desenvolvendo, cada vez mais, uma política intervencionista em nome tanto da "paz e segurança internacionais" quanto dos direitos humanos, sem autorização do Conselho de Segurança da ONU, tendência que se agravou com o governo Bush e especialmente com o atentado terrorista de 11 de setembro de 2001 em Nova York. É incontestável que o Conselho é um órgão sem qualquer estrutura democrática e já vinha atuando arbitrariamente; mas o fato de atribuir-se-lhe a competência para decidir sobre a intervenção implicava um mínimo de juridicidade subjacente e poderia possibilitar novos desenvolvimentos e reformas no âmbito da ONU, seja no sentido da reestruturação, da abertura e do controle democráticos do Conselho, seja no sentido da fortificação da Assembleia Geral e da Corte Internacional de Justiça. No entanto, o modelo de intervencionismo unilateral, que vem sendo comandado pelo governo norte-americano, desconsiderando o próprio Conselho, aponta em outra direção. A ONU perde nesse contexto o seu significado, e a única superpotência do globo assume a postura de "polícia" do mundo. Tal "polícia", porém, tem-se mostrado amplamente seletiva e arbitrária, tendo a pretensão de não se subordinar aos próprios procedimentos de controle das ofensas aos direitos humanos no plano do direito internacional público. Embora seja indiscutível que "seria insuportável abandonar o sistema jurídico ao arbítrio de processos políticos regionais" (Luhmann, 1993b, p. 577) – basta pensar na experiência do nacional-socialismo –, também se torna cada vez mais inaceitável que os Estados Unidos (ou outro Estado qualquer) "apresentem-se como juiz e poder sancionatório" (*ibid.*, p. 580). Tal unilateralismo relaciona-se muito mais com a manutenção da hegemonia política do que com uma pretensão generalizada de dar força normativa aos direitos humanos[18]. Recorre-se, porém, nesse contexto, abusiva e manipulativamente ao discurso dos direitos humanos. Não faltam vozes prontas para argumentar, em nome da "razão", a favor da prática intervencionista unilateral dos Estados Unidos e do seu instrumento, a Otan.

Assim é que Jürgen Habermas, tendo anteriormente se pronunciado claramente pela legitimação procedimental da "inter-

---

[18] A esse respeito, cabe levantar "a suspeita de que também os direitos humanos servem de pretexto para intervir em relações políticas que só podem ser resolvidas responsavelmente – seja democraticamente ou não – no plano nacional" (Luhmann, 1999, p. 253).

venção humanitária" no âmbito de uma "política interna mundial" que implicaria reformas profundas e abrangentes da ONU (Habermas, 1996, pp. 225-6)[19], pronunciou-se, embora sem negar essa posição anterior (2000, p. 60), contraditoriamente, em nome do universalismo moral dos direitos humanos, pela legitimidade da intervenção da Otan na Iugoslávia por ocasião do conflito em Kosovo, em 1999, com uma única restrição: "A autoautorização da Otan não deve tornar-se o caso-regra" (2000, p. 65). De acordo com essa compreensão do caráter "moral" e "racional" da "intervenção humanitária" posta em prática, unilateralmente, pelas grandes potências ocidentais, a proposta de Habermas não aponta para uma "política *interna mundial*" que objetiva a imposição dos direitos humanos, mas sim para uma política *externa do Ocidente* para a vigilância das políticas de "direitos humanos" dos países mais frágeis nas relações internacionais de poder (Neves, 2000, pp. 206-7; 2002, p. 347)[20]. Dessa maneira, com a "moralização" simbólica dos direitos humanos, as decisões e execuções seletivas e arbitrárias da intervenção não são passíveis de controle mediante procedimentos em conformidade com o mo-

[19] Tal "política interna mundial" [*Weltinnenpolitik*], distinguindo-se de "um federalismo de Estados livres" (Kant, 1993, p. 208) ou de "uma república federal e subsidiária mundial" (Höffe, 2002a, pp. 225 ss.; 2002b), seria capaz de explorar as instituições e os procedimentos necessários à construção de interesses comuns em termos de uma cidadania mundial (Habermas, 1998b, pp. 79-80). A respeito, ver, criticamente, Neves (2000, pp. 201 ss.).

[20] Mais recentemente, com relação à invasão do Iraque pelas tropas norte-americanas, Habermas (2003) toma uma atitude diferente, ao criticar a pretensão de "unilateralismo hegemônico" dos Estados Unidos, considerando que esse país contraria o "núcleo universalista da democracia e dos direitos humanos". Entretanto, não rejeita a sua posição concernente ao conflito de Kosovo, antes a reitera, continuando a justificar um certo "intervencionismo racional", "moralmente fundado", mesmo sem a aprovação pelos procedimentos jurídicos do direito internacional público (cf. Habermas, 2004, que aqui se manifesta também com reserva em relação à intervenção no Afeganistão). Com uma postura um tanto diferente, cf. Arato e Brunkhorst, 2003.

delo de *rule of law* e *due process of law*. Por conseguinte, sem limites ou controles jurídicos, tal intervencionismo, implicando um poder sobre o direito, tende a proceder, impunemente, contra os próprios direitos humanos.

Nos Estados Unidos, também vozes do *mainstream* manifestaram-se contra tal prática política norte-americana. Assim, por exemplo, Joseph Nye pôs em questão o "*hard power*" que se expressa no uso da força militar pelos EUA, ao defender a tese de que mais importante para a garantia e ampliação da liderança estadunidense no mundo seria o "*soft power*" que se expressa na difusão da cultura política norte-americana (1991, espec. pp. 188 ss.; 2002, espec. p. 75). Nesse sentido, uma política orientada a cooptar outros Estados e nações a aderirem aos valores liberais e democráticos dos Estados Unidos seria mais eficiente para a manutenção da liderança norte-americana do que o uso da força militar. Assim sendo, a dimensão do simbólico estaria em primeiro plano e, aparentemente, contribuiria para a realização dos direitos humanos. Entretanto, tal modelo corresponde antes à imposição de valores para o asseguramento da hegemonia política, tendo muito pouco a ver com a globalização da força normativa dos direitos humanos. A diversidade de concepções dos direitos humanos, definidos aqui como expectativas normativas de inclusão jurídica generalizada nas condições de dissenso estrutural da sociedade mundial, é incompatível com a imposição de uma leitura única do seu conteúdo, inclusive aquela que prevalece nos Estados Unidos. A institucionalização dos direitos humanos no plano internacional ou global exige procedimentos seletivos e abertos às diversas perspectivas, dependendo, porém, de uma base consensual a respeito desses procedimentos intermediadores de dissensos. A pretensão de impor uma única cultura política, seja por meio de *hard* ou *soft power*, contraria, portanto, uma política consequente de proteção aos direitos humanos como direitos à inclusão e direitos ao dissenso.

Pode-se observar que se vem desenvolvendo um "imperialismo dos direitos humanos" na discussão acadêmica internacional. Esse "imperialismo" não tem apenas um apelo estratégico ou ideológico de asseguramento de hegemonia política (no sentido de Nye), mas também recorre à "moral" e à "razão" (como Habermas). O perigo do recurso à "moral" e à "razão", sem procedimentalização jurídica, consiste no fato de que a falta de contornos jurídicos pode levar a abusos incontroláveis e, por conseguinte, à impunidade dos mais fortes. A esse respeito, pode-se afirmar, tal como o internacionalista Martti Koskenniemi em outro contexto, que "o imperialismo racional revelou ser uma fachada para o imperialismo cínico" (2002, p. 500). Em outras palavras, caberia afirmar que toda tentativa de impor unilateralmente a "razão moral" dos direitos humanos pode ter resultados destrutivos para a "razão jurídica" desses direitos. Sem querer negar aqui a sua base moral, parece-me que, ausente a institucionalização jurídica dos direitos humanos por procedimentos consistentemente seletivos e adequadamente abertos às mais diversas interpretações, eles podem transformar-se, sob o domínio do intervencionismo unilateralista dos Estados Unidos e da Otan, em uma figura de retórica político-militar, cuja força simbólica dificulta-lhes ou impede-lhes a força normativa. Isso não significa que seja irrelevante a força simbólica dos discursos contrários às violações chocantes e escandalosas dos direitos humanos por meio do intervencionismo: ela emerge como contrapoder simbólico no sentido de uma maior força normativa dos direitos humanos nos planos internacional e mundial. Nesse contexto de ofensas sistemáticas aos direitos humanos pelos seus supostos protetores, o caráter ambivalente da sua força simbólica torna-se ainda mais acentuado, visto que o escandaloso das violações fortifica as expectativas normativas contrárias e provoca cada vez mais protestos. Embora as condições estruturais ainda sejam muito incipientes, impõe-se a superação desse paradoxo mediante a conquista de um mínimo de equilíbrio entre força simbólica e força normativa dos direitos humanos. Isso implica a emergência de novas formas de desenvolvimento e processamento do paradoxo dos direitos humanos, exigindo, por um lado, a institucionalização da proteção internacional ou global dos mesmos por procedimentos democráticos e, por outro, a ampliação do modelo de Estado democrático de direito em diversos contextos culturais da sociedade mundial hodierna. Demandas por institucionalização "democrática" dos direitos humanos, à luz de *rule of law* e *due process of law*, nos planos internacional e transnacional, por fortificação da "divisão de poderes" na ONU, por tribunais competentes para questões de direitos humanos, independentes dos Estados, e por uma influência maior dos "setores espontâneos" sobre os "setores organizados" da sociedade mundial já se tornaram lugares-comuns. Desenvolvimentos nesse sentido – que se constituem cada vez mais em pretensões e esperanças, mas ainda são delineados sem muita clareza – dependem, entretanto, de autoinstitucionalizações no âmbito das ordens jurídicas estatais, ainda rigidamente delimitadas territorialmente (e vice-versa). Impõe-se, pois, antes a promoção internacional e transnacional de "Estados de direitos humanos" do que a repressão imperial de "Estados contrários aos direitos humanos".

1.7 Bibliografia

ARATO, Andrew; BRUNKHORST, Hauke (2003). "Ausgeträumt, die Revolution von außen". *Frankfurter Rundschau*, nº 99, 29 abr. 2003, p. 11.

BENDIX, Reinhard (1969). *Nation-Building and Citizenship. Studies of Our Changing Social Order*. Garden City, Nova York: Anchor (1. ed. 1964).

BOBBIO, Norberto (1992). *A era dos direitos*. Trad. de Carlos Nelson Coutinho. Rio de Janeiro: Campus.

BÖCKENFÖRDE, Ernst-Wolfgang (1999). "Ist Demokratie eine notwendige Forderung der Menschenrechte?". *In*: S. Gosepath e G. Lohmann (orgs.). *Philosophie der Menschenrechte*. 2. ed. Frankfurt am Main: Suhrkamp, pp. 233-43.

BOURDIEU, Pierre (1971). "Genèse et structure du champ religieux". *Revue française de Sociologie* XII (Paris: Editions du CNRS), nº 3, pp. 295-334.

______ (1982). *Ce que parler veut dire : l'économie des échanges linguistiques*. Paris: Fayard.

______ (1989). *La noblesse d'État : grandes écoles et esprit de corps*. Paris: Les Éditions de Minuit.

______; PASSERON, Jean-Claude (1970). *La reproduction : éléments pour une théorie du système d'enseignement*. Paris: Les Éditions de Minuit.

BRUNKHORST, Hauke (1999). "Heterarchie und Demokratie". *In*: H. Brunkhorst e P. Niesen (orgs.). *Das Recht der Republik*. Frankfurt am Main: Suhrkamp, pp. 373-85.

______ (2000). *Einführung in die Geschichte politischer Ideen*. Munique: Fink.

______ (2002). *Solidarität: Von der Bürgerfreundschaft zur globalen Rechtsgenossenschaft*. Frankfurt am Main: Suhrkamp.

______; KÖHLER, Wolfgang R.; LUTZ-BACHMANN, Matthias (orgs.) (1999). *Recht auf Menschenrechte: Menschenrechte, Demokratie und internationale Politik*. Frankfurt am Main: Suhrkamp.

CASSIRER, Ernst (1944). *An Essay on Man: An Introduction to a Philosophy of Human Culture*. New Haven: Yale University Press [trad.

bras.: *Antropologia filosófica – ensaio sobre o homem: introdução a uma filosofia da cultura humana*. São Paulo: Mestre Jou, 1972].

CASSIRER, Ernst (1988). *Philosophie der symbolischen Formen*. 9. ed. Darmstadt: Wissenschaftliche Buchgesellschaft, vol. I (reimpr. da 2. ed. de 1953).

COMPARATO, Fábio Konder (1999). *A afirmação histórica dos direitos humanos*. São Paulo: Saraiva.

DELCAS, Marie (2002). "Opposition et officiers rebelles appellent à 'libérer' le Venezuela". *Le Monde*, nº 17962, 25 out. 2002, p. 5.

ECO, Umberto (1984). *Semiotica e filosofia del linguaggio*. Turim: Einaudi [trad. bras.: *Semiótica e filosofia da linguagem*. São Paulo: Ática, 1991].

EDELMAN, Murray (1967). *The Symbolic Uses of Politics*. Urbana/Chicago/Londres: University of Illinois Press.

______ (1977). *Political Language: Words That Succeed and Policies That Fail*. Nova York/San Francisco/Londres: Academic Press.

FAORO, Raymundo (1976). *Machado de Assis: a pirâmide e o trapézio*. 2. ed. São Paulo: Editora Nacional/Secretaria de Cultura Ciência e Tecnologia do Estado de São Paulo.

FASSBENDER, Bardo (1998). "The United Nations Charter as Constitution of the International Community". *Columbia Journal of Transnational Law* 36 (Nova York: The Columbia Journal of Transnational Law Association), nº 3, pp. 529-619.

FISCHER-LESCANO, Andreas (2002a). "Globalisierung der Menschenrechte". *Blätter für deutsche und internationale Politik* 10 (Bonn: Blätter Verlagsgesellschaft), pp. 1236-244.

______ (2002b). "Globalverfassung: Verfassung der Weltgesellschaft". *Archiv für Rechts- und Sozialphilosophie* 88 (Stuttgart: Franz Steiner Verlag), pp. 349-78.

______ (2005). *Globalverfassung: Die Geltungsbegründung der Menschenrechte*. Weilerwist: Verlbrück.

GAUCHET, Marcel (1989). *La Révolution des droits de l'homme*. Paris: Gallimard.

GERHARDT, Volker (1999). "Menschenrecht und Rhetorik". *In*: H. Brunkhorst, W. R. Köhler e M. Lutz-Bachmann (orgs.). 1999, pp. 20-40.

GUSFIELD, Joseph R. (1967). "Moral Passage: The Symbolic Process in Public Designations of Deviance". *Social Problems* 15 (Detroit, Michigan: Society for the Study of Social Problems), nº 2, pp. 175-88.

______ (1986). *Symbolic Crusade: Status Politics and the American Temperance Movement*. 2. ed. Urbana/Chicago: University of Illinois Press (1. ed. 1963).

HABERMAS, Jürgen (1992). *Faktizität und Geltung: Beiträge zur Diskurstheorie des Rechts und des demokratischen Rechtsstaats*. Frankfurt am Main: Suhrkamp.

______ (1996). *Die Einbeziehung des Anderen: Studien zur politischen Theorie*. Frankfurt am Main: Suhrkamp.

______ (1998a). *Die postnationale Konstellation: Politische Essays*. Frankfurt am Main: Suhrkamp.

______ (1998b). "Jenseits des Nationalstaats? Bemerkungen zu Folgeproblemen der wirtschaftlichen Globalisierung". *In*: U. Beck (org.). *Politik der Globalisierung*. Frankfurt am Main: Suhrkamp, pp. 67-84.

______ (1999a). "Zur Legitimation durch Menschenrechte". *In*: H. Brunkhorst e P. Niesen (orgs.). *Das Recht der Republik*. Frankfurt am Main: Suhrkamp, pp. 386-403.

______ (1999b). *Wahrheit und Rechtfertigung: Philosophische Aufsätze*. Frankfurt am Main: Suhrkamp.

______ (2000). "Bestialität und Humanität: Ein Krieg an der Grenze zwischen Recht und Moral". *In*: Reinhard Merkel (org.). *Der Kosovo-Krieg und das Völkerrecht*. Frankfurt am Main: Suhrkamp, pp. 51-65.

______ (2003). "Was bedeutet der Denkmalsturz?". *Frankfurter Allgemeine Zeitung*, nº 91, 17 out. 2003, p. 33.

HABERMAS, Jürgen (2004). "Wege aus der Weltunordnung: Ein Interview mit Jürgen Habermas". *Blätter für deutsche und internationale Politik* 1 (Bonn: Blätter Verlagsgesellschaft), pp. 27-45.

HÖFFE, Otfried (2002a). *Demokratie im Zeitalter der Globalisierung*. Munique: Beck.

______ (2002b). "Globalität statt Globalismus. Über eine subsidiäre und föderale Weltrepublik". *In*: M. Lutz-Bachmann e J. Bohman (orgs.). *Weltstaat oder Staatenwelt? Für und wider die Idee einer Weltrepublik*. Frankfurt am Main: Suhrkamp, pp. 8-31.

HOFSTADTER, Douglas R. (1979). *Gödel, Escher, Bach: an Eternal Golden Braid*. Hassocks: The Harvester Press [trad. bras.: *Gödel, Escher, Bach: um entrelaçamento de gênios brilhantes*. Brasília: Editora da UnB; São Paulo: Imprensa Oficial do Estado, 2001].

KANT, Immanuel (1993). "Zum ewigen Frieden: Ein Philosophischer Entwurf". *In*: I. Kant. *Werkausgabe*, vol. XI: *Schriften zur Anthropologie, Geschichtsphilosophie, Politik und Pädagogik 1*. Org. Wilhelm Weischedel. 10. ed. Frankfurt am Main: Suhrkamp, pp. 191-251 (1. ed. Königsberg, 1795).

KINDERMANN, Harald (1988). "Symbolische Gesetzgebung". *In*: D. Grimm e W. Maihofer (orgs.). *Gesetzgebungstheorie und Rechtspolitik* (*Jahrbuch für Rechtssoziologie und Rechtstheorie* 13). Opladen: Westdeutscher Verlag, pp. 222-45.

______ (1989). "Alibigesetzgebung als symbolische Gesetzgebung". *In*: R. Voigt (org.). *Symbole der Politik, Politik der Symbole*. Opladen: Leske + Budrich, pp. 257-73.

KOSKENNIEMI, Martti (1998). "Die Polizei im Tempel – Ordnung, Recht und die Vereinten Nationen: Eine dialektische Betrachtung". *In*: H. Brunkhorst (org.). *Einmischung erwünscht? Menschenrechte und bewaffnete Intervention*. Frankfurt am Main: Fischer, pp. 63-87.

______ (2002). *The Gentle Civilizer of Nations: The Rise and Fall of International Law 1870-1960*. Cambridge: Cambridge University Press.

LACLAU, Ernesto (1994). "Why do Empty Signifiers Matter to Politics?". *In*: J. Weeks (org.). *The Lesser Evil and the Greater Good. The Theory and Politics of Social Diversity*. Londres: Rivers Oram Press, pp. 167-78.

LADEUR, Karl-Heinz (1992). *Postmoderne Rechtstheorie: Selbstreferenz – Selbstorganisation – Prozeduralisierung*. Berlim: Duncker & Humblot.

LAFER, Celso (1988). *A reconstrução dos direitos humanos: um diálogo com o pensamento de Hanna Arendt*. São Paulo: Companhia das Letras.

______ (1999). "Direitos humanos". *In*: C. Lafer. *Comércio, desarmamento, direitos humanos: reflexões sobre uma experiência diplomática*. São Paulo: Paz e Terra, pp. 139-200.

LALANDE, André (org.) (1992). *Vocabulaire technique et critique de la Philosophie*. 2. ed. Paris: Quadrige/Presses Universitaires de France, vol. 2 (edição original, em fascículos: *Bulletin de la Société Française de Philosophie*, 1902-1923).

LEFORT, Claude (1981). "Droit de l'homme et politique". *In*: C. Lefort. *L'Invention démocratique : les limites de la domination totalitaire*. Paris: Fayard, pp. 45-83 [trad. bras.: "Direitos do homem e política". *In*: C. Lefort. *A invenção democrática: os limites do totalitarismo*. 2. ed. São Paulo: Brasiliense, 1987, pp. 37-69].

LÉVI-STRAUSS, Claude (1958). *Anthropologie Structurale*, Paris: Plon.

______ (1973). "Introduction à l'œuvre de Marcel Mauss". *In*: M. Mauss. *Sociologie et Anthropologie*. 5. ed. Paris: Presses Universitaires de France, vol. I, pp. IX-LII [1. ed. 1950] [trad. bras.: "Introdução à obra de Marcel Mauss". *In*: M. Mauss. *Sociologia e antropologia*. São Paulo: EPU/Edusp, 1974, vol. I, pp. 1-36].

LOEWENSTEIN, Karl (1975). *Verfassungslehre*. Trad. al. de Rüdiger Boerner. 3. ed. Tübingen: Mohr.

LUHMANN, Niklas (1971). "Systemtheoretische Argumentationen: Eine Entgegnung auf Jürgen Habermas". *In*: J. Habermas e N. Luhmann. *Theorie der Gesellschaft oder Sozialtechnologie – Was Leistet die Systemforschung?* Frankfurt am Main: Suhrkamp, pp. 291-405.

LUHMANN, Niklas (1975). "Komplexität". *In*: N. Luhmann. *Soziologische Aufklärung 2: Aufsätze zur Theorie der Gesellschaft*. Opladen: Westdeutscher Verlag, pp. 204-20.

______ (1981). *Ausdifferenzierung des Rechts: Beiträge zur Rechtssoziologie und Rechtstheorie*. Frankfurt am Main: Suhrkamp.

______ (1983). "Die Einheit des Rechtssystems". *Rechtstheorie* 14 (Berlim: Duncker & Humblot), pp. 129-54.

______ (1984). "The Self-Reproduction of the Law and its Limits". *In*: F. A. de M. Rosa (org.). *Direito e mudança social*. Rio de Janeiro: OAB-RJ, pp. 107-28.

______ (1986). *Grundrechte als Institution: Ein Beitrag zur politischen Soziologie*. 3. ed. Berlim: Duncker & Humblot.

______ (1987a). *Soziale Systeme: Grundriß einer allgemeinen Theorie*. Frankfurt am Main: Suhrkamp (1. tiragem 1984).

______ (1987b). *Rechtssoziologie*. 3. ed. Opladen: Westdeutscher Verlag.

______ (1992). *Beobachtungen der Moderne*. Opladen: Westdeutscher Verlag.

______ (1993a). "Das Paradox der Menschenrechte und drei Formen seiner Entfaltung". *In*: A. Aarnio *et al.* (orgs.). *Rechtsnorm und Rechtswirklichkeit: Festschrift für Werner Krawietz zum 60. Geburtstag*. Berlim: Duncker & Humblot, pp. 539-46.

______ (1993b). *Das Recht der Gesellschaft*. Frankfurt am Main: Suhrkamp.

______ (1997). *Die Gesellschaft der Gesellschaft*. Frankfurt am Main: Suhrkamp, 2 tomos.

______ (1999). "Ethik in internationalen Beziehungen". *Soziale Welt* 50 (Baden-Baden: Nomos), pp. 247-54.

______ (2000). *Die Politik der Gesellschaft*. Frankfurt am Main: Suhrkamp.

LYOTARD, Jean-François (1979). *La condition postmoderne*. Paris: Les Éditions de Minuit.

MARSHALL, Thomas H. (1976). *Class, Citizenship, and Social Development*. Westport, Connecticut: Greenwood Press (reimpr. da edição de Nova York, 1964).

MARX, Karl (1988). "Zur Judenfrage". *In*: K. Marx e F. Engels. *Werke*. 15. ed. Berlim: Dietz Verlag, vol. I, pp. 347-77 (originariamente em: *Deutsch-Französische Jahrbücher*, Paris, 1844).

MAUS, Ingeborg (1997). "Staatssouveränität als Volkssouveränität. Überlegungen zum Friedensprojekt Immanuel Kants". *In*: W. Loth (org.). *Jahrbuch 1996 des Kulturwissenschaftlichen Instituts im Wissenschaftszentrum NRW*. Essen: Altes Rathaus, pp. 167-94.

MICHELMAN, Frank I. (1999). "Bedürfen Menschenrechte demokratischer Legitimation?". *In*: H. Brunkhorst, W. Köhler e M. Lutz-Bachmann (orgs.). 1999, pp. 52-65 [trad. ingl.: "Human Rights and the Limits of Constitutional Theory". *Ratio Juris* 13 (Oxford: Blackwell), nº 1, 2000, pp. 63-76].

MÜLLER, Friedrich (1994). *Strukturierende Rechtslehre*. 2. ed. Berlim: Duncker & Humblot.

______ (1995). *Juristische Methodik*. 6. ed. Berlim: Duncker & Humblot.

______ (1997). *Wer ist das Volk? Die Grundfrage der Demokratie. Elemente einer Verfassungstheorie VI*. Berlim: Duncker & Humblot [trad. bras.: *Quem é o povo? A questão fundamental da democracia*. São Paulo: Max Limonad, 1998].

NEVES, José Cavalcanti (1972). "A Ordem dos Advogados do Brasil e o Conselho de Defesa dos Direitos da Pessoa Humana – Exposição do Presidente". *Revista da Ordem dos Advogados do Brasil* (Rio de Janeiro: OAB/CF), ano IV, vol. IV, agosto de 1972, pp. 173-80.

NEVES, Marcelo (1992). *Verfassung und Positivität des Rechts in der peripheren Moderne: Eine theoretische Betrachtung und eine Interpretation des Falls Brasilien*. Berlim: Duncker & Humblot.

NEVES, Marcelo (1994a). *A constitucionalização simbólica*. Guarulhos: Acadêmica.

______ (1994b). "Entre subintegração e sobreintegração: a cidadania inexistente". *Dados – Revista de Ciências Sociais* (Rio de Janeiro: Iuperj), vol. 37, nº 2, pp. 253-75.

______ (2000). *Zwischen Themis und Leviathan: Eine Schwierige Beziehung – Eine Rekonstruktion des demokratischen Rechtsstaates in Auseinandersetzung mit Luhmann und Habermas*. Baden-Baden: Nomos.

______ (2002). "Gerechtigkeit und Differenz in einer komplexen Weltgesellschaft". *Archiv für Rechts- und Sozialphilosophie* 88 (Stuttgart: Franz Steiner), pp. 323-48.

NYE, Joseph S. (1991). *Bound to Lead: The Changing Nature of American Power*. Nova York: Basic Books.

______ (2002). *The Paradox of American Power: Why the World's only Superpower Can't Go It Alone*. Oxford: Oxford University Press.

PIOVESAN, Flávia (1996). *Direitos humanos e o direito constitucional internacional*. São Paulo: Max Limonad.

PROVOST, René (2002). *International Human Rights and Humanitarian Law*. Cambridge: Cambridge University Press.

RAWLS, John (1993). *Political Liberalism*. Nova York: Columbia University Press.

RUSSELL, Bertrand (1968). *Logic and Knowledge – Essays, 1901-1950*. Londres/Nova York: Allen & Unwin/Macmillan (1. ed. 1956).

TEUBNER, Gunther (1996). "Altera Pars Audiatur: Das Recht in der Kollision anderer Universalitätsansprüche". *Archiv für Rechts- und Sozialphilosophie*, número suplementar [*Beiheft*] 65 (Wiesbaden: Steiner), pp. 199-220.

______ (2000). "Privatregimes: Neo-Spontanes Recht und duale Sozialverfassungen in der Weltgesellschaft". *In*: D. Simon e M. Weiss (orgs.). *Zur Autonomie des Individuums. Liber Amicorum Spiro Simitis*. Baden-Baden: Nomos, pp. 437-53.

TEUBNER, Gunther (2003). "Globale Zivilverfassungen: Alternativen zur staatszentrierten Verfassungstheorie". *Zeitschrift für ausländisches öffentliches Recht und Völkerrecht* 63 (Heidelberg: Max Planck Institut für ausländisches öffentliches Recht und Völkerrecht), nº 1, pp. 1-28.

WELSCH, Wolfgang (1991). "Gesellschaft ohne Meta-Erzählung?". *In*: W. Zapf (org.). *Die Modernisierung moderner Gesellschaften: Verhandlungen des 25. Deutschen Soziologentages in Frankfurt am Main 1990*. Frankfurt am Main/Nova York: Campus, pp. 174-84.

______ (1996). *Vernunft: Die zeitgenössische Vernunftkritik und das Konzept der transversalen Vernunft*. 2. ed. Frankfurt am Main: Suhrkamp.

WITTGENSTEIN, Ludwig (1997). "Philosophische Untersuchungen" [1945-1949]. *In*: L. Wittgenstein. *Werkausgaben*. 11. ed. Frankfurt am Main: Suhrkamp, vol. 1, pp. 225-580.

ZOLO, Danilo (1993). "Democratic Citizenship in a Post-communist Era". *In*: D. Held (org.). *Prospect for Democracy: North, South, East, West*. Cambridge: Polity Press, pp. 254-68.

CAPÍTULO 2

DO PLURALISMO JURÍDICO À MISCELÂNEA SOCIAL: O PROBLEMA DA FALTA DE IDENTIDADE DA(S) ESFERA(S) DE JURIDICIDADE NA MODERNIDADE PERIFÉRICA E SUAS IMPLICAÇÕES NA AMÉRICA LATINA*

2.1 Introdução

O surgimento do Estado nacional moderno, em contraposição ao pluralismo feudal e à postura imperialista da Igreja, implica a pretensão de exclusividade de cada ordenamento jurídico estatal no respectivo espaço territorialmente delimitado. É em tais circunstâncias que se constrói o conceito clássico de soberania do Estado como poder político e ordem jurídica supremos e inquestionáveis em determinado território. Torna-se inconcebível, então, a existência de qualquer outra ordem político-jurídica supraordenada ou coordenada à do Estado, no espaço em que

---

* Trabalho apresentado no II Encontro Internacional de Direito Alternativo, realizado em Florianópolis, SC, de 29 de setembro a 2 de outubro de 1993, e publicado, originariamente, em português, no *Anuário do Mestrado da Faculdade de Direito de Recife*, nº 6, 1993, pp. 313-57. Para a publicação em espanhol, o autor procedeu a algumas alterações, acrescentando comentários e notas referentes à discussão proposta no livro. [N. do Org.: Uma versão ainda mais estendida foi publicada em alemão e contou com outra nota: "Em janeiro/fevereiro de 2004, durante uma estada de pesquisa na Universidade Johann Wolfgang Goethe em Frankfurt am Main e na Universidade de Flensburg, elaborei a versão ampliada deste ensaio em alemão. Continuo muito próximo de meus anfitriões acadêmicos Ingeborg Maus e Gunther Teubner, em Frankfurt am Main, e Hauke Brunkhorst, em Flensburg. Sou muito grato a Oliver Ebert pelos comentários críticos. Agradeço à Fundação Alexander von Humboldt e à Fundação Getulio Vargas pelo apoio institucional e financeiro."]

esta se encontre em vigor. Pretende-se, de um lado, eliminar os particularismos das ordens locais de natureza feudal, em favor do livre-câmbio de mercadoria; por outro lado, reage-se à supremacia do poder papal. Internamente, toda ordem jurídica construída "extraestatalmente" passa a ser concebida como subordinada às determinações do poder político estatal, só podendo ter validade jurídica a partir do direito positivo do Estado e, portanto, caracterizando-se, em última análise, como um dos subsistemas deste. Externamente, desenvolve-se a teoria de que as relações interestatais ocorrem no "estado de natureza" (cf., p. ex., Hobbes, 1992, p. 149 [trad. bras., 1979, pp. 131-2]; Locke, 1980, p. 13, § 14 [trad. bras., 1978, p. 39]), ficando excluída a possibilidade de uma ordem jurídica internacional supraordenada ao Estado.

O pluralismo jurídico surge exatamente como contestação da pretensão exclusivista do Estado. Constrói-se a concepção da concomitância de ordens jurídicas no mesmo espaço-tempo e, a partir daí, nega-se a pretensão de "onipotência" do Estado. Portanto, embora com pretensão de cientificidade, teria "uma bem precisa carga ideológica: a revolta contra o estatalismo, contra a centralização do poder e contra o crescimento das funções do Estado" (Bobbio, 1977a, p. 25; cf. também 1977b, p. 91). Entretanto, as posições pluralistas vão assumir perspectivas as mais diversas, de tal maneira que não se pode falar de "pluralismo" no singular. Evidentemente, aqui não é o local para uma análise das diversas escolas pluralistas. É possível, porém, delinear quatro tendências básicas do pluralismo jurídico: (a) o pluralismo institucionalista em oposição ao monismo formalista; (b) o pluralismo antropológico em contraposição ao imperialismo metropolitano; (c) o pluralismo sociológico contra o legalismo estatal; (d) o pluralismo pós-moderno.

2.2 As perspectivas pluralistas

(a) Um dos conflitos mais relevantes na teoria geral do direito estabeleceu-se, na primeira metade do século XX, entre o monismo formalista de origem germânica e o pluralismo institucionalista que se desenvolveu principalmente na Itália. A discussão tinha contornos epistemológicos bem definidos. Os monistas argumentavam a partir da norma fundamental, da qual resultaria a unidade do sistema jurídico. Não se desenvolvia necessariamente a concepção da predominância absoluta do ordenamento jurídico estatal. A questão do primado do direito "internacional" ou do direito "nacional" dependeria, em Kelsen, de uma alternativa "ideológica" tomada previamente e considerada "juridicamente" irrelevante (Kelsen, 1960, pp. 333-45 [trad. port., 1974, pp. 443-61]; 1946, pp. 376-88 [trad. esp., 1979, pp. 448-62]; 1925, pp. 128-32 [trad. esp., 1979, pp. 156-73]). E mesmo Verdross admitia apenas o primado da ordem internacional, caracterizando a soberania do Estado como "relativa", a partir de um monismo moderado em que se distinguia a validade interna da validade internacional do direito internacional público (Verdross, 1957, pp. 69-70). Mas, embora não "estatalistas", toda a concepção da Teoria Pura do Direito partia da unidade da ordem jurídica, que só poderia ser compreensível, no plano epistemológico, partindo-se de ou retrotraindo-se a uma (única) norma fundamental pressuposta (cf., p. ex., Kelsen, 1960, pp. 200 ss. [trad. port., 1974, pp. 273 ss.], 1946, pp. 110 ss., espec. pp. 115 ss. [trad. esp., 1979, pp. 129 ss., espec. pp. 135 ss.], 1925, pp. 249-51 [trad. esp., 1979, pp. 325-9]; Bobbio, 1960, pp. 51 ss.; Vilanova, 1976)[1].

O pluralismo institucionalista nega a supra/infraordenação entre ordem jurídica do Estado e ordens não estatais e sustenta a

---

[1] Ao qualificar a norma fundamental, mais tarde, como fictícia, Kelsen vai negar-lhe a função de hipótese (1979, pp. 206-7 [trad. bras., 1986, pp. 328-9]).

tese de que se trata de ordenamentos coordenados (entre outros, ver Anzilotti, 1964, pp. 51-63; Romano, 1975, pp. 83-4; ver também anteriormente Triepel, 1966, espec. pp. 9-27). Haveria esferas de juridicidade diferenciadas pelas suas temáticas e destinatários, não só no que se refere à relação entre ordem internacional e ordem nacional, mas também na relação entre ordenamentos extraestatais que atuam no âmbito interno do Estado. Contra a conexão *formal* internormativa fundadora do monismo, as ordens plurais distinguir-se-iam, em última análise, por seus âmbitos específicos de vigência, concomitantes no mesmo espaço. Respondia-se, assim, ao unilateralismo da unidade formal dos pontos de partida com o unilateralismo da pluralidade material das relações intersubjetivas, desconhecendo-se que unidade formal e pluralidade material não se excluem. Essa, porém, não é a vertente de discussão que nos interessa diretamente no presente contexto.

(b) Outra forma de manifestação do pluralismo jurídico, menos discutida entre os juristas, é a que se desenvolveu na antropologia das relações coloniais, em contraposição à pretensão imperialista do direito "moderno" estabelecido na colônia a partir da metrópole. Afirma-se, então, o pluralismo das ordens primitivas ou tradicionais nativas, já consolidadas, em face do ordenamento jurídico colonial ou pós-colonial (cf. Benda-Beckmann, 1979; Heidelberg, 1968; Trubek, 1972, pp. 16 ss.). Nesse contexto, procura-se analisar as relações de complementação e conflito que se estabelecem entre sistemas diversos e também criticar o modelo etnocêntrico do colonizador "civilizado".

(c) Mas é na sociologia do direito que o pluralismo vai tomar uma posição de destaque. A própria disciplina vai ser confundida inicialmente com a abordagem pluralista do direito (Bobbio, 1977b, p. 91; a respeito, cf. Carbonnier, 1976, pp. 12-6). A discussão temática dirige-se em torno da pluralidade de "fontes" de produção social do direito, que seriam bem mais amplas do que o poder do Estado. Desenvolve-se, assim, um antilegalismo contrário à pretensão exclusivista do direito positivo estatal. Pretende-se reconhecer a autonomia de outras esferas jurídicas em face do Estado. Inegavelmente, o pluralismo jurídico de origem sociológica vinculava-se, no plano ideológico, contraditoriamente, ao liberalismo radical e ao socialismo libertário (Bobbio, 1977b, p. 91). A desconfiança no poder do Estado e na legalidade como mecanismos de emancipação social conduz, então, a um discurso que superestima a "força jurídica" das "esferas jurídicas" extraestatais. Não se negam empiricamente a autonomia e o funcionamento regular da ordem estatal dentro do respectivo espaço territorial. Sustenta-se que o Estado se inter-relaciona com outros "campos de juridicidade" autônomos, tendendo a asfixiá-los através da postura legalista dos operadores oficiais do direito. Combate-se, portanto, o legalismo como forma de hipertrofia jurídica do Estado em detrimento da construção de esferas jurídicas autônomas no seio da "sociedade civil".

Na tradição euro-norte-americana da sociologia do direito, o alternativismo jurídico surge como um produto do pluralismo[2]. Afirma-se, igualmente, a existência de *outras* esferas de juridicidade que se distinguem nitidamente da estatal. Não se nega a capacidade de autorreprodução consistente do direito positivo estatal. A sua identidade e autonomia operacional são pressupostas. Não se discute, portanto, se existe a positividade e, especificamente, a legalidade. Ao contrário, critica-se o legalismo juridicizante do Estado, na medida em que não responde adequadamente às expectativas da sociedade. As "formas jurídicas

[2] A respeito, ver Blankenburg, Klausa e Rottleuthner (orgs.), 1980; especificamente sobre alternativas ao procedimento judicial, Nader, 1980; Cappelletti e Garth, 1981, pp. 14-20.

alternativas" surgiriam exatamente como reação a problemas de heterorreferência ou adequação do direito positivo estatal, em decorrência do excesso de legalismo juridificante. Assim sendo, não se trata de falta de acesso aos mecanismos legais, mas sim de opções contrárias a eles.

(d) A tendência mais recente do pluralismo jurídico é desenvolvida no âmbito das teorias pós-modernas do direito. Parte-se da negação da possibilidade de universalização ou generalização do discurso jurídico no espaço da pós-modernidade. A falta de paradigmas unitários em torno das questões jurídicas conduziria a uma "cultura jurídica da incerteza" em torno da resolução de conflitos (cf. Ladeur, 1985, p. 423; a respeito, ver também 1990, 1991, 1992, 1997, 2003). Daí a concepção de uma racionalidade jurídica tópica, construída mediante "dogmáticas locais". Nesse contexto, o direito apresenta-se como mecanismo propulsor da "autonomia do contexto" (Teubner e Willke, 1984; cf. também Teubner, 1982, 1988, 1989, pp. 81 ss.) ou como guia de "redes de relações" entre sistemas tópicos de ações, sem atuar impositivamente na fixação dos limites do desenvolvimento e reprodução dos mesmos (Ladeur, 1990).

A tendência pluralista do pós-modernismo jurídico encontra contornos bem precisos na distinção, formulada por Teubner, entre direito autopoiético, direito parcialmente autônomo e direito socialmente difuso[3]. Parte-se da concepção de que o sistema jurídico autopoiético constitui-se do entrelaçamento entre os componentes sistêmicos, a saber, procedimento jurídico (processo), ato jurídico (elemento), norma jurídica (estrutura) e dogmática jurídica (identidade). No caso do direito parcialmente autônomo, ha-

[3] Ver Teubner, 1989, pp. 49 ss., espec. o sugestivo quadro da p. 50; 1987a, pp. 106 ss. (o mesmo quadro à p. 108); 1987b, pp. 432 ss.

veria a autorreferencial constituição dos respectivos componentes sistêmicos, não surgindo, porém, o enlace hipercíclico entre eles. Ou seja, haveria (re)produção autorreferencial dos atos jurídicos entre si, das normas entre si, dos procedimentos entre si, dos argumentos e proposições dogmáticas entre si, mas esses diversos componentes sistêmicos não se entrelaçariam num hiperciclo autopoiético. Por fim, teríamos o direito socialmente difuso, no qual os componentes sistêmicos seriam produzidos sem diferenciação jurídica, ou seja, simplesmente como conflito (processo), ação (elemento), norma social (estrutura) e imagem do mundo (identidade). Ao distinguir esses três tipos de constituição e (re)produção dos componentes do sistema jurídico, Teubner é levado à seguinte aporia: tratando-se do mesmo âmbito de vigência, como se resolvem os conflitos entre os três diversos tipos sistêmicos do direito? Ele responde com o conceito de direito intersistêmico de colisão (Teubner, 1989, pp. 123 ss.), inclusive para "o conflito entre ordem jurídica estatal e *ordens sociais plurais quase-jurídicas*" (*ibid.*, pp. 135-8). A questão, contudo, permanece: o direito intersistêmico de colisão constitui sistema autopoiético, ordem jurídica parcialmente autônoma ou direito socialmente difuso? Caso se trate de uma dessas duas últimas formas, não haveria, a rigor, direito autopoiético; se, ao contrário, for caracterizado como direito autopoiético, não haveria exatamente direito parcialmente autônomo ou socialmente difuso[4].

---

[4] Mais tarde, tratando da colisão entre campos discursivos, Teubner formula a questão de uma maneira diferente: ele parte do conceito de *re-entry* (Spencer Brown, 1971, pp. 56 ss. e 69 ss.) para sustentar – de forma mais apropriada à sua concepção do pluralismo jurídico – que o direito ou discurso de colisão é inserido nas respectivas esferas jurídicas que se encontram em colisão (Teubner, 1996a, pp. 907 ss.; para um maior desenvolvimento da abordagem pós-moderna do pluralismo jurídico de Teubner, ver também suas significativas contribuições em: 1996b, 1996c, 1996d, 1998, 2000, 2003).

O pluralismo de Ladeur parece mais radical e coerente com o paradigma da pós-modernidade. Parte do caráter constitutivo da *desordem* para a "ponderação" (*Abwägung*) como paradigma jurídico (Ladeur, 1983, p. 478). Mantém, contudo, o conceito de autopoiese. Ela é interpretada situativamente a partir da "crescente heterogeneidade e diferenciação das arenas do agir social e administrativo" (*id.*, 1986, p. 273), exigindo aplicação situativo-tópica do direito ("ponderação") (*id.*, 1983, p. 472; cf. também 1984, espec. pp. 205 ss.); não é negada: a reprodução autopoiética realizar-se-ia nos termos de uma "lógica local" para a dogmática (*id.*, 1985, p. 426). Apenas haveria uma pluralização da autopoiese.

2.3 Do pluralismo jurídico à miscelânea social

Todas as vertentes do pluralismo jurídico tiveram sua origem e desenvolveram-se no contexto euro-continental e anglo-americano. A sua recepção nos países da América Latina constitui mais uma versão da dificuldade de releitura e reconstrução adequada de modelos elaborados nos "países centrais" pelas teorias do direito dirigidas à análise da realidade jurídica dos "países periféricos".

Tendo em vista aqui especificamente o pluralismo jurídico sociológico e o pós-moderno, parece-me um grave erro de avaliação aplicá-los, sem restrição, à realidade latino-americana. Partimos da seguinte hipótese: na realidade dos países ocidentais afluentes, o pluralismo pressupõe a autorreprodução operacionalmente consistente do direito positivo estatal. Este construiria sua própria identidade como campo de juridicidade autônomo. Em contraposição a ele, surgiriam estruturas sociais difusas de congruência tópica de expectativas normativas. Essas ordens plurais construiriam uma identidade própria, que as *diferencia-*

ria claramente do "direito oficial". Embora não sejam negadas interpenetrações e interferências entre a ordem positiva estatal e os direitos construídos difusamente, não se concebe o intrincamento bloqueante e destrutivo entre tais campos de juridicidade.

É exatamente esse problema do intrincamento bloqueante e destrutivo entre a juridicidade estatal e os "direitos socialmente difusos" que impede a recepção do modelo pluralista euro-norte-americano na situação jurídica da América Latina. No plano da concreção jurídica, não se delineiam, em nossa realidade de países tipicamente "periféricos", as fronteiras operacionais do campo do direito positivo estatal em face de pretensas áreas de juridicidade extraestatal. As relações reciprocamente destrutivas significam indistinção operacional das diversas esferas de juridicidade. Surge, assim, uma miscelânea de códigos e critérios/programas jurídicos.

Entretanto, a questão torna-se mais complicada quando consideramos os diversos sistemas sociais, especialmente a economia e a política. Observa-se que os códigos e critérios do ter e do poder não apenas atuam como condições "infraestruturais" ou ambientais de reprodução do sistema jurídico. Antes eles atuam como injunções bloqueantes e destrutivas do processo de reprodução autônoma e de construção da identidade do(s) direito(s). Disso resulta uma insuficiente desintrincação operacional das esferas econômica, política e jurídica, entre outras, de tal maneira que a situação não se apresenta simplesmente como miscelânea jurídica, mas primariamente como uma *miscelânea social* de códigos e critérios de conduta ou mesmo de comunicação. Para uma melhor compreensão do problema, portanto, supõe-se a caracterização, embora breve, da "modernidade periférica" como "modernidade negativa".

2.4 Modernidade periférica como modernidade negativa

Quando procuro distinguir os problemas jurídicos da "modernidade periférica" daqueles em que está envolvida a "modernidade central" (ou pós-modernidade), não utilizo o modelo "centro-periferia" da forma simplificadora ideologizante das teorias da exploração dos anos 1960 e 1970 (cf. Neves, 1992a, pp. 72 ss.; 1992c, pp. 158-9). Recorro a essa dicotomia principalmente para enfatizar que se trata de uma e da mesma sociedade mundial[5], não de sociedades tradicionais *versus* sociedades modernas, como se uma diferença de "antes e depois" estivesse na base dos diferenciados níveis de desenvolvimento social. Parto da constatação de que o advento da sociedade moderna está estreitamente vinculado a uma profunda desigualdade econômica no desenvolvimento inter-regional (a respeito, ver Hopkins e Wallerstein, 1979), trazendo consequências significativas na reprodução de todos os sistemas sociais, principalmente no político e no jurídico como sistemas organizados estatalmente[6]. É claro que se trata aproximativamente de conceitos típico-ideais no sentido weberiano, os quais, enquanto "utopias" gnosiológicas, nunca são encontrados em forma pura na realidade social, servindo antes como esquema de sua interpretação com ênfase unilateral em determina-

---

[5] Sobre a sociedade moderna como "sociedade mundial", ver Luhmann, 1975; 1993a, pp. 571-2; 1997, pp. 145-71; Luhmann e De Giorgi, 1992, pp. 45-54; Heintz, 1982; Stichweh, 2000. Em outra perspectiva, Wallerstein (1979, pp. 47 ss.) fala de capitalismo como "sistema mundial". Para uma crítica desse último conceito, cf. Luhmann, 1997, pp. 158-9.

[6] "É por razões políticas que a segmentação regional do sistema político da sociedade mundial em Estados está sendo mantida, apesar do perigo permanente de guerra; e é por razões econômicas que uma diferenciação entre centro e periferia, entre regiões altamente desenvolvidas e aquelas que necessitam de desenvolvimento, está sendo forçada" (Luhmann, 1986b, p. 168). Nesse sentido, é possível referir-se à "sociedade mundial como sistema internacional estratificado de desenvolvimento" (Heintz, 1982, pp. 17-8 e 33 ss.).

dos elementos mais relevantes à abordagem (Weber, 1988 [1904], pp. 190-1). Não desconheço, pois, que a sociedade mundial de hoje é multifacetada e possibilita a aplicação do esquema "centro e periferia" em vários níveis (cf., p. ex., Galtung, 1972, pp. 35 ss.; Wallerstein, 1979, pp. 50 ss.; Hopkins e Wallerstein, 1979, p. 158; Senghaas, 1974, p. 21). Tampouco se deve desconhecer que os recentes desenvolvimentos da sociedade mundial apontam no sentido de uma mobilidade nas posições de centro e de periferia (Luhmann, 1998, p. 377, ou 2000, p. 224), podendo-se observar também tendências a uma paradoxal periferização do centro (Neves, 1998, pp. 153 ss.). Parece-me, porém, que a distinção entre modernidade central e periférica é analiticamente frutífera, na medida em que, definindo-se a complexificação social e o desaparecimento de uma moral material válida para todas as esferas de ação como características da modernidade, constata-se que, em determinadas regiões estatalmente delimitadas (países periféricos), não houve de maneira nenhuma a efetivação adequada da autonomia sistêmica de acordo com o princípio da diferenciação funcional, nem mesmo a criação de uma esfera intersubjetiva autônoma fundada numa generalização institucional da cidadania, características (ao menos aparentes) de outras regiões estatalmente organizadas (países centrais) (a respeito, ver Neves, 1992a, pp. 16-7 e 75-81; 1992c). O fato de haver graus diversos quanto à diferenciação funcional exigida pela complexidade social e quanto à construção da cidadania como exigência do desaparecimento da moral hierárquico-material pré-moderna não invalida o potencial analítico dos conceitos de modernidade central e modernidade periférica, antes aponta para sua função de estrutura de seleção cognitiva da teoria social[7].

---

[7] Além disso, parece-me teoricamente irresponsável desconhecer, em nome do rótulo "globalização" e da ideia de um mundo hodierno sem fronteiras, as enor-

Feitas essas advertências, a modernidade periférica pode ser caracterizada como "modernidade negativa", partindo-se tanto da perspectiva sistêmica quanto do modelo com pretensão ético-procedimental.

De acordo com a teoria dos sistemas, a sociedade moderna resultaria da hipercomplexificação social vinculada à diferenciação funcional das esferas do agir e do vivenciar. Implicaria, portanto, o desaparecimento de conteúdos morais válidos para todas as conexões de comunicação e o surgimento de sistemas sociais operacionalmente autônomos, reproduzidos com base nos seus próprios códigos e critérios, embora condicionados pelo seu ambiente circundante (autopoiese) (cf., sobretudo, Luhmann, 1987b). Na modernidade periférica, à hipercomplexificação social e à superação do "moralismo" fundamentador da diferenciação hierárquica, não se seguiu a construção de sistemas sociais que, embora interpenetráveis e mesmo interferentes, construam-se autonomamente no seu *topos* específico. Isso nos põe diante de uma complexidade desestruturada e desestruturante. Daí resultam problemas sociais bem mais complicados do que aqueles que caracterizam os países da "modernidade central". As relações entre os "campos" de ação assumem formas autodestrutivas e heterodestrutivas, com todas as suas consequências bem conhecidas entre nós. Portanto, a modernidade não se constrói positivamente, como superação da tradição através do surgimento de sistemas autônomos de ação, mas apenas negativamente, como hipercomplexificação desagregadora do moralismo hierárquico tradicional.

---

mes diferenças da reprodução social e jurídica nos países da América Latina, da África, de grande parte da Ásia e de parte da Europa, especialmente da Europa Oriental, em relação àquelas encontratadas nas democracias desenvolvidas da Europa Ocidental e da América do Norte.

Conforme a concepção ético-procedimental proposta por Habermas, a modernidade resultaria da evolução da consciência moral no sentido da superação das estruturas pré-convencionais e convencionais e do advento de uma moral pós-convencional (cf. Habermas, 1982a, espec. pp. 12 ss.; 1983, pp. 127 ss.). Isso significa uma clara diferenciação entre sistema e "mundo da vida"[8], aquele como espaço de intermediação do "agir-racional--com-respeito-a-fins" (instrumental e estratégico), este enquanto horizonte do "agir comunicativo", orientado na busca do entendimento intersubjetivo[9]. Nessa perspectiva, a modernidade exigiria positivamente a construção de uma "esfera pública" (*Öffentlichkeit*), *topos* democrático discursivamente autônomo com relação aos "meios" sistêmicos "poder" e "dinheiro". Tal pretensão "normativa", embora encontre indícios na "modernidade central", não parece encontrar o mínimo de fundamento nas relações sociais da "modernidade periférica". Nesta, a modernidade constrói-se negativamente como desagregação da consciência moral convencional (e inclusive da pré-convencional), sem que disso resulte a estruturação da consciência moral pós-convencional e, muito menos, a autonomia de uma "esfera pública".

---

[8] Tal diferenciação vai ser definida por Habermas, 1982bII, pp. 229 ss., como processo de evolução social.

[9] A respeito, ver, em diferentes fases de desenvolvimento da "teoria do agir comunicativo", Habermas, 1969, pp. 62-5; 1973, pp. 9 ss.; 1982bI, espec. pp. 384 ss.; 1982bII, pp. 182 ss.; 1986; 1988a, pp. 68 ss. Quando me refiro ao sistema como espaço de intermediação do agir-racional-com-respeito-a-fins, não desconheço que, no modelo habermasiano, o plano sistêmico e a esfera da ação distinguem-se claramente, tendo um sentido figurado a noção de racionalidade sistêmica: "Mudanças do estado de um sistema autorregulado podem ser compreendidas como quase-ações, *como se* nelas a capacidade de ação de um sujeito se manifestasse" (Habermas, 1982a, p. 261). Mas é inegável que, na obra de Habermas, a noção de sistema está vinculada estreitamente à racionalidade-com-respeito-a-fins e, portanto, aos conceitos de agir instrumental e estratégico (cf., p. ex., 1969, pp. 63-5; 1982a, p. 261; 1986, pp. 578-9), enquanto a concepção de "mundo da vida" associa-se intimamente à de agir comunicativo (cf., p. ex., 1982bII, espec. p. 182; 1986, espec. p. 593).

E mesmo se partíssemos para a concepção fragmentária da pós-modernidade, ainda assim a sua construção nos países periféricos teria um sentido negativo. Isso porque as principais teorias da pós-modernidade desenvolvem, em contraposição à racionalidade sistêmica generalizada e à razão universalista, a noção de racionalidade tópica. Tal situação implicaria interconexões de incertezas (des)construtivas entre sistemas tópicos de comunicação (cf. Ladeur, 1985; 1990; 1991; 1992). No caso da (pós)modernidade periférica, as inter-relações entre os campos de ação tendem, imprevisivelmente, a intrincamentos bloqueantes e destrutivos.

Por conseguinte, não pretendemos retirar da miscelânea de códigos e critérios sociais que se manifesta nos países da modernidade periférica uma interpretação da sociedade contemporânea tal como proposta por Bruno Latour no seu livro *Nous n'avons jamais été modernes* (1997). Latour parte de um conceito iluminista da modernidade para constatar que tal conceito é inadequado para uma compreensão da sociedade hodierna. Trabalhando com a noção de "rede", ele enfatiza a mistura de natureza, cultura e poder (1997, espec. pp. 10 ss.). Dessa maneira, rejeita também o desintrincamento de direito, poder e saber a que se refere Lefort em sua reconstrução dos direitos humanos como dimensão da invenção democrática (Lefort, 1981, p. 64 [trad. bras., 1987, p. 53]). O fato é que Latour despreza as noções de diferenciação e autonomia dos domínios de comunicação porque parte de uma concepção equivocada dessas noções, tal como se elas apontassem para o insulamento das esferas de ação. Mas, quando se fala de autonomia *operativa*, não se desconhecem, porém, as interpenetrações, os acoplamentos estruturais, as irritações, as interferências entre os diversos sistemas sociais. Não cabe desconhecer também os entrelaçamentos que fortificam a heterogeneidade ou a pluralidade de campos comunicacionais. Porém, o que pretendemos apontar, ao contrário de Latour, é para um problema interno à modernidade, que se apresenta crucial em certas regiões do globo terrestre: o aumento da complexidade social, a dissolução do moralismo tradicional pré-moderno, sem uma suficiente diferenciação ou autonomia das esferas de ação. Em tal contexto, não se trata de "redes", "misturas" ou "híbridos" no sentido de Latour, mas sim de *intrincamentos destrutivos.*

2.5 A falta de autonomia-identidade da(s) esfera(s) de juridicidade na modernidade periférica latino-americana

Essa situação de miscelânea social implica dificuldades na construção da identidade da(s) esfera(s) de juridicidade, o que resulta diretamente da falta de autonomia da(s) respectiva(s) conexão(ões) social(is) de ação. Antes de tratar do problema na modernidade periférica latino-americana, farei breves considerações sobre três modelos paradigmáticos da autonomia do direito: o sistêmico, o ético-procedimental e o pós-moderno.

A questão da autonomia do direito vem sendo tratada de forma mais radical pela teoria sistêmica. Nessa perspectiva, a positividade do direito é definida como "autodeterminidade" do direito, ou seja, autonomia operacional do sistema jurídico em relação às determinações do seu "ambiente" (Luhmann, 1988, 1983b, 1985, 1981a, pp. 419 ss., 1993a, pp. 38 ss.; cf. Neves, 1992a, pp. 34 ss.). Reconstrói-se, então, o conceito de "autopoiese", originário da teoria biológica (cf. Maturana e Varela, 1980, pp. 73 ss., 1987, espec. pp. 55-60; Maturana, 1982, espec. pp. 141-2, 157 ss. e 279-80)[10],

---

[10] Quanto à reconstrução sociológica, ver sobretudo Luhmann, 1987b; Haferkamp e Schmid (orgs.), 1987; Baecker *et al.* (orgs.), 1987, espec. pp. 394 ss.; Teubner e Febbrajo (orgs.), 1992. Para a crítica à recepção científico-social do conceito de autopoiese, Bühl, 1989, com referência especial ao paradigma luhmanniano (pp. 229 ss.); e numa perspectiva mais abrangente sobre a teoria sistêmica de Luhmann,

e afirma-se que o direito positivo (moderno) reproduz-se primariamente de acordo com os seus próprios critérios e código de preferência (lícito/ilícito) (Luhmann, 1986a; 1993a, pp. 165 ss.). Assim como em relação aos outros sistemas sociais diferenciados, não se trata aqui de autarquia, (quase) privação de ambiente (Luhmann, 1983a, p. 69; Teubner, 1982, p. 20). O direito é visto como "um sistema *normativo fechado*, mas *cognitivamente aberto*" (Luhmann, 1983b, p. 139). Ao mesmo tempo que o direito positivo fatorializaria a autorreferência através de conceitos, ele construiria sua heterorreferência através da assimilação de interesses (Luhmann, 1990a, p. 10; cf. *id.*, 1993a, pp. 393 ss.). O fechamento autorreferencial, a normatividade para o sistema jurídico, não constituiria finalidade em si do sistema, antes seria condição de abertura (Luhmann, 1993a, p. 76; 1987b, p. 606; 1997, p. 68).

Nesse contexto, o sistema jurídico pode assimilar, de acordo com os seus próprios critérios, os fatores do ambiente, não sendo diretamente influenciado por esses fatores. A vigência jurídica das expectativas normativas não é determinada imediatamente por interesses econômicos, critérios políticos, representações éticas, nem mesmo por proposições científicas (cf. Luhmann, 1990b, pp. 593-4 e 663-4; 1985, p. 17), ela depende de processos seletivos de filtragem conceitual no interior do sistema jurídico[11].

Krawietz e Welker (orgs.), 1992. Para a leitura crítica a partir da teoria do discurso, Habermas, 1988b, pp. 426 ss.; 1988a, pp. 30-1. Definindo a autopoiese como paradigma ideológico conservador, Zolo, 1986. Em outro contexto, cf. Neves, 1992b.

[11] "Desenvolvimentos externos" – enfatiza Teubner (1982, p. 21) – "não são, por um lado, ignorados nem, por outro lado, convertidos diretamente, conforme o esquema 'estímulo-resposta', em efeitos internos, mas sim filtrados e adaptados às estruturas jurídicas, conforme critérios de seletividade próprios destas." Nesse sentido, adverte o mesmo autor: "Autonomia do direito refere-se à circularidade de sua autorreprodução e não à sua independência causal do ambiente" (1989, p. 47). Não se trata, pois, de isolamento causal (Luhmann, 1997, pp. 68 e 94; 1995a, p. 15; 1993a, pp. 43-4; 1991, p. 13).

Especialmente nesse ponto, emergem as divergências entre a teoria luhmanniana da positividade e a concepção ético-procedimental do direito proposta por Habermas. Para Luhmann, à positividade é inerente não apenas a supressão da determinação imediata do direito pelos interesses, vontades e critérios políticos dos "donos do poder", mas também a neutralização moral do sistema jurídico. Habermas reconhece que as fronteiras entre direito e moral existem, considerando que a racionalidade procedimental do discurso moral não regulado juridicamente é incompleta, eis que inexiste um *terceiro* (*Unbeteiligte*) encarregado de decidir as questões entre as partes (Habermas, 1992, p. 565). Mas, embora não negue a autonomia do sistema jurídico, atribui-lhe uma fundamentação ética:

> Um sistema jurídico adquire autonomia não apenas para si sozinho. Ele é autônomo apenas na medida em que os procedimentos institucionalizados para legislação e jurisdição garantem formação imparcial de julgamento e vontade, e, por esse caminho, proporcionam a uma racionalidade ético-procedimental ingresso igualmente no direito e na política. Não há autonomia do direito sem democracia real (Habermas, 1987, p. 16; argumentando a respeito, ver também 1992, espec. pp. 571 ss.).

Nesse sentido, sustenta que a positivação não significa eliminação da problemática da fundamentação, mas o deslocamento de problemas de fundamentação (Habermas, 1982bII, p. 354). Isso implicaria autonomia privada em conexão com autonomia pública, ou seja, direitos humanos e soberania do povo pressupondo-se reciprocamente (Habermas, 1992, pp. 111 ss.).

Também as teorias pós-modernas não vão afastar-se da exigência de autonomia do sistema jurídico. Procura-se, então, compatibilizar a autopoiese do direito com a dos demais sistemas-parte da sociedade (Teubner, 1988, pp. 46 ss.; 1989, pp. 88 ss.). Ou, conforme já mencionei antes, sustenta-se a pluralidade da autopoiese (Ladeur). Nessa última concepção, em lugar de uma racionalidade sistêmica decorrente de uma congruente generalização de expectativas normativas (Luhmann, 1987a, pp. 94-106), a racionalidade jurídica resultaria da congruência tópica das mesmas.

O transporte de qualquer dessas concepções de autonomia do direito à modernidade periférica latino-americana é, numa perspectiva empírica, suscetível de críticas e restrições. Em tal contexto, embora se possa conceber a autonomia como exigência "normativa", "sistêmica" ou "tópica", ela não pode ser afirmada no plano da concretização normativo-jurídica.

No que diz respeito à teoria ético-procedimental, já observei (ver item 2.4) que a desagregação da moral pré-convencional primitiva e convencional pré-moderna não conduziu, na modernidade periférica, à construção e ao desenvolvimento da consciência moral pós-convencional. Daí por que a fundamentação moral da indisponibilidade e imparcialidade do sistema jurídico, em contraposição à sua instrumentalidade sistêmica (Habermas, 1992, pp. 583 ss.; 1987), não encontra espaço nas relações intersubjetivas em torno do direito. A tendência é a instrumentalização política do direito, seja por meio da mutação casuística das estruturas normativas, principalmente durante os períodos autoritários, ou através do jogo de interesses particularistas bloqueadores do processo de concretização normativa. Nesse contexto, a autonomia privada ("direitos humanos") e a autonomia pública ("soberania popular"), embora, em regra, declaradas no texto constitucional, são rejeitadas mediante os mecanismos de desestruturação política do processo concretizador da Constituição.

Da mesma maneira, é intransponível o modelo luhmanniano da autopoiese à realidade jurídica da modernidade periférica latino-americana. As sobreposições particularistas dos códigos políticos e econômicos às questões jurídicas impossibilitam a construção da identidade de um sistema jurídico. Em lugar da autopoiese, está a alopoiese do direito (Neves, 1992b; 1992a, espec. pp. 81 ss. e 182 ss.; 1992c, pp. 163-4; 1994a, pp. 113 ss.). Isso significa que não surge uma esfera de juridicidade apta a, de acordo com seus próprios critérios e de forma congruentemente generalizada, reciclar as influências advindas do seu contexto econômico e político, como também das "boas relações". O intrincamento do(s) código(s) jurídico(s) com outros códigos sociais atua autodestrutivamente e heterodestrutivamente. O problema não reside, primariamente, na falta de abertura cognitiva (heterorreferência ou adaptação), mas sim no insuficiente fechamento operacional (autorreferência), que obstaculiza a construção da própria identidade do sistema jurídico. Se tal identidade pode ser vista, eventualmente, no plano da estrutura dos textos normativos, ela é destruída gradativamente durante o processo de concretização jurídica[12]. Assim sendo, não se constrói, em ampla medida, congruente generalização de expectativas normativas a partir dos textos constitucionais e legais. Disso resulta que a própria distinção entre lícito e ilícito é socialmente obnubilada, seja por falta de institucionalização (consenso) ou identificação do sentido das normas[13]. A consequência mais grave é a insegurança destrutiva nas relações de conflitos de interesses.

---

[12] O conceito kelseniano de autoprodução do direito (1960, espec. pp. 73, 228 e 283 [trad. port., 1974, pp. 110, 309 e 377]) permanece no plano estrutural hierárquico do ordenamento normativo-jurídico. Portanto, ao contrário do que propõe Ost (1986, pp. 141-4), não cabe vinculá-lo ao paradigma autopoiético, que se refere primariamente à dimensão operacional e à circularidade da reprodução do direito. Daí por que o primeiro pode ser abstratamente transportado a diferentes Estados, enquanto o segundo exige certas condições sociais concretas.

[13] A institucionalização e a identificação de sentido, além da normatização, são definidas por Luhmann (1987a, pp. 94 ss.), como mecanismos de generalização do direito.

O último recurso seria afirmar a autonomia/identidade de esferas jurídicas pluralistas de ação na perspectiva pós-moderna do direito. Contudo, nesse caso, pressupõe-se racionalidade jurídica a partir da congruência tópica de expectativas normativas, como também compatibilização (des)construtiva do dissenso entre sistemas locais de ação. E são exatamente as incongruências autodestrutivas das expectativas normativas e as incompatibilidades heterodestrutivas de dissensos entre campos de ação que impedem a construção da identidade de esfera(s) de juridicidade na modernidade periférica latino-americana. Nesse sentido, os intrincamentos entre domínio jurídico e outras esferas de comunicação, que se tornam problemáticos no contexto social latino-americano, não são "intrincamentos" (*Verflechtugen*) pós-modernos no sentido de Wolfgang Welsch, pois este último conceito aponta para um entrelaçamento que fortifica a heterogeneidade discursiva e, portanto, a identidade dos respectivos discursos envolvidos (ver Welsch, 1996, espec. pp. 48, 434-5 e 754 ss.). A ambivalência de intrincamento e pluralidade no paradigma conceitual de Welsch é a expressão de uma "razão transversal", que se orienta no respeito à heterogeneidade e enfatiza o dissenso (cf. Welsch, 1996, espec. p. 937; 1991, pp. 179-80). No âmbito jurídico, pode-se falar de uma justiça transversal, que importaria um direito sensível à heterogeneidade discursiva. Diferentemente, os intrincamentos entre direito e outras esferas de comunicação, na modernidade periférica, são *intrincamentos autodestrutivos e heterodestrutivos*, afetando a autonomia/identidade dos respectivos discursos e, dessa maneira, prejudicando a heterogeneidade discursiva. Nesse contexto, há um *melting pot* social e jurídico, que não implica simplesmente a *incerteza* estrutural do direito positivo moderno, fator importante do desenvolvimento jurídico, mas antes uma enorme *insegurança* destrutiva com relação às expectativas normativas numa sociedade supercomplexa.

2.6 Equívocos do pluralismo na abordagem da realidade jurídica latino-americana

No contexto da modernidade periférica latino-americana, parece-me equivocada a aplicação do modelo jurídico-pluralista de origem europeia e norte-americana. Como observei anteriormente, o pluralismo implicaria a identidade-autonomia de esferas de juridicidade extraestatal diante do legalismo do ordenamento jurídico do Estado. Significaria a existência de ordens jurídicas construídas em reação a um sistema jurídico que, com pretensão de generalidade, reproduzir-se-ia rigidamente, sem corresponder de forma adequada às expectativas e interesses de determinados espaços das relações intersubjetivas juridicamente relevantes. O problema na modernidade periférica reside, antes, no intrincamento de códigos e critérios dos diversos campos sociais, impedindo a construção da própria legalidade estatal.

Mas a abordagem pluralista vem fascinando os estudiosos da realidade jurídica latino-americana. Um dos autores pioneiros e paradigmáticos, Boaventura de Sousa Santos, ao estudar a situação da resolução de conflitos de interesses, argumenta a partir de concepções tipicamente pluralistas: a antropológica, a sociológico-alternativa e a pós-moderna.

O pluralismo antropológico é utilizado quando, apesar de reconhecidas as diversidades, o pluralismo existente na relação entre direito(s) primitivo(s) ou tradicional(is) nativo(s) e direito moderno do colonizador é comparado positivamente com o relacionamento entre a ordem jurídica estatal e os modelos de resolução de conflitos desenvolvidos pelos favelados (Sousa Santos, 1988, p. 58). Não se observa que o processo de colonização já encontra estruturas estáveis e rigidamente consolidadas operando na regulação da conduta e no asseguramento de expectativas normativas. As respectivas ordens primitivas ou tradicionais, evidentemente com forte teor de moralização, afirmam, em regra, forte identidade perante o direito "moderno" imposto pela metrópole, decorrendo os conflitos principalmente da rejeição, por parte dos nativos, de integração à ordem imposta pela metrópole e, portanto, de renúncia à identidade. No exemplo da ordem dos favelados, a construção e desenvolvimento de mecanismos extraestatais de solução ou neutralização de conflitos de interesses importam formas instáveis e difusas de reação à falta de acesso aos benefícios e vantagens do sistema jurídico estatal, incapaz de generalização includente de toda a população. Assim é que na relação entre códigos e critérios das respectivas ordens surgem intrincamentos discursivos, que, embora possam expressar tanto relações conflituosas como conciliatórias, constituem mecanismos sintomáticos da insuficiente identidade das respectivas esferas de ação.

A postura de Sousa Santos vai ser mais enfática ao vincular certos exemplos de pluralismo alternativo aos fenômenos sociais por ele pesquisados no Brasil dos anos 1970, com tendências à romantização: 1) em relação direta com o baixo grau de "institucionalização" (diferenciação) da função jurídica e com a disponibilidade limitada de meios de coação, o direito inoficial das favelas teria um espaço retórico mais amplo do que o direito estatal (1988, pp. 43-61); 2) o primeiro seria um direito "acessível", "participatório" e "consensual" (1977, pp. 96 ss.); 3) seria comparável ao direito dos sovietes e de outras experiências revolucionárias, definidas como experiências alternativas ao direito oficial burguês (1988, p. 77), e ofereceria "grande potencial para o uso revolucionário" do direito – "juridicidade alternativa" ("*alternative legality*") para as classes exploradas (1977, p. 103). Em síntese, sustentava-se que em tais experiências desenvolviam-se processos sociais de pluralismo jurídico como "alternativa" ao *legalismo* (1977, pp. 89 ss.; 1988, p. 25)[14].

O fato indiscutível de que na modernidade periférica latino-americana muitas "unidades sociais" dispõem difusamente de diferentes códigos jurídicos[15] não implica, a rigor, alternativas pluralistas em relação ao funcionamento legalista do direito estatal, mas antes mecanismos instáveis e difusos de reação à ausência da legalidade. Não se trata propriamente da construção de uma identidade jurídica tópica em face da insatisfação com a rigidez da reprodução consistente da identidade do sistema legal, ao qual se teria acesso. No exemplo das associações de favelados das grandes cidades latino-americanas, desenvolve-se uma das formas difusas e instáveis de "estratégias de sobrevivência"[16] no campo jurídico. É verdade que tais estratégias comportam um "discurso ético-social" (Sousa Santos, 1988, p. 25). Mas, embora lhes faltem limites sistêmicos rígidos para a utilização de meios discursivos, não me parece que daí se possa inferir necessariamente que elas disponham de um maior espaço retórico. Em primeiro lugar, deve-se observar que os códigos econômico (ter) e político (poder) atuam *diretamente*, ou seja, sem as filtragens de um discurso jurídico autônomo, sobre os mecanismos de solução de conflitos. Também cabe considerar que as "estratégias de

[14] É bom enfatizar que não pretendo, de maneira nenhuma, atribuir essas assertivas ao movimento de direito alternativo que se desenvolveu sobretudo durante a primeira metade dos anos 1990 no Brasil. A variedade de abordagens e tendências exigiria um estudo mais específico. Para um panorama, cf. Arruda Jr. (org.), 1991; 1992.

[15] Sousa Santos (1980, p. 116) usou a expressão "privatização possessiva do direito".

[16] A respeito dessa noção, ver Rabanal, 1990, espec. pp. 152 ss., contrapondo-a à de autonomia da personalidade; cf. também Evers, 1987.

sobrevivência" pressupõem situações de necessidades prementes dos indivíduos e, portanto, "personalidades pouco diferenciadas com ego-estruturas fracas e limitações no código linguístico e na capacidade de simbolização" (Rabanal, 1990, p. 30)[17], dificultando evidentemente a ampliação de recursos discursivos de convencimento e de persuasão[18]. Por fim, não se podem desconhecer as pesquisas empíricas a respeito do emprego da violência: os "procedimentos retóricos" das associações de moradores estão vinculados aos meios coativos das "*gangs*"; e o problema complica-se na medida em que a atividade ilegal da polícia se mistura ao jogo da violência marginal (cf., p. ex., Junqueira e Rodrigues, 1988, espec. pp. 134-5 e 137-8). Em síntese, ao contrário de alternatividade pluralista ao legalismo, trata-se de intrincamento entre ausência de legalidade e "estratégias de sobrevivência" em relação ao campo jurídico. Rabanal, em perspectiva psicossocial, interpreta o problema a partir de "uma contradição fundamental: a violação da legalidade com o fim de alcançar a legalidade" (1990, p. 20). Não me parece que, no âmbito das "estratégias de sobrevivência", haveria necessariamente essa consciência integracionista. Mas é possível afirmar que elas só se constroem e ampliam em virtude da falta de legalidade enquanto generalização includente do direito positivo.

Mais tarde, Sousa Santos mergulhou na onda pós-moderna, afastando-se do pluralismo revolucionário dos anos 1970. "Interlegalidade" ("*interlegality*") e pluralismo passam a ser concebidos como os dois "conceitos-chave" de uma teoria pós-moderna

---

[17] Entretanto, Rabanal enfatiza que tal "postulado" pode levar a "generalizações superficiais", caso não seja revisto "dentro do quadro de referência de uma discussão crítica sobre a sociedade" e não leve em consideração os dados biográficos dos respectivos indivíduos (1990, p. 30).

[18] Quanto à distinção entre convencimento ("auditório universal") e persuasão ("auditório particular"), ver Perelman e Olbrechts-Tyteca, 1988, pp. 34 ss.

do direito (1987, pp. 297-8). Mas é evidente que, no contexto da modernidade periférica latino-americana, não se pode falar em pluralismo jurídico no sentido pós-moderno, na medida em que falta não apenas encadeamento autorreferencial, mas também emalhamento de comunicações jurídicas topicamente desenvolvidas. Trata-se da confusão de códigos jurídicos construídos e aplicados difusamente, como também do intrincamento destes com os códigos do poder, da economia, familiar, da amizade e das "boas relações". Assim é que a pretensa racionalidade jurídica tópica da pós-modernidade, promotora de incerteza (des)construtiva, não se transpõe à miscelânea de campos sociais que se desenvolve entre nós. Os modelos de resolução ou neutralização de conflitos, num contexto de "marginalizações" e privilégios, produzem, então, uma extrema insegurança destrutiva, cuja manutenção está vinculada, contraditoriamente, à conservação de privilégios e, portanto, é prejudicial sobretudo aos socialmente "deficientes". Por isso, em tais condições de falta de identidade e autonomia da(s) esfera(s) de juridicidade, "pluralismo jurídico como alternativa para o legalismo", "racionalidade jurídica tópica", entre outras, podem transformar-se em expressões ideológicas ou mitos, que conduzem antes a equívocos do que à explicação e superação do problema (Neves, 1992a, pp. 102-3, 165-6 e 191)[19].

---

[19] Quero salientar aqui que, na contribuição introdutória a esse livro [N. do Org.: o autor refere-se ao livro em que a 2. ed. do artigo em espanhol foi publicado], García Villegas e Rodríguez (2003), que estão vinculados ao paradigma de Boaventura de Sousa Santos, constroem um modelo mais complexo na sua referência ao trinômio "pluralidade, ineficácia instrumental e autoritarismo" como característico do campo jurídico (no sentido de Bourdier) na América Latina, preferindo, mais cuidadosamente, a expressão "pluralidade jurídica" do que o termo "pluralismo jurídico". Também cabe observar que, em suas publicações posteriores, o próprio Sousa Santos (1995) apresenta, sem dúvida, um modelo mais complexo de teoria social do direito, afastando-se, em certa medida, de algumas simplificações encontradas em suas primeiras obras.

2.7 Entre subintegração e sobreintegração: implicações constitucionais

Uma das variáveis mais problemáticas da dificuldade de construção da identidade da(s) esfera(s) de juridicidade na modernidade periférica latino-americana é a generalização de relações de subintegração e sobreintegração. Definindo inclusão como *acesso* às prestações de um sistema social e, simultaneamente, como *dependência* delas[20], falta, nesse caso, uma das duas dimensões do conceito (a respeito, ver Neves, 1994b; 1992a, pp. 94 ss. e 155 ss.)[21].

Do lado dos subintegrados, generalizam-se as relações concretas em que não têm acesso aos benefícios do ordenamento jurídico, mas dependem de suas prescrições impositivas. Portanto, os subcidadãos não estão inteiramente excluídos. Embora lhes faltem as condições reais de exercer os direitos fundamentais constitucionalmente declarados, não estão liberados dos deveres e responsabilidades impostos pelo aparelho coercitivo estatal, submetendo-se radicalmente às suas estruturas punitivas. Os direitos fundamentais não desempenham nenhum papel relevante no horizonte do seu agir e vivenciar, nem sequer quanto à identificação do sentido das respectivas normas constitucionais. Para os subintegrados, os dispositivos constitucionais têm relevância quase exclusivamente em seus efeitos restritivos das liberdades. E isso vale para o sistema jurídico como um todo: os membros das camadas populares "marginalizadas" (a maioria da população) são integrados ao sistema, em regra, como devedores, indiciados, denunciados, réus, condenados etc., não como detentores

---

[20] Ver Luhmann, 1981b, pp. 25-6.

[21] Na utilização dos conceitos de subintegração e sobreintegração, acompanham-me Müller, 1997, pp. 47 ss. (espec. pp. 49 ss.); 2001, espec. pp. 78-9; e Brunkhorst, 2000, pp. 265 ss.; 2001, p. 618; 2002, pp. 125 ss. e 165 ss. Cf. também O'Donnell, 1999, pp. 312 e 332, nota 47.

de direitos, credores ou autores. Porém, no campo constitucional, o problema da subintegração ganha um significado especial, na medida em que, com relação aos membros das classes populares, as ofensas aos direitos fundamentais são praticadas principalmente nos quadros da atividade repressiva do aparelho estatal[22].

A subintegração das massas é inseparável da sobreintegração dos grupos privilegiados, que, principalmente com apoio da burocracia estatal, desenvolvem suas ações bloqueantes da reprodução do direito. É verdade que os sobrecidadãos utilizam regularmente o texto constitucional democrático – em princípio, desde que isso seja favorável aos seus interesses e/ou para proteção da "ordem social". Tendencialmente, porém, a Constituição é posta de lado na medida em que impõe limites à sua esfera de ação política e econômica. Ela não atua, pois, como *horizonte* do agir e vivenciar jurídico-político dos "donos do poder", mas sim como uma oferta que, conforme a eventual constelação de interesses, será usada, desusada ou abusada por eles. Assim sendo, a garantia da impunidade é um dos traços característicos da sobrecidadania[23].

---

[22] Cf., entre outros, Oliveira, 1994; 1997. Nessas circunstâncias, portanto, não é apropriado falar, seguindo uma concepção de Constituição "republicana", de uma "busca constante de inclusão do outro, dos até agora excluídos" (Michelman, 1988, p. 1529; cf. Habermas, 1992, p. 334), da mesma maneira que a noção normativa de "inclusão sensível às diferenças" (Habermas, 1996, pp. 172-5) perde toda e qualquer referência contextual.

[23] É claro que não há o "absolutamente sobreintegrado". Porém, há indivíduos que se encontram, geralmente, no polo privilegiado de relações de sobreintegração e subintegração. Daí por que podem orientar suas expectativas e conduzir suas ações contando com a grande probabilidade da sua impunidade. Nesse sentido, escreve O'Donnell (1999, p. 312): "Na América Latina há uma longa tradição de ignorar a lei ou, em reconhecendo-a, de deformá-la em favor dos poderosos e no sentido da repressão ou do controle dos fracos. Quando um homem de negócios pouco escrupuloso declarou recentemente na Argentina que 'ser poderoso é ter impunidade [jurídica]', ele expressou um sentimento presumivelmente muito difundido, conforme o qual, em primeiro lugar, seguir voluntariamente a lei é algo que só os idiotas fazem e, em segundo lugar, sujeitar-se à lei não significa ser portador de direitos efetivamente exercíveis, mas antes um sinal de fraqueza social."

Partindo primariamente da dependência e não do acesso, Luhmann define, em sua obra tardia e diferente de mim, o "setor de inclusão" (no qual "os homens contam como pessoas") como menos integrado e o "setor de exclusão" (no qual "os homens não são mais percebidos enquanto pessoas, mas sim como corpos") como superintegrado (Luhmann, 1993a, pp. 584-5; 1997, pp. 631 ss.; 1995b, pp. 259 ss.). Integração é nesse caso compreendida unilateralmente "como redução dos graus de liberdade de subsistemas" ou "como limitação dos graus de liberdade para seleções" (Luhmann, 1997, pp. 603 e 631) e, portanto, negativamente como dependência e não positivamente como acesso[24]. Tal como tenho formulado, ao contrário, tanto a subintegração como sobreintegração implicam insuficiente "inclusão" (e, assim, exclusão parcial), seja por falta de acesso (integração positiva) às prestações dos sistemas sociais ou de dependência (integração negativa) delas. É precisamente por isso que o subcidadão e o sobrecidadão carecem de cidadania. Caso se queira insistir no termo "exclusão", não apenas os subintegrados estariam excluídos, mas também os superintegrados: estes estariam "acima" do direito; aqueles, "abaixo" dele. Mas o que se quer dizer aqui, mais precisamente, é que são posições hierárquicas faticamente condicionadas (não classificações baseadas em princípio) em relação aos sistemas funcionais, ou seja, as pessoas são integradas a eles "por cima" ou "por baixo", com a consequência de que sua reprodução autônoma é bloqueada.

---

[24] Luhmann distingue a integração (sistêmica) de inclusão como "chance de consideração social de pessoas" e pretende, com isso, "substituir" o tema da integração social, que se refere à relação entre pessoas e sistemas sociais, "pela distinção inclusão/exclusão" (1997, pp. 618 ss.). Ele fala, porém, de "apenas integração negativa" no setor de exclusão e de "integração de indivíduo e sociedade" no setor de inclusão (1995c, p. 148) bem como da "existência de pessoas ou grupos não integráveis" em referência à exclusão (1997, p. 621). De qualquer maneira, na obra tardia de Luhmann, a expressão "integração" é empregada com relação ao problema da inclusão/exclusão, sem que haja univocidade a esse respeito.

O chamado princípio da não identificação da Constituição (Krüger, 1966, pp. 178-85; Hollerbach, 1969, pp. 52-7)[25], que se vincula estreitamente ao princípio da indisponibilidade do direito e da imparcialidade do Estado de direito (cf. Habermas, 1987; 1992, pp. 583 ss.), está ausente no contexto das relações de subintegração e sobreintegração no sistema constitucional (cf. Neves, 1992a, pp. 53 ss. e 95 ss.). Em certa medida, a Constituição só é concretizada se interesses de grupos privilegiados não são comprometidos. Constitucionalidade contra os interesses da sobrecidadania "não é aconselhável", "é inadequada ao ambiente". (Daí não se deve deduzir nenhuma esquematização simplista, porque entre os sobrecidadãos ocorrem conflitos jurídicos também no plano constitucional, que não raramente são solucionados conforme a "lei fundamental". Mas, se o *status quo* é ameaçado, eles tendem a fórmulas conciliatórias que "erodem" ou "violam" a Constituição[26].) Reformas sociais dentro da "ordem constitucional" são frequentemente caracterizadas como subversivas, tão logo ponham na ordem do dia a abolição de privilégios e/ou a introdução eventual de medidas favoráveis à subcidadania. Atrás da não identificação formal do texto constitucional estatuído, encontra-se a identidade da realidade constitucional com as classes e grupos privilegiados, de tal maneira que a institucionalização dos direitos

---

[25] Luhmann (1993a, p. 96) faz restrição a esse princípio, argumentando que a não identidade da Constituição significa opção pelos valores do pluralismo. Porém, quando se fala de "princípio da não identificação", pretende-se apenas negar o vínculo exclusivo da Constituição, como aquisição evolutiva estrita da modernidade (Luhmann, 1990c, pp. 193 ss.; 1993a, pp. 470 ss.), a um valor totalitário ou a um grupo social dominante, do qual ela seria mero instrumento. Não se trata de negar a referência da Constituição a qualquer valor.

[26] Cabe aqui a distinção entre, de um lado, "realidade constitucional implementadora da Constituição" e, de outro lado, "realidade constitucional erodente da Constituição" e "realidade constitucional violadora da Constituição" (Grimm, 1989, coluna 637).

fundamentais é estruturalmente deturpada. O agir e o vivenciar normativo do subcidadão e do sobrecidadão fazem implodir a Constituição como ordem básica da comunicação jurídica[27]. Nessas condições, a Constituição não atua como mecanismo de autonomia operacional do direito, sendo deformada durante o processo concretizador por força da sobreposição de injunções políticas particularistas e interesses econômicos concretos.

Isso nos põe diante da constitucionalização simbólica (Neves, 1994a; 1992a, pp. 61 ss. e 104 ss.)[28]. A insuficiente concretização normativa do texto constitucional vincula-se à sua função predominantemente político-ideológica enquanto expressão discursiva de uma determinada imagem do Estado e dos "donos do poder". A ineficácia normativo-jurídica dos dispositivos constitucionais referentes à "liberdade", "igualdade" e "participação" conjuga-se com a função simbólica do discurso constitucionalista,

---

[27] Observe-se que prefiro os termos "subcidadão" e "sobrecidadão" às expressões "cidadãos de primeira, segunda e terceira classe" (Velho, 1980, p. 362; Weffort, 1981, pp. 141-4), que podem levar à ideia equivocada de que só os subintegrados são carentes de cidadania. Por outro lado, a distinção conceitual que proponho, embora análoga, diferencia-se nitidamente dos conceitos antropológicos de subcidadão e supercidadão, a que se refere DaMatta (1991, p. 100), associando o primeiro ao espaço sem direitos da "rua" e o segundo à esfera dos privilégios ("direitos sem deveres") domésticos ("universo da casa"). Parece-me excesso antropológico vincular, na realidade brasileira, o espaço doméstico dos subintegrados (marginalizados) à noção de privilégios e desconhecer que o "mundo da rua" pode constituir-se em espaço de privilégios dos sobreintegrados.

[28] Não se trata aqui, precisamente, do conceito de "eficácia (ou violência) simbólica" no sentido de Bourdieu (cf. Bourdieu e Passeron, 1970, pp. 13-84; Bourdieu, 1971, pp. 298 ss., *passim*; 1982, espec. pp. 97-161; 1989, espec. pp. 48 ss. e 552 ss.), ao qual estão vinculados, em certa medida, García Villegas e Rodríguez no artigo introdutório mencionado anteriormente (ver nota 19; cf. também García Villegas, 1991; 2002), pois tal conceito tem uma pretensão holística na explicação abrangente do social, permanecendo muito vago para uma explicação específica e diferenciada do problema da "constitucionalização simbólica", particularmente no contexto latino-americano. Essa não é a oportunidade para entrar novamente nessa discussão conceitual (a respeito, ver Neves, 1994a, espec. pp. 12-4, 24 ss. e 129 ss.).

encobrindo a estreita vinculação da estrutura estatal com a manutenção das relações de subintegração e sobreintegração[29].

2.8 O mito da funcionalidade

Uma das mais equivocadas simplificações ideológicas, quando são enfrentados os problemas jurídicos da modernidade periférica latino-americana, é, com base no brocardo *ubi societas ibi jus*, sustentar que os respectivos sistemas jurídicos nacionais funcionam porque existem. Por um lado, trata-se de funcionalismo ingênuo, que confunde a funcionalidade com a existência. Não se observa que a existência de estruturas normativas não significa que elas exerçam as funções correspondentes[30]. Por outro lado, parte-se de um modelo simplificado de sociedade, segundo o qual a função é uma relação totalizante, abrangendo linearmente as referências de cada esfera de ação consigo mesma, com o todo e as partes da sociedade. Não se considera que o "funcional" em determinada perspectiva ou para determinados setores pode não ser em outras perspectivas nem para outros setores. Assim sendo, desconhece-se a complexidade social, com todas as suas consequências complicadoras para a compreensão da sociedade.

Mesmo no âmbito da teoria sistêmica mais recente, apesar da forte influência do funcionalismo norte-americano, supera-se a tendência à simplificação funcionalista[31]. Isso porque não se

---

[29] Fazendo referência ao nosso trabalho (Neves, 1998), Habermas (1999, p. 229) enfatiza que, nessas circunstâncias, "a letra imaculada do texto constitucional não é senão a fachada simbólica de uma ordem jurídica imposta de uma maneira altamente seletiva".

[30] Embora em outra perspectiva, também Bobbio (1977b, espec. p. 66) alerta para essa tendência.

[31] Em certa medida, Habermas (1971, pp. 142-3) reconhece isso ao vincular Luhmann, de certa maneira, à teoria social crítica que remonta a Marx e, com isso, afirmar sua separação definitiva de Parsons.

parte de sistema social no singular, como nesse modelo, do qual resultou a analogia ilusória entre a sociedade e o relógio. Luhmann trabalha com a noção de sistemas sociais (no plural) que se reproduzem por códigos de preferência e programas diversos, enfatizando a questão dos conflitos intersistêmicos e da falta de um sistema central supraordenado, a partir do qual poderia haver um paradigma unitário de orientação da conduta. Daí por que ele não vai limitar-se à noção de "função", que implica relação dos subsistemas com o sistema social global. Trabalha com o conceito de "prestação" enquanto relacionamento de sistema-parte com outro sistema-parte. E, por fim, enfrenta o problema da "reflexão", a relação dos sistemas consigo mesmos, destacando o problema da autonomia e identidade (cf. Luhmann, 1982, pp. 54 ss.; Luhmann e Schorr, 1988, pp. 34 ss.). E é a vertente orientada no estudo da autonomia das esferas de comunicação que me parece a mais frutífera na teoria dos sistemas, e não a vertente funcional, que vem perdendo cada vez mais cancha na discussão em torno do modelo sistêmico.

Portanto, a diversidade de relações sistêmicas (função, prestação e reflexão) e a complexidade de variáveis sociais possibilitam que algo considerado funcional a partir de uma esfera de ações e expectativas seja avaliado como disfuncional ou não funcional em outros campos do agir e do vivenciar e vice-versa. Quanto às estruturas normativo-jurídicas, o seu não funcionar generalizado pode eventualmente ser "prestativo" para outras esferas de comunicação social (economia, política, religião etc.) e mesmo ser avaliado como funcional para a sociedade a partir de outras conexões de condutas e expectativas. É nesse sentido que a ineficácia generalizada dos dispositivos constitucionais referentes à "igualdade", "liberdade" e "participação", embora implique não funcionalidade normativo-jurídica da Constituição, compatibiliza-se com a função político-ideológica do discurso constitucionalista. E no caso da constitucionalização simbólica, observa-se que quanto maior a ineficácia da Constituição em termos de função normativo-jurídica tanto mais intensa torna-se sua função político-ideológica. Daí por que, nesse caso, pode-se falar em "superexploração" do direito pela política (Neves, 1994a, p. 132).

Se considerarmos, porém, que, na sociedade supercomplexa da contemporaneidade, em vista da variedade contraditória de interesses e expectativas, a autorreferência dos sistemas sociais está indissociavelmente vinculada à inclusão de toda a população nas prestações de cada um deles[32], a funcionalidade específica também fica prejudicada quando não há dependência e acesso generalizados ao respectivo sistema. Não se trata aqui de acesso sobreintegrante e dependência subintegrante, destrutivos da autonomia/identidade da correspondente esfera de ação, mas sim de integração generalizada por acesso/dependência. A respeito do direito, portanto, a sua função específica de "congruente generalização de expectativas normativas" torna-se irrealizável na

---

[32] A respeito, ver Luhmann (1981b, pp. 26-7, 35 e 118), que, nessa época, insistia ser a inclusão uma característica distintiva da sociedade moderna. Mais tarde, Luhmann (1993a, pp. 582 ss.; 1995b; 1997, pp. 169-70 e 618-34) reviu o seu posicionamento com relação a essa questão, reconhecendo que a exclusão é também um problema estrutural da sociedade moderna. Além disso, ele sustenta que a diferença "inclusão/exclusão" funciona como uma "espécie de metacódigo, que mediatiza todos os outros códigos" (1993a, p. 583; cf. 1997, p. 632). Mas se assim é, parece-nos difícil que se possa continuar a sustentar que a sociedade moderna funda-se primariamente no princípio da diferenciação funcional e que a diferença "sistema/ambiente" é intrassocietariamente a principal. Para ser consequente com a proposição de que "inclusão/exclusão" serve de *metacódigo* que mediatiza todos os outros códigos, impõe-se admitir, no nosso entender, que a sociedade é diferenciada primariamente de acordo com essa "metadiferença" (nesse sentido, ver Stichweh, 1997, p. 132); no caso de inclusão/exclusão *versus* a diferença (funcionalmente orientada) sistema/ambiente, trata-se, antes, de diferenciações concorrentes na sociedade mundial moderna.

razão direta da ampliação de relações "excludentes" de sobreintegração e subintegração em suas estruturas normativas. Dessa maneira, quanto mais as expectativas normativas afastam-se difusa e incongruentemente do modelo jurídico constitucional, tanto menor o grau de funcionalidade das respectivas estruturas normativas. E mesmo na abordagem pós-moderna, a funcionalidade das esferas fragmentárias de juridicidade pressuporia a congruência tópica de expectativas normativas em torno delas. E é exatamente essa congruência que falta na miscelânea social latino-americana.

Parece-me mais frutífero analisar primariamente o problema a partir da noção de autonomia ou identidade do que com base no conceito de função. É que o bloqueamento recíproco de campos de ação na modernidade periférica é obstáculo intransponível à sua funcionalidade includente. No caso do sistema jurídico, a injunção bloqueante e destrutiva do poder, dinheiro, meio familiar, amizade, "boas relações" etc. – tudo isso vinculado a relações de subintegração e sobreintegração –, ao obstaculizar a construção consistente da identidade da(s) esfera(s) de juridicidade, impede, por conseguinte, que esta(s) desempenhe(m) satisfatoriamente sua função de congruência generalizada ou tópica de expectativas normativas.

2.9 Pela superação do dilema "monismo *versus* pluralismo"

Ao equívoco empírico de interpretação da realidade jurídica latino-americana a partir do modelo pluralista subjaz o dilema "monismo *versus* pluralismo", a crença de que unidade e pluralidade excluem-se necessariamente. Trata-se de avaliações distorcidas do papel do direito na sociedade moderna.

De um lado, os monistas não compreendem que a diversidade contraditória de expectativas e interesses não se compatibiliza com um centro de produção jurídica hermeticamente fechado às demandas sociais. Tal situação só poderia ter sentido numa estrutura social pouco diferenciada e caracterizada pela unidade de valor, interesse e expectativa. Entretanto, em tal contexto, não se construiria direito como esfera autônoma do agir e do vivenciar normativos, visto que a unidade decorreria diretamente da estrutura político-moral globalizante, hierarquicamente suprema e imediatamente válida em todos os espaços do agir e do vivenciar sociais.

De outro lado, os pluralistas não retiram de conceitos como "acoplamento estrutural", "direito intersistêmico de colisão" e "compatibilização do dissenso entre esferas tópicas de juridicidade" as consequências teóricas devidas, deixando de interpretá-los como mecanismos construtores da unidade na pluralidade. Desconhecem que se trata de estruturas unitárias que atuam como condição de possibilidade da pluralidade jurídica. A inexistência desses mecanismos de intermediação unitária entre esferas jurídicas não significa pluralismo enquanto identidade-autonomia de lógicas jurídicas locais, mas sim, numa sociedade supercomplexa, relações autodestrutivas e heterodestrutivas de espaços do vivenciar e do agir normativos.

A rigor, o direito da sociedade moderna, marcada pela diversidade contraditória de expectativas e interesses (complexidade), só constrói sua identidade-autonomia enquanto envolve unidade e pluralidade. E isso não é simplesmente um postulado racional-normativo, no sentido da "unidade da razão na multiplicidade de suas vozes" (Habermas, 1988a, pp. 153 ss.)[33], mas antes uma exigência empírico-funcional. Dar as costas às normatividades

---

[33] Especificamente em relação ao direito, a leitura habermasiana do vínculo unidade/pluralidade dá-se através da conexão entre soberania do povo e direitos humanos (cf. 1992, pp. 112 ss.).

tópicas decorrentes da fragmentação de interesses e valores significa, para o direito moderno, deficiência de eficácia e vigência social. Sistemicamente, pode-se falar de inadequada heterorreferência. Por sua vez, a ausência de procedimentos e estruturas unitárias e generalizadas de congruência de espaços de normatividade jurídica implica a própria falta de identidade-autonomia de um campo da juridicidade. Cabe falar, então, de quebra da autorreferência sistêmica por mecanismos destrutivos da consistência normativa, não controláveis por procedimentos e estruturas jurídicos generalizáveis.

Do exposto, pode-se afirmar que a unidade do direito moderno encontra-se no plano do código binário "lícito/ilícito", enquanto a pluralidade manifesta-se no âmbito dos programas e critérios. Na medida em que o código de preferência "lícito/ilícito" reproduz-se generalizadamente, sem restrições particularistas excludentes ou privilegiantes de indivíduos e grupos, a unidade sistêmica está assegurada. Isso significa a realização concreta do princípio da legalidade, não no sentido estático e fechado que lhe atribui o legalismo tradicional, mas sim como mecanismo de integração "normativamente igualitária" no direito. Ou seja, a identidade/autonomia do sistema jurídico, ao implicar generalização includente do código "lícito/ilícito", é indissociável da noção de cidadania. E isso também no plano de um pretenso direito mundial fundado na semântica dos direitos humanos (a respeito, ver Luhmann, 1993a, pp. 574 ss., 1993b, pp. 543 ss.; Fischer-Lescano, 2002). Por seu turno, os programas e critérios do sistema jurídico, para adequar-se à complexidade fragmentária do moderno, não pode desconhecer a pluralidade contraditória das expectativas normativas individuais e grupais. Só a ilusão totalitária (ou autoritária) é insensível à diversidade de interesses e valores da sociedade contemporânea. E somente a releitura do pluralismo democrático no interior do sistema jurídico, enfatizando a fragmentação tópica de programas e critérios normativos, será capaz de viabilizar uma heterorreferência adequada do direito na sociedade mundial da atualidade.

Em suma: unidade generalizada do código "lícito/ilícito" ("legalidade orientada para a inclusão") e pluralidade de programas e critérios normativos ("democratização jurídica") são condições indissociáveis da identidade/autonomia e da funcionalidade do sistema jurídico na sociedade moderna mundial.

2.10 Bibliografia

ANZILOTTI, Dionisio (1964). *Corso di diritto internazionale*. Pádua: Cedam, vol. 1.

ARRUDA JR., Edmundo Lima de (org.) (1991). *Lições de direito alternativo*. São Paulo: Acadêmica.

______ (1992). *Lições de direito alternativo 2*. São Paulo: Acadêmica.

BAECKER, Dirk *et al.* (orgs.) (1987). *Theorie als Passion: Niklas Luhmann zum 60. Geburtstag*. Frankfurt am Main: Suhrkamp.

BENDA-BECKMANN, Franz von (1979). "Modernes Recht und traditionelle Gesellschaften". *Verfassung und Recht in Übersee* 12 (Hamburg: Hamburger Gesellschaft für Völkerrecht und Auswärtige Politik), pp. 337-51.

BLANKENBURG, Erhard; KLAUSA, Ekkehard; ROTTLEUTHNER, Hubert (orgs.) (1980). *Alternative Rechtsformen und Alternativen zum Recht (Jahrbuch für Rechtssoziologie und Rechtstheorie* 6). Opladen: Westdeutscher Verlag, pp. 83-98.

BOBBIO, Norberto (1960). *Teoria dell'ordinamento giuridico*. Turim: Giappichelli.

______ (1977a). *Giusnaturalismo e positivismo giuridico*. 3. ed. Milão: Edizioni di Comunità.

______ (1977b). *Dalla struttura alla funzione: nuovi studi di teoria del diritto*. Milão: Edizioni di Comunità.

BOURDIEU, Pierre (1971). "Genèse et structure du champ religieux". *Revue française de Sociologie* XII (Paris: Editions du CNRS), nº 3, pp. 295-334.

______ (1982). *Ce que parler veut dire : l'économie des échanges linguistiques*. Paris: Fayard.

______ (1989). *La noblesse d'État : Grandes écoles et esprit de corps*. Paris: Les Éditions de Minuit.

______; PASSERON, Jean-Claude (1970). *La reproduction : éléments pour une théorie du système d'enseignement*. Paris: Les Éditions de Minuit.

BRUNKHORST, Hauke (2000). *Einführung in die Geschichte der politischen Ideen*. München: Fink.

______ (2001). "Globale Solidarität: Inklusionsprobleme der modernen Gesellschaft". *In*: L. Wingert e K. Günther (orgs.). *Die Öffentlichkeit der Vernunft und die Vernunft der Öffentlichkeit: Festschrift für Jürgen Habermas*. Frankfurt am Main: Suhrkamp, pp. 605-26.

______ (2002). *Solidarität: Von der Bürgerfreundschaft zur globalen Rechtsgenossenschaft*. Frankfurt am Main: Suhrkamp.

BÜHL, Walter L. (1989). "Grenzen der Autopoiesis". *Kölner Zeitschrift für Soziologie und Sozialpsychologie* 39 (Opladen: Westdeutscher Verlag), pp. 225-53.

CAPPELLETTI, Mauro; GARTH, Bryant (1981). "Access to Justice and the Welfare State: An Introduction". *In*: M. Cappelletti (org.) com a colaboração de J. Weisner e M. Seccombe. *Access to Justice and the Welfare State*. Alphen aan den Rijn: Sijthoff/Bruxelas: Bruylant/Stuttgart: Klett-Cotta/Florença: Le Monnier, pp. 1-24.

CARBONNIER, Jean (1976). *Flexible Droit. Textes pour une Sociologie du Droit sans Rigueur*. 3. ed. Paris: Librairie Générale de Droit et de Jurisprudence.

DAMATTA, Roberto (1991): *A casa & a rua*. 4. ed. Rio de Janeiro: Guanabara Koogan.

DURKHEIM, Émile (1986). *De la division du travail social*. Paris: Presses Universitaires de France (1. ed. 1893).

EVERS, Hans-Dieter (1987). "Subsistenzproduktion, Markt und Staat. Der sogenannte Bielefelder Verflechtungsansatz". *Geographische Rundschau* 39 (Braunschweig: Westermann), pp. 136-40.

FISCHER-LESCANO, Andreas (2002). "Globalisierung der Menschenrechte". *Blätter für deutsche und internationale Politik* 10 (Bonn: Blätter Verlagsgesellschaft), pp. 1236-44.

GALTUNG, John (1972). "Eine strukturelle Theorie des Imperialismus". *In*: D. Senghaas (org.). *Imperialismus und strukturelle Gewalt: Analysen über abhängige Reproduktion*. Frankfurt am Main: Suhrkamp, pp. 29-104.

GARCÍA VILLEGAS, Maurício (1991): "La Constitución e su Eficacia Simbólica". *Revista Universidad de Antioquia* LX (Medellín: Universidad de Antioquia), nº 225, pp. 4-21.

______ (2002). "Symbolic Power Without Symbolic Violence? Critical Comments on Legal Consciousness Studies in USA". *Droit et Société* 53, pp. 137-61.

______; RODRÍGUEZ, César A. (orgs.) (2003). *Derecho y Sociedad en América Latina: Un debate sobre los estudios jurídicos críticos*. Bogotá: ILSA/Universidad Nacional de Colombia.

GRIMM, Dieter (1989). "Verfassung". *In*: Görres-Gesellschaft (org.). *Staatslexikon: Recht – Wirtschaft – Gesellschaft*. 7. ed. Friburgo/Basileia/Viena: Herder, vol. V, colunas 633-43.

HABERMAS, Jürgen (1969). "Technik und Wissenschaft als 'Ideologie'". *In*: J. Habermas. *Technik und Wissenschaft als "Ideologie"*. Frankfurt am Main: Suhrkamp, pp. 48-103.

______ (1971). "Theorie der Gesellschaft oder Sozialtechnologie? Eine Auseinandersetzung mit Niklas Luhmann". *In*: J. Habermas e N. Luhmann. *Theorie der Gesellschaft oder Sozialtechnologie – Was leistet die Systemforschung?* Frankfurt am Main: Suhrkamp, pp. 142-290.

HABERMAS, Jürgen (1973). *Legitimationsprobleme im Spätkapitalismus*. Frankfurt am Main: Suhrkamp.

______ (1982a). *Zur Rekonstruktion des Historischen Materialismus*. 3. ed. Frankfurt am Main: Suhrkamp.

______ (1982b). *Theorie des Kommunikativen Handelns*. 2. ed. Frankfurt am Main: Suhrkamp, 2 vols.

______ (1983): *Moralbewußtsein und Kommunikatives Handeln*. Frankfurt am Main: Suhrkamp.

______ (1986). "Erläuterungen zum Begriff des kommunikativen Handelns (1982)". *In*: J. Habermas. *Vorstudien und Ergänzungen zur Theorie des Kommunikativen Handelns*. 2. ed. Frankfurt am Main: Suhrkamp, pp. 571-606.

______ (1987). "Wie ist Legitimität durch Legalität Möglich?". *Kritische Justiz* 20 (Baden-Baden: Nomos), pp. 1-16.

______ (1988a). *Nachmetaphysisches Denken: Philosophische Aufsätze*. Frankfurt am Main: Suhrkamp.

______ (1988b). *Der philosophische Diskurs der Moderne*. Frankfurt am Main: Suhrkamp.

______ (1992). *Faktizität und Geltung: Beiträge zur Diskurstheorie des Rechts und des demokratischen Rechtsstaats*. Frankfurt am Main: Suhrkamp.

______ (1996). *Die Einbeziehung des Anderen: Studien zur politischen Theorie*. Frankfurt am Main: Suhrkamp.

______ (1999). *Wahrheit und Rechtfertigung: Philosophische Aufsätze*. Frankfurt am Main: Suhrkamp.

HAFERKAMP, Hans; SCHMID, Michael (orgs.) (1987). *Sinn, Kommunikation und soziale Differenzierung: Beiträge zu Luhmanns Theorie sozialer Systeme*. Frankfurt am Main: Suhrkamp.

HEIDELBERG, Wolfgang (1968): "Die Dualität zwischen traditionellem afrikanischen Recht und rezipiertem europäischen Recht". *Verfassung und Recht in Übersee* 1 (Hamburgo: Hamburger Gesellschaft für Völkerrecht und Auswärtige Politik), pp. 354-66.

HEINTZ, Peter (1982). *Die Weltgesellschaft im Spiegel von Ereignissen*. Diessenhofen: Rüegger.

HOBBES, Thomas (1992). *Leviathan*. Org. Richard Tuck. Cambridge: Cambridge University Press (1. ed. 1651) [trad. bras.: *Leviatã*. São Paulo: Abril Cultural, 1979 (Os Pensadores)].

HOLLERBACH, Alexander (1969). "Ideologie und Verfassung". *In*: W. Maihofer (org.). *Ideologie und Recht*. Frankfurt am Main: Klostermann, pp. 37-61.

HOPKINS, Terence; WALLERSTEIN, Immanuel (1979). "Grundzüge der Entwicklung des modernen Weltsystems". *In*: D. Senghaas (org.). *Kapitalistische Weltökonomie: Kontroverse über ihren Ursprung und ihre Entwicklungsdynamik*. Frankfurt am Main: Suhrkamp, pp. 151-200.

JUNQUEIRA, Eliane Botelho; RODRIGUES, José Augusto de Souza (1988). "A volta do parafuso: cidadania e violência". *In*: B. dos Santos Júnior *et al.* (orgs.). *Direitos humanos: um debate necessário*. São Paulo: Brasiliense, pp. 120-40.

KELSEN, Hans (1925). *Allgemeine Staatslehre*. Berlim: Julius Springer [trad. esp.: *Teoría General del Estado*. 15. ed. México: Ed. Nacional, 1979].

______ (1946). *General Theory of Law and State*. Trad. ingl. de Anders Wedberg. Cambridge, Mass.: Harvard University Press [trad. esp.: *Teoría General del Derecho y del Estado*. 2. ed. 2. reimpr. México: Unam, 1979].

______ (1960). *Reine Rechtslehre*. 2. ed. Viena: Franz Deuticke (reimpr. inalterada de 1983) [trad. port.: *Teoria pura do direito*. 3. ed. Coimbra: Arménio Amado, 1974].

______ (1979). *Allgemeine Theorie der Normen*. Org. K. Ringhofer e R. Walter. Viena: Manz [trad. bras.: *Teoria geral das normas*. Porto Alegre: Fabris, 1986].

KRAWIETZ, Werner; WELKER, Michael (orgs.) (1992). *Kritik der Theorie sozialer Systeme: Auseinandersetzungen mit Luhmanns Hauptwerk*. 2. ed. Frankfurt am Main: Suhrkamp.

KRÜGER, Herbert (1966). *Allgemeine Staatslehre*. 2. ed. Stuttgart/Berlim/Colônia/Mainz: Kohlhammer Verlag.

LADEUR, Karl-Heinz (1983). "'Abwägung' – ein neues Rechtsparadigma? Von der Einheit der Rechtsordnung zur Pluralität der Rechtsdiskurse". *Archiv für Rechts- und Sozialphilosophie* 69 (Wiesbaden: Steiner), pp. 463-83.

______ (1984). *"Abwägung" – ein neues Paradigma des Verwaltungsrechts: von der Einheit der Rechtsordnung zum Rechtspluralismus*. Frankfurt am Main/Nova York: Campus.

______ (1985). "Perspektiven einer post-modernen Rechtstheorie: Zur Auseinandersetzung mit Niklas Luhmanns Konzept der 'Einheit des Rechtssystems'". *Rechtstheorie* 16 (Berlim: Duncker & Humblot), pp. 383-427.

______ (1986). "'Prozedurale Rationalität' – Steigerung der Legitimationsfähigkeit oder der Leistungsfähigkeit des Rechtssystems?". *Zeitschrift für Rechtssoziologie* 7 (Opladen: Westdeutscher Verlag), pp. 265-74.

______ (1990). "Selbstorganisation sozialer Systeme und Prozeduralisierung des Rechts: Von der Schrankenziehung zur Steuerung von Beziehungsnetzen". *In*: D. Grimm (org.). *Wachsende Staatsaufgaben – sinkende Steuerungsfähigkeit des Rechts*. Com a colaboração de Evelyn Hagenah. Baden-Baden: Nomos, pp. 187-216.

______ (1991). "Gesetzinterpretation, 'Richterrecht' und Konventionsbildung in Kognitivistischer Perspektive – Handeln unter Ungewissheitsbedingungen und richterliches Entscheiden". *Archiv für Rechts- und Sozialphilosophie* 77 (Stuttgart: Steiner), pp. 176-94.

______ (1992). *Postmoderne Rechtstheorie*. Berlim: Duncker & Humblot.

______ (1997). "Towards a Legal Theory of Supranationality – The Viability of the Network Concept". *European Law Journal* 3 (Oxford: Blackwell), nº 1, pp. 33-54.

______ (2003). "Globalization and the Conversion of Democracy to Polycentric Networks: Can Democracy Survive the End of Nation

States?". *European University Institute Law, Working Paper LAW* 4. Disponível em: https://cadmus.eui.eu/handle/1814/199.

LATOUR, Bruno (1997). *Nous n'avons jamais été modernes : Essais d'anthropologie symétrique*. Paris: La Découverte.

LEFORT, Claude (1981). "Droits de l'homme et politique". *In*: C. Lefort. *L'invention démocratique : les limites de la domination totalitaire*. Paris: Fayard, pp. 45-83 [trad. bras.: "Direitos do homem e política". *In*: C. Lefort. *A invenção democrática: os limites do totalitarismo*. 2. ed. São Paulo: Brasiliense, 1987, pp. 37-69].

LOCKE, John (1980). *Second Treatise of Government*. Org. C. B. Macpherson. Indianapolis/Cambridge: Hackett Publishing Company (1. ed. 1690) [trad. bras.: *Segundo tratado sobre o governo civil*. São Paulo: Abril Cultural, 1978 (Os Pensadores)].

LUHMANN, Niklas (1965). *Grundrechte als Institution: Ein Beitrag zur politischen Soziologie*. Berlim: Duncker & Humblot.

______ (1975). "Die Weltgesellschaft". *In*: N. Luhmann. *Soziologische Aufklärung 2: Aufsätze zur Theorie der Gesellschaft*. Opladen: Westdeutscher Verlag, pp. 51-71.

______ (1981a). *Ausdifferenzierung des Rechts*. Frankfurt am Main: Suhrkamp.

______ (1981b). *Politische Theorie im Wohlfahrtsstaat*. Munique: Olzog.

______ (1982). *Funktion der Religion*. Frankfurt am Main: Suhrkamp.

______ (1983a). *Legitimation durch Verfahren*. Frankfurt am Main: Suhrkamp.

______ (1983b). "Die Einheit des Rechtssystems". *Rechtstheorie* 14 (Berlim: Duncker & Humblot), pp. 129-54.

______ (1985). "Einige Probleme mit 'reflexivem Recht'". *Zeitschrift für Rechtssoziologie* 6 (Opladen: Westdeutscher Verlag), pp. 1-18.

______ (1986a). "Die Codierung des Rechtssystems". *Rechtstheorie* 17 (Berlim: Duncker & Humblot), pp. 171-203.

______ (1986b). *Ökologische Kommunikation: Kann die moderne Gesellschaft sich auf ökologische Gefährdungen einstellen?* Opladen: Westdeutscher Verlag.

LUHMANN, Niklas (1987a). *Rechtssoziologie*. 3. ed. Opladen: Westdeutscher Verlag.

______ (1987b). *Soziale Systeme: Grundriß einer allgemeinen Theorie*. Frankfurt am Main: Suhrkamp (1. tiragem 1984).

______ (1988). "Positivität als Selbstbestimmtheit des Rechts". *Rechtstheorie* 19 (Berlim: Duncker & Humblot), pp. 11-27.

______ (1990a). "Interesse und Interessenjurisprudenz im Spannungsfeld von Gesetzgebung und Rechtsprechung". *Zeitschrift für Neuere Rechtsgeschichte* 12 (Viena: Manz), pp. 1-13.

______ (1990b). *Die Wissenschaft der Gesellschaft*. Frankfurt am Main: Suhrkamp.

______ (1990c). "Verfassung als evolutionäre Errungenschaft". *Rechtshistorisches Journal* 9 (Frankfurt am Main: Löwenklau), pp. 176-220.

______ (1991). "Selbstorganisation und Information im politischen System". *In*: *Selbstorganisation: Jahrbuch für Komplexität in den Natur-, Sozial- und Geisteswissenschaften* 2 (Berlim: Duncker & Humblot), pp. 11-26.

______ (1993a). *Das Recht der Gesellschaft*. Frankfurt am Main: Suhrkamp.

______ (1993b). "Das Paradox der Menschenrechte und drei Formen seiner Entfaltung". *In*: A. Aarnio *et al.* (orgs.). *Rechtsnorm und Rechtswirklichkeit: Festschrift für Werner Krawietz zum 60. Geburtstag*. Berlim: Duncker & Humblot, pp. 539-46.

______ (1995a). "Probleme mit operativer Schließung". *In*: N. Luhmann. *Soziologische Aufklärung 6: Die Soziologie und der Mensch*. Opladen: Westdeutscher Verlag, pp. 12-24.

______ (1995b). "Inklusion und Exklusion". *In*: N. Luhmann. *Soziologische Aufklärung 6: Die Soziologie und der Mensch*. Opladen: Westdeutscher Verlag, pp. 237-64.

______ (1995c). *Gesellschaftsstruktur und Semantik: Studien zur Wissenssoziologie der modernen Gesellschaft*. Frankfurt am Main: Suhrkamp, vol. 4.

LUHMANN, Niklas (1997). *Die Gesellschaft der Gesellschaft*. Frankfurt am Main: Suhrkamp, 2 tomos.

______ (1998). "Der Staat des politischen Systems: Geschichte und Stellung in der Weltgesellschaft". *In*: U. Beck (org.). *Perspektiven der Weltgesellschaft*. Frankfurt am Main: Suhrkamp, pp. 345-80.

______ (2000). *Die Politik der Gesellschaft*. Frankfurt am Main: Suhrkamp.

______; DE GIORGI, Raffaele (1992): *Teoria della società*. Milão: Franco Angeli.

______; SCHORR, Karl-Eberhard (1988). *Reflexionsprobleme im Erziehungssystem*. Frankfurt am Main: Suhrkamp.

MATURANA, Humberto R. (1982). *Erkennen: Die Organisation und Verkörperung von Wirklichkeit. Ausgewählte Arbeiten zur biologischen Epistemologie*. Trad. alemã de Wolfgang K. Köck. Braunschweig/Wiesbaden: Vieweg.

______; VARELA, Francisco J. (1980). *Autopoiesis and Cognition: The Realization of the Living*. Dordrecht: D. Reidel Publishing Company.

______ (1987). *Der Baum der Erkenntnis: die biologischen Wurzeln des menschlichen Erkennens*. Trad. alemã de Kurt Ludewig. 3. ed. Berna/Munique/Viena: Scherz.

MICHELMAN, Frank I. (1988). "Law's Republic". *Yale Law Journal* 97, pp. 1493-537.

MÜLLER, Friedrich (1997). *Wer ist das Volk? Die Grundfrage der Demokratie. Elemente einer Verfassungstheorie VI*. Berlim: Duncker & Humblot.

______ (2001). *Demokratie in der Defensive. Funktionelle Abnutzung – soziale Exklusion – Globalisierung. Elemente einer Verfassungstheorie VII*. Berlim: Duncker & Humblot.

NADER, Laura (1980). "Alternatives to the American Judicial System". *In*: L. Nader (org.). *No Access to Law: Alternatives to the American Judicial System*. Nova York: Academic Press, pp. 3-55.

NAHAMOWITZ, Peter (1985). "'Reflexives Recht': Das unmögliche Ideal eines post-interventionistischen Steuerungskonzepts". *Zeitschrift für Rechtssoziologie* 6 (Opladen: Westdeutscher Verlag), pp. 29-44.

NEVES, Marcelo (1992a). *Verfassung und Positivität des Rechts in der peripheren Moderne: Eine theoretische Betrachtung und eine Interpretation des Falls Brasilien*. Berlim: Duncker & Humblot.

______ (1992b). "Da autopoiese à alopoiese do direito". *Anuário do Mestrado em Direito* (Recife: UFPE), nº 5, pp. 273-98.

______ (1992c). "A crise do Estado: da modernidade central à modernidade periférica – anotações a partir do pensamento filosófico e sociológico alemão". *Anais do XVI Encontro Nacional dos Tribunais de Contas do Brasil* (Recife: TCE-PE), vol. 1, pp. 157-72.

______ (1994a). *A constitucionalização simbólica*. Guarulhos: Acadêmica.

______ (1994b). "Entre subintegração e sobreintegração: a cidadania inexistente". *Dados – Revista de Ciências Sociais* (Rio de Janeiro: Iuperj), vol. 37, nº 2, pp. 253-75.

______ (1998). *Symbolische Konstitutionalisierung*. Berlim: Duncker & Humblot.

______ (2000). *Zwischen Themis und Leviathan: Eine Schwierige Beziehung – Eine Rekonstrultion des demokratischen Rechtsstaates in Auseinandersetzung mit Luhmann und Habermas*. Baden-Baden: Nomos.

O'DONNELL, Gillermo (1999). "Polyarchies and the (Un)Rule of Law in Latin America: A Partial Conclusion". *In*: J. E. Méndez, G. O'Donnell e P. S. Pinheiro (orgs.). *The Un(Rule) of Law and the Underprivileged in Latin America*. Notre Dame, Indiana: University of Notre Dame Press, pp. 303-37.

OLIVEIRA, Luciano (1994). *Do nunca mais ao eterno retorno: uma reflexão sobre a tortura*. São Paulo: Brasiliense.

______ (1997). "Culture démocratique et répression pénale. Quelques notes sur le Brésil et la France". *Cahiers du Brésil Contemporain* 31 (Paris: Centre de Recherches sur le Brésil Contemporain), pp. 49-67.

OST, François (1986). "Entre ordre et désordre : le jeu du droit. Discussion du paradigme autopoiétique appliqué au droit". *Archives de Philosophie du Droit* 31 (Paris: Sirey), pp. 133-62.

PERELMAN, Chaïm; OLBRECHTS-TYTECA, Lucie (1988). *Traité de l'Argumentation*. Bruxelas: Editions de l'Université de Bruxelles.

RABANAL, César Rodriguez (1990). *Überleben im Slum: Psychosoziale Probleme peruanischer Elendsviertel*. Trad. alemã de H. Engelbrecht e C. Rodriguez-Drescher. Frankfurt am Main: Fischer.

ROMANO, Santi (1975). *L'ordre juridique*. Trad. fr. de Lucien François e Pierre Gothot. Paris: Dalloz.

SENGHAAS, Dieter (1974). "Vorwort. Elemente einer Theorie des peripheren Kapitalismus". *In*: D. Senghaas (org.). *Peripherer Kapitalismus: Analysen über Abhängigkeit und Unterentwicklung*. Frankfurt am Main: Suhrkamp, pp. 7-36.

SOUSA SANTOS, Boaventura de (1977). "The Law of the Oppressed: the Construction and Reproduction of Legality in Pasargada". *Law & Society Review* 12 (Denver, Colorado: Law and Society Association), pp. 5-126.

______ (1980). "Notas sobre a história jurídico-social de Pasárgada". *In*: C. Souto e J. Falcão (orgs.). *Sociologia e direito: leituras básicas de sociologia jurídica*. São Paulo: Pioneira, pp. 109-17.

______ (1987). "Law: a Map of Misreading. Toward a Postmodern Conception of Law". *Journal of Law and Society* 14 (Oxford: Robertson), pp. 279-302.

______ (1988). *O discurso e o poder; ensaio sobre a sociologia da retórica jurídica*. Porto Alegre: Fabris (originariamente em: *Boletim da Faculdade de Direito de Coimbra*, 1980).

______ (1995). *Toward a New Common Sense: Law, Science and Politics in the Paradigmatic Transition*. Nova York/Londres: Routledge.

SPENCER BROWN, George (1971). *Laws of Form*. Londres: George Allen and Unwin (reimpr. da 1. ed. de 1969).

STICHWEH, Rudolf (1997). "Inklusion/Exklusion, funktionale Differenzierung und die Theorie der Weltgesellschaft". *Soziale Systeme: Zeitschrift für soziologische Theorie* 3 (Opladen: Leske + Budrich), pp. 123-36.

______ (2000). *Die Weltgesellschaft. Soziologische Analysen.* Frankfurt am Main: Suhrkamp.

TEUBNER, Gunther (1982). "Reflexives Recht: Entwicklungsmodelle des Rechts in vergleichender Perspektive". *Archiv für Rechts- und Sozialphilosophie* 68 (Wiesbaden: Steiner), pp. 13-59.

______ (1987a). "Hyperzyklus in Recht und Organisation. Zum Verhältnis von Selbstbeobachtung, Selbstkonstitution und Autopoiese". *In*: H. Haferkamp e M. Schmid (orgs.). 1987, pp. 89-128.

______ (1987b). "Episodenverknüpfung. Zur Steigerung von Selbstreferenz im Recht". *In*: Baecker *et al.* (orgs.). 1987: 423-446.

______ (1988). "Gesellschaftsordnung durch Gesetzgebungslärm? Autopoietische Geschlossenheit als Problem für die Rechtsetzung". *In*: D. Grimm e W. Maihofer (orgs.). *Gesetzgebungstheorie und Rechtspolitik* (*Jahrbuch für Rechtssoziologie und Rechtstheorie* 13). Opladen: Westdeutscher Verlag, pp. 45-64.

______ (1989). *Recht als autopoietisches System.* Frankfurt am Main: Suhrkamp.

______ (1996a). "De Collisione Discursuum: Communicative Rationalities in Law, Morality, and Politics". *In*: J. Habermas *et al. Habermas on Law and Democracy: Critical Exchanges* (*Cardozo Law Review*, vol. 17, nos 4-5, Nova York: Benjamin N. Cardozo School of Law – Yeshiva University), Parte I, pp. 901-18.

______ (1996b). "Altera Pars Audiatur: Das Recht in der Kollision anderer Universalitätsansprüche". *Archiv für Rechts- und Sozialphilosophie*, número suplementar [*Beiheft*] 65 (Wiesbaden: Steiner), pp. 199-220.

______ (1996c). "Globale Bukowina: Zur Emergenz eines transnationales Rechtspluralismus". *Rechtshistorisches Journal* 15 (Frankfurt am Main: Löwenklau), pp. 255-90.

TEUBNER, Gunther (1996d). "Des Königs viele Leiber: Die Selbstdekonstruktion der Hierarchie des Rechts". *Soziale Systeme: Zeitschrift für soziologische Theorie* 2 (Opladen: Leske + Budrich), pp. 229-55.

______ (1998). "Nach der Privatisierung? Diskurskonflikte im Privatrecht". *Zeitschrift für Rechtssoziologie* 19 (Wiesbaden: Westdeutscher Verlag), pp. 8-36.

______ (2000). "Privatregimes: Neo-Spontanes Recht und duale Sozialverfassungen in der Weltgesellschaft". *In*: D. Simon e M. Weiss (orgs.). *Zur Autonomie des Individuums: Liber Amicorum Spiro Simitis*. Baden-Baden: Nomos, pp. 437-53.

______ (2003). "Globale Zivilverfassungen: Alternativen zur staatszentrierten Verfassungstheorie". *Zeitschrift für ausländisches öffentliches Recht und Völkerrecht* 63 (Heidelberg: Max-Planck-Institut für ausländisches öffentliches Recht und Völkerrecht), nº 1, pp. 1-28.

______; FEBBRAJO, Alberto (orgs.) (1992). *State, Law, and Economy as Autopoietic Systems: Regulation and Autonomy in a New Perspective (EYSL – European Yearbook in the Sociology of Law*, 91/92). Milão: Giuffrè.

______; WILLKE, Helmut (1984). "Kontext und Autonomie: Gesellschaftliche Selbststeuerung durch reflexives Recht". *Zeitschrift für Rechtssoziologie* 6 (Opladen: Westdeutscher Verlag), pp. 4-35.

TRIEPEL, Karl Heinrich (1966). "As relações entre o direito interno e o direito internacional". Trad. bras. de Amílcar de Castro. Separata da *Revista da Faculdade de Direito da UFMG* (Belo Horizonte: UFMG), ano XVII (nova fase), out.

TRUBEK, David M. (1972). "Toward a Social Theory of Law: An Essay on the Study of Law and Development". *The Yale Law Journal* 82 (New Haven, Connecticut: Yale Law Journal Company), pp. 1-50.

VELHO, Gilberto (1980): "Violência e cidadania". *Dados – Revista de Ciências Sociais* (Rio de Janeiro: Iuperj/Campus), vol. 23, nº 3, pp. 361-4.

VERDROSS, Alfred (1957). *Derecho Internacional Público*. Trad. esp. de Antonio Truyol y Serra. Madrid: Aguilar.

VILANOVA, Lourival (1976). "Teoria da norma fundamental: comentários à margem de Kelsen". Separata do *Anuário do Mestrado em Direito* (Recife: UFPE), nº 7, jan.-dez.

WALLERSTEIN, Immanuel (1979). "Aufstieg und künftiger Niedergang des kapitalistischen Weltsystems". *In*: D. Senghaas (org.). *Kapitalistische Weltökonomie: Kontroverse über ihren Ursprung und ihre Entwicklungsdynamik*. Frankfurt am Main: Suhrkamp, pp. 31-67.

WEBER, Max (1988). "Die 'Objektivität' sozialwissenschaftlicher und sozialpolitischer Erkenntnis". *In*: M. Weber. *Gesammelte Aufsätze zur Wissenschaftslehre*. 7. ed. Tübingen: Mohr, pp. 146-214 [originariamente em: *Archiv für Sozialwissenschaft und Sozialpolitik*, vol. 19, 1904].

WEFFORT, Francisco Corrêa (1981): "A cidadania dos trabalhadores". *In*: B. Lamounier, F. C. Weffort e M. V. Benevides (orgs.). *Direito, cidadania e participação*. São Paulo: T. A. Queiroz, pp. 139-50.

WELSCH, Wolfgang (1991). "Gesellschaft ohne Meta-Erzählung?". *In*: W. Zapf (org.). *Die Modernisierung moderner Gesellschaften: Verhandlungen des 25. Deutschen Soziologentages in Frankfurt am Main 1990*. Frankfurt am Main/Nova York: Campus, pp. 174-84.

______ (1996). *Vernunft: Die zeitgenössische Vernunftkritik und das Konzept der transversalen Vernunft*. 2. ed. Frankfurt am Main: Suhrkamp.

ZOLO, Danilo (1986). "Autopoiesis: un paradigma conservatore". *Micro Mega* 1 (Roma: Periodici Culturale), nº 86, pp. 129-73.

CAPÍTULO 3

ESTADO DEMOCRÁTICO DE DIREITO E DISCRIMINAÇÃO POSITIVA: UM DESAFIO PARA O BRASIL

3.1 O Estado democrático de direito

O tema do presente seminário, "O papel da ação afirmativa no Estado democrático contemporâneo", exige algumas observações preliminares sobre o conceito de Estado democrático de direito.

Na teoria e filosofia do direito, vem-se destacando, mais recentemente, a concepção de que o Estado democrático de direito constitui-se por meio de procedimentos legitimadores: o eleitoral, o legislativo-parlamentar e o judiciário. Tal concepção é partilhada por tendências teóricas as mais diversas. Assim é que o modelo de legitimação procedimental desenvolve-se tanto na perspectiva sistêmico-funcional de Luhmann[1] quanto na ética do discurso proposto por Habermas[2]. Apesar de partirem de pressupostos epistemológicos os mais divergentes, essas teorias convergem na percepção de que os procedimentos do Estado democrático de direito servem à integração igualitária de indivíduos e

---

[1] Luhmann, 1983.

[2] Habermas, 1987 e, especialmente, 1992, pp. 600-31. Da "posição original" e dos "dois princípios de justiça" no contratualismo de Rawls (1990, espec. pp. 17-22, 60 ss., 118 ss., 150 ss., 243-51 e 302 ss.), resulta também um modelo normativo procedimental.

grupos nos sistemas jurídico e político. Mais abrangentemente, os procedimentos jurídico-políticos possibilitariam uma integração igualitária na sociedade, seja do ponto de vista empírico-sistêmico ou ético-normativo. Tal ideia de procedimentos viabilizadores de uma integração igualitária constitui o cerne do conceito de cidadania. Ela implica a noção de direitos e deveres básicos iguais[3]. Pode-se afirmar, portanto, que o Estado democrático de direito é o espaço jurídico-político de conquista e ampliação da cidadania.

A noção clássica de cidadania restringe-se aos direitos de participação na formação da vontade estatal, isto é, os direitos políticos. Nessa acepção liberal, os direitos do cidadão distinguir-se-iam dos direitos humanos, anteriores à formação do Estado. Em outra perspectiva, essa distinção também foi adotada por Marx[4], quando caracterizou criticamente os direitos humanos como direitos do "homem egoísta", que o levariam à "desagregação", e avaliou positivamente os direitos políticos como social-integrativos.

Na teoria social do século XX, deve-se a Marshall[5] a ampliação do conceito de cidadania, que passou a englobar os direitos civis, políticos e sociais[6]. Além dos direitos à *liberdade* igual – civis – e à igual *participação* – políticos –, a cidadania implicaria o direito à satisfação de necessidades básicas mediante prestações ou regulamentações compensatórias do Estado, os chamados *droits-créances*, contrapondo-se aos *droits-libertés*[7]. Embora se possa criticar a formulação linear dos momentos de emergência dos direitos civis, políticos e sociais no modelo de Marshall,

---

[3] Marshall, 1976, pp. 112 ss.

[4] Marx, 1988, pp. 357 e 361 ss.

[5] Marshall, 1976, pp. 71 ss.

[6] Cf. também Bendix, 1969, pp. 92 ss.

[7] Ferry e Renaut, 1992, pp. 26-32.

enfatizando-se as lutas políticas e os movimentos sociais na conquista e ampliação da cidadania[8], não se pode negar a importância da classificação tricotômica dos direitos de cidadania para uma melhor compreensão do Estado democrático e social de direito como resultante de um processo de juridificação[9].

Entretanto, não só os direitos civis e políticos[10] são direitos de titularidade individual, mas também os chamados "direitos sociais" referem-se a benefícios a serem usufruídos individualmente. Nas últimas décadas, porém, a cidadania foi ampliada com introdução das ações referentes a interesses coletivos e difusos[11]. Trata-se de direitos concernentes a interesses de grupo determinado – "coletivos" – ou de grupo indeterminado de pessoas – "difusos" –, os chamados direitos de "terceira geração"[12]. A cidadania coletiva está se impondo diante da incapacidade dos indivíduos de enfrentar isoladamente o Estado e as grandes organizações privadas impessoais.

Por fim, vem sendo introduzida, mais recentemente, a chamada "ação afirmativa", também denominada de "discriminação inversa", "afirmativa" ou "positiva". Discute-se se os direitos que decorrem dessa política de tratamento diferenciado de grupos sociais resultam incompatíveis com o modelo universalista e igualitário de cidadania, inerente ao Estado democrático de direito, por implicarem a noção de *status* e privilégio, ou se, ao contrário, a instituição de tais direitos serve exatamente para possibilitar uma maior realização do ideal de integração igual de indivíduos e grupos na sociedade.

---

[8] Habermas, 1992, pp. 103 ss.

[9] *Ibid.*, pp. 524 ss.; Neves, 1994, pp. 255-7.

[10] Também denominados de "liberdades negativas e positivas", respectivamente. Cf. Passerin D'Entrèves, 1969, pp. 249-73.

[11] Cappelletti, 1978; Cappelletti e Garth, 1981, pp. 11-4.

[12] Lafer, 1988, pp. 131 ss.

A seguir, discutirei essa questão com vistas ao caso brasileiro. Contudo, antes de enfrentar o problema como um desafio para o Brasil, procurarei fazer uma breve referência exemplificativa ao debate jurídico-teórico nos Estados Unidos, tomando como base a abordagem de Ronald Dworkin em seu ensaio "Reverse Discrimination"[13]. Tal referência facilitará uma introdução ao debate brasileiro, visto que argumentos básicos se repetem, embora as experiências institucionais e as condições sociais respectivas sejam muito diversas.

3.2 Uma referência exemplificativa ao debate jurídico-teórico nos Estados Unidos

Na abordagem da discriminação inversa nos Estados Unidos, Dworkin faz o estudo comparativo de dois casos judiciais. No primeiro, ocorrido em 1945, o negro denominado Sweatt obteve uma decisão favorável da Suprema Corte contra a decisão da Faculdade de Direito da Universidade do Texas, que não o admitira com base em leis estaduais que restringiam o acesso àquela faculdade aos brancos. A decisão da Suprema Corte fundamentou-se na Décima Quarta Emenda da Constituição, que dispõe que nenhum estado pode negar a um homem direito a igual proteção de suas leis. No segundo caso, que se passou em 1971, o judeu chamado DeFunis não foi admitdo na Faculdade de Direito da Universidade de Washington, embora suas provas e qualificações universitárias fossem tais que seria aprovado caso fosse um negro, um filipino, um *chicano* ou um indígena norte-americano. DeFunis entrou com uma ação perante a Suprema Corte pedindo que a prática vigente em Washington – porque impunha padrões menos exigentes para grupos minoritários – fosse declarada violadora da Décima Quarta Emenda.

[13] Dworkin, 1991, pp. 223-39.

Na distinção jurídica dos casos, Dworkin argumenta que as leis texanas de discriminação e segregação violavam o direito fundamental de ser tratado com igual respeito e consideração, assegurado na Décima Quarta Emenda. Aponta que a decisão da Suprema Corte ainda não era contrária à segregação, mas sim à separação desigual, tendo esse tribunal considerado que a Faculdade de Direito existente só para os negros no Texas não era, de modo algum, equiparável à dos brancos[14]. Nega, então, o caráter igualitário do utilitarismo das preferências, sustentando que os argumentos utilitaristas em favor da discriminação dos negros não se apoiam em preferências pessoais, mas sim em preferências externas, racistas, por força das quais os negros são considerados como menos dignos de consideração e respeito[15].

Na análise do caso da Universidade de Washington, Dworkin refere-se inicialmente às três proposições sustentadas pelos liberais no passado:

> que a classificação racial é um mal em si; que toda pessoa tem o direito a uma oportunidade educacional de acordo com suas capacidades; e que a ação estatal afirmativa é a política adequada para remediar as graves desigualdades da sociedade americana[16].

---

[14] Só no famoso caso *Brown*, a Suprema Corte rechaçou a norma "separado, mas igual". Cf. Dworkin, 1991, p. 229, nota 1.

[15] Dworkin, 1991, p. 234. Sobre essa distinção, afirma Dworkin (pp. 234-5): "[...] as preferências de um indivíduo pelas consequências de uma política determinada podem ser vistas, em uma análise mais aprofundada, ou como reflexo de uma preferência *pessoal* pelo seu próprio gozo de certos bens e oportunidades, ou como uma preferência *externa* pela atribuição de bens e oportunidades a outros, ou como ambas. Um candidato a uma faculdade de direito para brancos, por exemplo, pode ter uma preferência pessoal pelas consequências da segregação, porque essa política favorece suas próprias chances de êxito, ou uma preferência externa por tais consequências, porque ele tem desprezo pelos negros e desaprova as situações sociais em que as raças se misturam".

[16] Dworkin, 1991, p. 224.

Sustenta, então, que essas proposições liberais não são compatíveis, argumentando que "os programas de ação estatal mais efetivos são os que concedem uma vantagem competitiva aos grupos raciais minoritários"[17]. Mas reconhece que tal opinião foi questionada: o tratamento preferencial seria ineficaz e até mesmo contraproducente, porque reforçaria o sentimento de inferioridade presente em muitos negros ou, objetando-se de maneira mais ampla, porque favoreceria os preconceitos contra as minorias. Dworkin pondera que estes são juízos empíricos controvertidos e que, então, ainda era muito cedo para definir se o tratamento preferencial produz efeitos positivos ou negativos em relação ao problema racial. Acrescenta que não cabe aos juízes, sobretudo nos casos constitucionais, anular atos de outros agentes estatais em virtude de discordâncias sobre a eficiência das respectivas práticas sociais. Observa, porém, que essa crítica empírica é reforçada pelo argumento moral e jurídico de que, mesmo se tivesse resultado social positivo, a saber, "beneficiasse as minorias e reduzisse os preconceitos", ainda assim a discriminação inversa seria incorreta, porque as distinções raciais seriam inerentemente injustas: violariam os direitos dos membros dos grupos não favorecidos, como no caso de DeFunis[18].

Esse argumento moral e jurídico foi apresentado por DeFunis aos tribunais. A Suprema Corte não decidiu o mérito da questão por perda de objeto: após um tribunal inferior ter decidido favoravelmente ao caso, a Faculdade de Direito admitiu-o, independentemente da decisão definitiva do caso[19].

Dworkin posiciona-se em sentido contrário com argumentos plausíveis. Em primeiro lugar, sustenta que não há o direito

---

[17] Dworkin, 1991, p. 224.

[18] *Ibid.*

[19] *Ibid.*

de que o critério exclusivo de admissão às faculdades de direito seja a inteligência, a ser comprovada mediante provas específicas de aptidão intelectual. Exemplifica que, às vezes, as faculdades de direito preferem os candidatos aplicados aos de melhor inteligência, mas indolentes. A esse exemplo, podemos acrescentar a exigência de conduta moral adequada para admissão e permanência em instituições de ensino. Dworkin também lembra que a preferência concedida aos veteranos de guerra, interessantemente, não foi questionada por DeFunnis nem em qualquer das alegações apresentadas a seu favor. Em síntese, rejeita a tese de que a "raça" não possa ser utilizada como um dos critérios de admissão nas faculdades de direito, considerando a possibilidade de que a classificação racial tenha por objetivo uma prática social desejável, especialmente quando tenda a estabelecer uma maior igualdade global na comunidade[20].

A partir desses elementos, Dworkin apresenta o cerne de sua argumentação. Ele distingue entre direito a "igual tratamento" – *equal treatment* – e direito a "ser tratado como igual" – *treatment as an equal*. O primeiro diz respeito a uma distribuição igual de oportunidades, recursos ou encargos, exemplificando com o direito de voto. O segundo é o direito de ser tratado com igual consideração e respeito. Este seria o direito fundamental, aquele, secundário. Para Dworkin, a Décima Quarta Emenda, ao prescrever que "nenhum estado poderá [...] negar a qualquer pessoa sob sua jurisdição a igual proteção das leis", está assegurando, em verdade, o direito fundamental a *ser tratado como um igual*[21].

Com base nesses argumentos, Dworkin conclui que o programa de discriminações "inversas", também denominadas afir-

---

[20] Dworkin, 1991, p. 225.

[21] *Ibid.*, pp. 227 ss.

mativas ou positivas, tais como as que favorecem a admissão de minorias raciais discriminadas socialmente em sentido negativo, "justifica-se se serve a uma política adequada que respeite o direito de todos os membros da comunidade a ser tratados como iguais, mas não em caso contrário"[22].

Nesse sentido, as faculdades que se negaram a admitir negros, como no caso da Faculdade de Direito do Texas, em 1945, não satisfazem a essa exigência; antes, estabeleciam critérios que insultavam os negros, desrespeitando-lhes o direito a serem tratados com igual respeito e consideração; os critérios usados pela Faculdade de Direito da Universidade de Washington, questionados em 1971 pelo judeu DeFunnis, correspondiam perfeitamente a uma política destinada a uma maior concretização do direito constitucional a ser tratado com igual consideração e respeito.

Embora plausíveis, os argumentos de Dworkin permanecem no plano de fundamentação moral e jurídica das discriminações inversas, afirmativas ou positivas, tendo ele reconhecido que seus efeitos práticos podem ser contrários aos que defendem seus defensores. Essa questão empírica continua até hoje em discussão nos Estados Unidos. "Porém, não devemos corromper o debate", assim fecha o seu ensaio Dworkin, "supondo que esses programas são injustos, mesmo que funcionem. Devemos ter cuidado para não usar a Cláusula de Igual Proteção para nos privar da igualdade."[23]

3.3 Fundamentação jurídico-constitucional no Brasil

O argumento jurídico mais comum contra a introdução das discriminações positivas ou inversas em favor de grupos étnico-raciais no Brasil é basicamente o mesmo daquele apresentado nos Estados Unidos: ofensa ao princípio constitucional da igualdade.

---

[22] Dworkin, 1991, p. 239.

[23] *Ibid.*

Esse princípio encontra-se expresso no art. 5º, *caput*, da Constituição Federal, ao prescrever que "todos são iguais perante a lei, sem distinção de qualquer natureza [...]". Com base em um tipo de interpretação literal desse dispositivo, afirma-se, de antemão, a inconstitucionalidade de qualquer lei ou ato normativo que venha a estabelecer discriminações positivas. Cabe advertir, inicialmente, que, quando utilizo a expressão "discriminação positiva", "afirmativa" ou "inversa", não me refiro, de forma genérica, àquilo que, no contexto norte-americano, foi denominado vagamente "ação afirmativa". Na noção ampla de "ação afirmativa", podem-se incluir regulamentações e intervenções compensatórias que implicam direitos sociais clássicos a serem gozados por todo indivíduo que se encontre na situação legal prevista abstratamente, sem que se estabeleça qualquer vantagem competitiva direta para um grupo em relação a um mesmo benefício. O problema, no caso das discriminações positivas, é que se concedem vantagens competitivas a determinado grupo no que concerne ao acesso a benefícios e serviços específicos aspirados, da mesma maneira, por outros grupos que sofrem diretamente as desvantagens impostas[24]. A discussão mais recente no Brasil diz respeito exatamente à introdução legislativa de vantagens competitivas a favor de determinados grupos, especialmente as discriminações positivas favoráveis aos setores étnico-raciais discriminados. E o debate sobre incompatibilidade *versus* conformidade com o princípio da igualdade dirige-se exatamente às discriminações inversas.

---

[24] Também não se deve confundir "discriminação positiva" com o estabelecimento aleatório de cotas em favor dos membros de um grupo étnico-racial. Essa prática é suscetível de ser arguida de inconstitucional porque torna a "raça" um critério absoluto de seleção. Aquela apenas estabelece a "raça" como um dos critérios seletivos.

Contra a posição que sustenta a inconstitucionalidade de qualquer discriminação inversa em favor de grupos étnico-raciais, poder-se-ia argumentar que a própria Constituição Federal já estabelece formas de discriminação positiva, citando-se, por exemplo, o seu art. 37, inciso VIII: "a lei reservará percentual dos cargos e empregos públicos para as pessoas portadoras de deficiência e definirá os critérios de sua admissão". No mesmo sentido, caberia alusão ao art. 53, inciso I, do Ato das Disposições Constitucionais Transitórias, que assegura aos ex-combatentes "aproveitamento no serviço público, sem a exigência do concurso, com estabilidade". Nessa linha de raciocínio, a própria Constituição já conteria elementos que fundamentam as discriminações inversas no plano da normatização jurídica infraconstitucional.

Entretanto, tal argumento é frágil, não indo à raiz da questão. Ao contrário, a referência a tais dispositivos como exceções constitucionais ao princípio da igualdade expresso no art. 5º, *caput*, serviria exatamente àqueles que se posicionam contrariamente à constitucionalidade das discriminações positivas estabelecidas por lei: o próprio "legislador constituinte originário" teria previsto expressamente as exceções ao princípio geral da igualdade, excluindo a criação de qualquer outra, não só por lei, mas também mediante Emenda à Constituição - art. 60, § 4º, inciso IV, da Constituição Federal.

O problema básico é que se parte, nessa perspectiva, de uma concepção deformada de princípio constitucional da igualdade, como se ele não admitisse nenhuma discriminação entre indivíduos. Não pretendemos aqui simplesmente transportar o argumento de Dworkin, afirmando que - assim como no caso da Décima Quarta Emenda à Constituição dos Estados Unidos -, no art. 5º, *caput*, da Constituição Brasileira de 1988, prescreve-se o direito a *ser tratado como um igual*, ou seja, com igual consideração e respeito. Embora esse argumento tenha uma pretensão jurídico-filosófica mais abrangente, não se pode negar que ele se fundamenta, antes de tudo, em princípios morais que informam a ordem constitucional norte-americana. É também importante considerar as diferenças dos contextos históricos, a retomar a formulação aristotélica de que a igualdade consiste em tratar igualmente os iguais e desigualmente os desiguais[25]. No mundo grego, esse modelo implicava até mesmo a justificação da escravidão. É inegável, porém, que a formulação clássica do princípio da igualdade é passível de uma releitura ou reconstrução que o torne compatível com as exigências da sociedade contemporânea.

Assim é que, reinterpretando o "princípio da igualdade" na perspectiva sistêmica, Luhmann[26] define a igualdade como um conceito de forma (uma diferença), que depende da existência de um outro lado, a desigualdade:

> Igualdade sem desigualdade não tem sentido – e vice-versa. Se o igual deve ser tratado igualmente, o desigual tem de ser tratado como desigual. [...] Se se renuncia ao conceito normativo de igualdade, chega-se à regra aristotélica de que o igual seja tratado igualmente e o desigual, desigualmente. Trata-se, portanto, de um esquema de observação que apenas sugere o desenvolvimento de normas e preferências, mas que não fixa, ele mesmo, já a preferência pela igualdade.[27]

Nessa orientação, a igualdade é, antes de tudo, forma que estabelece uma diferença, "igual/desigual". E, nesse sentido, é adaptável aos mais diferentes tipos societários, até mesmo às so-

---

[25] Aristóteles não desconhecia o caráter problemático de sua formulação: "Se elas [as pessoas] não são iguais, não terão o que é igual; mas isso é origem de disputas e queixas – ou quando iguais têm e recebem partes desiguais, ou quando desiguais, partes iguais" (1941, p. 1006 [1131a 20-25]).

[26] Luhmann, 1993, pp. 110 ss.

[27] *Ibid.*, p. 111.

ciedades estratificadas[28]. Só quando a igualdade transforma-se de uma forma em uma norma é que se pode compreender o papel específico do princípio da igualdade no direito da sociedade moderna. Luhmann, considerando que o princípio formal da igualdade "apenas descreve a autopoiese do sistema", enfatiza que o salto lógico "reside na interpretação da forma como norma". Dessa maneira, o paradoxo da forma converter-se-ia na "assimetria de uma regra aplicável". De acordo com o princípio normativo da igualdade, o tratamento igual seria a regra, da qual o tratamento desigual constituiria a exceção[29].

Porém, na concepção sistêmica luhmanniana, o princípio da igualdade, em sua dimensão jurídica, exige especificamente "que os *casos* sejam tratados igualmente". Em sua utilização política, exige "que as *pessoas* sejam tratadas igualmente"[30]. Assim sendo, Luhmann reduz o princípio jurídico da igualdade à exigência da regularidade da aplicação normativa, que, com a positivação do direito na modernidade, significa o princípio da legalidade. Daí não decorre que desconheça que "o mandamento constitucional da igualdade, enquanto norma jurídica, conduz ao fato de que a igualdade política é interpretada juridicamente como igualdade/desigualdade de casos"[31]. Na linguagem kelseniana, o princípio da igualdade em sua dimensão puramente jurídica implicaria a igualdade *perante* a lei, ao passo que o princípio político da igualdade como conteúdo de preceito constitucional significaria a igualdade *na* lei[32]. E, quando se discute sobre o princípio constitucio-

---

[28] Luhmann, 1993, p. 112.

[29] *Ibid.*, pp. 111-2.

[30] *Ibid.*, p. 113.

[31] *Ibid.*

[32] Kelsen, 1960, pp. 146 e 396 [N. do Org.: essa página refere-se ao texto "Das Problem der Gerechtigkeit", incluído na reimpressão original citada pelo autor].

nal da isonomia no Estado democrático de direito, é a igualdade na lei que está em questão. O tema do debate é, em primeiro lugar, a integração igualitária dos homens (como pessoas) ao ordenamento jurídico; só secundariamente, o tratamento igual de casos e situações jurídicas. Portanto o problema conceitual reside fundamentalmente na determinação do direito a ser tratado com igual respeito e consideração. Entretanto, esse princípio normativo pressupõe a forma-diferença "igual/desigual", de maneira que se possam enfrentar as dessemelhanças reais entre casos, situações e pessoas, sobretudo aquelas que impliquem a sonegação de direitos básicos a indivíduos e grupos.

Não basta, porém, invocar a formulação teórica do princípio constitucional da igualdade para que se justifiquem, do ponto de vista do direito constitucional positivo brasileiro, as discriminações afirmativas em favor de grupos étnico-raciais. Impõe-se uma argumentação que tenha como referência a própria ordem constitucional do Estado brasileiro. Nesse sentido, destaca-se a contribuição de Celso Antônio Bandeira de Mello a respeito do conteúdo jurídico do princípio da igualdade. Em uma perspectiva rigorosamente positivista, Bandeira de Mello[33] enfatiza que o princípio constitucional da isonomia envolve discriminações legais de pessoas, coisas, fatos e situações. Discute, então, quando os discrímenes se justificam sem que o princípio vetor seja deturpado. E aponta três exigências: a presença de traços diferenciais nas pessoas, coisas, situações ou fatos[34]; a "correlação lógica entre fator de discrime e a desequiparação procedida"[35]; e a "consonância da discriminação com os interesses e valores protegidos

---

[33] Bandeira de Mello, 1993.

[34] *Ibid.*, pp. 23-35.

[35] *Ibid.*, pp. 36-40.

na Constituição"[36]. Embora Bandeira de Mello não tenha enfrentado o problema da discriminação positiva de grupos étnico-raciais, sua linha de raciocínio parece-me perfeitamente orientar-se no sentido da compatibilização de tal espécie de discrime com o princípio constitucional da isonomia, afastando-se de certos preconceitos decorrentes de interpretações literais do art. 5º, *caput*, da Constituição Federal.

Em primeiro lugar, cabe analisar se estão presentes os traços diferenciais que possam servir de fator de discriminação positiva em favor dos negros e dos indígenas no Brasil. Não só os traços pessoais, decorrentes das características étnico-raciais específicas, são aqui relevantes. É sobretudo a situação social, historicamente sedimentada, de discriminação negativa dos negros e indígenas que se apresenta exuberantemente como fator de discrime legal à ordem jurídica brasileira. A postura de insensibilidade formalista às discriminações sociais contra os membros desses grupos étnico-raciais, principalmente na medida em que elas lhes impedem ou obstaculizam o exercício efetivo de direitos e o acesso aos benefícios do ordenamento jurídico em geral, resulta na inocuidade prática do princípio constitucional da isonomia em face do problema.

E é exatamente pela presença da discriminação social negativa, implicando mesmo obstáculos reais ao exercício de direitos, que se justifica a discriminação jurídica afirmativa em favor de negros e indígenas no Brasil. Há, nesse caso, perfeita correlação lógica entre o fator de discrime e a desequiparação a ser, porventura, procedida. A introdução de vantagens competitivas em favor de negros e indígenas poderá ser fundamentada constitucionalmente como a institucionalização de meios jurídicos que se des-

---

[36] Bandeira de Mello, 1993, pp. 41-3.

tinam a viabilizar a integração igualitária de todos no Estado e na sociedade em geral. Evidentemente, será plausível o argumento dworkiniano de que se trata de favorecer a realização social do direito a ser tratado com igual respeito e consideração, incrementando maior igualdade na sociedade. Mas pode se formular o princípio da igualdade expresso no art. 5º da Constituição Federal, no que concerne particularmente ao problema étnico-racial no Brasil, da seguinte maneira: *quanto mais se sedimenta historicamente e se efetiva a discriminação social negativa* contra grupos étnico-raciais específicos, principalmente quando ela implique obstáculos relevantes ao exercício de direitos, *tanto mais se justifica a discriminação jurídica positiva* em favor dos seus membros, pressupondo-se que esta se oriente no sentido da integração igualitária de todos no Estado e na sociedade. Dessa maneira, o princípio constitucional da igualdade apresenta-se sensível às diferenças presentes na realidade social e inseparável do princípio da proporcionalidade.

Além da correlação lógica entre fator de discrime e desequiparação legal, impõe-se, por último, que a discriminação positiva, afirmativa ou inversa em favor dos membros de grupos étnico-raciais esteja em consonância com os interesses e valores protegidos na Constituição. E, nesse sentido, cabe argumentar não apenas invocando a disposição constitucional contra o crime de racismo – art. 5º, inciso XLII –, que evidentemente se dirige sobretudo à defesa dos grupos raciais socialmente discriminados, nem tão só os dispositivos que se referem especificamente à proteção das culturas afro-brasileiras e indígenas – art. 215, § 1º, e art. 216, § 5º – e à defesa dos indígenas – arts. 231-232. Antes de tudo, as discriminações legais positivas em favor da integração jurídica igualitária de negros e indígenas estão em consonância com os princípios fundamentais da Constituição, no que diz respeito aos objetivos fundamentais da República Federativa do Brasil estabelecidos nos incisos III e IV do seu art. 3º:

> III – erradicar a pobreza e a marginalização e reduzir as desigualdades sociais e regionais;
> IV – promover o bem de todos, sem preconceitos de origem, raça, sexo, cor, idade e quaisquer outras formas de discriminação.

A concepção favorável à discriminação jurídica afirmativa de base étnico-racial, no momento em debate no Brasil, só se fundamenta, a rigor, enquanto manifesta o objetivo de erradicar a marginalização de negros e indígenas e promover o bem de todos, contra quaisquer preconceitos ou discriminação contra indivíduos e grupos, especialmente em face de origem, raça ou cor.

Contra esses argumentos, é possível que se invoque o art. 5º, inciso XLI, da Constituição Federal: "a lei punirá qualquer discriminação atentatória dos direitos e liberdades fundamentais". É evidente, porém, que esse dispositivo restringe-se à vedação de discrímenes que ofendam os direitos fundamentais. As discriminações legais positivas, ao contrário, propõem-se precisamente a oferecer meios institucionais diferenciados para o acesso de grupos "excluídos" ao sistema jurídico e, portanto, a viabilizar-lhes o gozo e o exercício de direitos fundamentais, sobretudo no que concerne ao direito de toda pessoa a ser tratada como igual. Além disso, não se pode interpretar essa norma em sentido contrário aos princípios fundamentais expressos no Título I da Constituição Federal; no caso, em desconformidade com os objetivos fixados no supratranscrito art. 3º, incisos III e IV. Ou seja, tratando-se de discrime legal positivo destinado a erradicar a marginalização e a promover o bem comum, contra preconceitos e qualquer discriminação racial – negativa –, não cabe falar em ofensa ao art. 5º, inciso XLI, da Constituição Federal. É que os princípios fundamentais informam toda a normatividade constitucional, não cabendo nenhuma interpretação de normas constitucionais específicas que venha a contrariá-los.

Esse argumento parece-me valer também para o art. 7º, inciso XXX, da Constituição Federal, que inclui, entre os direitos dos trabalhadores, a "proibição de diferença de salários, de exercícios de funções e de critérios de admissão por motivo de sexo, idade, cor ou estado civil". É claro que essa norma dirige-se às discriminações sociais negativas, não veda políticas sociais que tenham por objetivo combatê-las. E, dentro dessas políticas, a do estabelecimento legal de discriminações positivas em favor de negros e indígenas marginalizados como trabalhadores pretende ser a mais eficaz. Aqui também caberia a invocação aos princípios fundamentais expressos no art. 3º, incisos III e IV, da Constituição Federal: todas as normas constitucionais referentes especificamente aos direitos dos trabalhadores devem ser interpretadas em conformidade com os mesmos.

Em suma, pode-se concluir, a respeito da fundamentação constitucional das discriminações legais *positivas* em favor de grupos étnico-raciais no Brasil: justificam-se enquanto reagem proporcionalmente às discriminações sociais *negativas* contra os membros desses grupos e desde que objetivem à integração jurídica igualitária de todos ao Estado em particular e à sociedade em geral e, portanto, sirvam à construção e à ampliação da cidadania.

3.4 O problema da implementação no Brasil

A questão normativa do fundamento jurídico-constitucional dos discrímenes legais positivos em favor de grupos étnico-raciais negativamente discriminados distingue-se do problema empírico de sua implementação. No Brasil, o debate desse problema tende a ultrapassar a discussão norte-americana sobre os efeitos práticos da institucionalização do programa de "ação afirmativa": ele não conduziria a consequências contrárias às pretendidas pelos seus defensores, fortificando o sentimento de inferioridade entre os beneficiários e favorecendo os preconceitos contra eles? Tal objeção empírica só é passível de avaliação após a própria implementação do programa. Nos Estados Unidos, a execução bem-sucedida de medidas de ação afirmativa enfraqueceu esse tipo de crítica. Também caiu por terra o argumento de que baixariam o nível das instituições de ensino e prejudicariam a eficiência das empresas: os indicadores apontam no sentido contrário. Mais recentemente, vem sobressaindo a referência aos efeitos limitados da "ação afirmativa", no sentido de que estaria beneficiando basicamente os negros de classe média, atingindo muito restritamente os mais pobres.

No Brasil, a questão empírica diz respeito às próprias condições reais de implementação do programa, antes de relacionar-se com as suas consequências práticas. Inicialmente, cabe observar que, no contexto norte-americano, "negro/branco" é uma distinção forte, no sentido de nítida. A segregação legal entre os dois grupos raciais vigorou até a década de 1950. Os elementos históricos condicionaram o isolamento discriminatório da minoria demográfica afro-americana pela maioria dominante, de origem europeia. Esses fatores, paradoxalmente, facilitaram a implantação de programas de "ação afirmativa". Havia clareza em relação aos indivíduos a serem beneficiados por sofrerem discriminação racial. Ao contrário, no Brasil, seja pelo chamado critério de "origem" ou de "marca", "negro/branco" é uma distinção frágil. Entre os dois "extremos", impõe-se uma exuberante e indefinida maioria de pardos, que ora se encontra na posição de discriminador, ora na posição de discriminado racialmente. Para a solução desse impasse, o legislador evidentemente pode estabelecer critérios de definição concreta de quem será incluído nos benefícios da discriminação positiva. O caminho de solução apresentado pelo Programa Nacional de Direitos Humanos[37], no sentido de "determinar ao IBGE a adoção do critério de se considerar os mulatos, os pardos e os pretos como integrantes do contingente da população negra", além de complicador, é inócuo para a resolução do problema de definição concreta de quem será incluído entre os beneficiários de programas de discriminação afirmativa. Por um lado, a "população negra" passaria a ser muito ampla e indefinida. Ficaria especialmente vago estabelecer quem, a rigor, sofre discriminação racial negativa para fazer jus ao discrime legal positivo. No Brasil, parcela ampla da população parda e mesmo parte dos mulatos pertencem à elite privilegiada discriminadora dos "pretos": quantos pardos e, eventualmente, mulatos foram senhores de engenho escravocratas ou deles descendem como parte da atual elite dominante do país? Além disso, nos padrões brasileiros, há uma forte ambiguidade e vagueza na inclusão de indivíduos como pardos ou brancos. Por outro lado, o IBGE estabelece apenas impessoal e inominadamente a classificação racial para fins demográficos. O problema, no caso da "ação afirmativa", reside em definir, na situação concreta, se uma pessoa deve incluir-se legitimamente no campo dos seus beneficiários por pertencer a grupo que sofre discriminação racial. E aqui reside o nó górdio da implementação de programa de discriminação legal positiva no Brasil.

---

[37] Brasil, 1996, p. 30. [N. do Org.: é preciso registrar que o presente capítulo foi publicado originariamente em 1997, quando o debate sobre ações afirmativas e sistema de cotas no Brasil ainda era, de certa maneira, incipiente. Como a utilização de certas terminologias e expressões foram se tornando obsoletas, principalmente diante da consolidação de políticas públicas dessa natureza, fiz pequenas alterações para acompanhar termos mais recomendados; por exemplo, "indígena" no lugar de "índio" e "pessoa com deficiência" no lugar de "deficiente".]

A referência de Skidmore, em sua exposição[38], ao fato de que a polícia já tem a competência para a definição concreta e pessoal do tipo "racial" – da cor –, sugerindo que ela permaneça com tal atribuição no caso de concessão de benefícios concernentes à "ação afirmativa", parece-me inconsistente. A definição policial da cor dos indivíduos na realidade brasileira, além de imprecisa, é arbitrária. São frequentes os casos em que irmãos consanguíneos e uterinos, com os mesmos traços físicos, são classificados entre "pardos" e "brancos". E há situações em que o mesmo indivíduo é classificado como "branco" pela polícia civil estadual – registro geral – e como "pardo" pela polícia federal – passaporte. Em tom de *blague,* poderia afirmar-se que, nesse caso, a pessoa seria branca nas "relações internas" e negra em suas "relações externas". Mas, antes, esses exemplos são indícios de que é inidônea – para fins de um programa sério e eficiente de "ação afirmativa" em favor de grupos étnico-raciais discriminados no Brasil – a adoção do critério policial de definição concreta da cor do indivíduo.

O legislador, apesar das inegáveis dificuldades de definição concreta e pessoal do tipo racial para fins de "ação afirmativa", poderá estabelecer critérios mais transparentes e democráticos para solucionar esse impasse. Um caminho seria atribuir tal competência a conselhos federais, estaduais e municipais de defesa e promoção dos direitos humanos ou a conselhos específicos encarregados da questão racial, compostos com a representação democrática de todos os grupos étnicos e contando com assessoria técnica especializada. Evidentemente, a existência desses órgãos não eliminaria problemas delicados, em relação a indivíduos excluídos dos benefícios, decorrentes de discriminação legal positiva

38 Skidmore, 1997.

em favor de certo grupo, exatamente por força da definição étnico-racial procedida concretamente. É possível mesmo que venham a surgir, não raramente, ações judiciais contra as respectivas decisões. Entretanto, no mínimo, considerando principalmente o envolvimento ideológico e as implicações sociais de qualquer classificação racial, a instituição de conselhos de cidadania constituídos e controlados democraticamente retiraria, da definição étnico-racial concreta de indivíduos para fins de discriminação legal positiva, o caráter de imposição arbitrária ou autoritária.

Um outro problema que se apresenta com relação à implementação de programa de "ação afirmativa" é o da diversidade demográfica entre as regiões e localidades do país, no que se refere à heterogeneidade étnico-racial. Esse problema, certamente, também está presente nos Estados Unidos. Lá, porém, o federalismo é muito mais forte, possibilitando uma maior adequação das políticas de "ação afirmativa" às peculiaridades de cada Estado. O federalismo brasileiro é frágil, com forte tendência centralizante, mormente se comparado com o norte-americano. Um modelo rígido de legislação federal, sem considerar as peculiaridades étnico-raciais de cada região e localidade, pode significar exatamente limites à implementação das respectivas medidas de discriminação positiva. E isso pode redundar no tratamento idêntico em regiões e localidades de contingentes étnico-raciais bem diferentes. Imagine-se, por exemplo, a aplicação do mesmo percentual nacional para determinar o número de beneficiários de uma medida de discriminação legal afirmativa em favor de indígenas e negros, sem levar em conta que, em certas regiões e localidades, o respectivo contingente é diminuto – negros no Sul do país – e que em outras é demograficamente representativo – negros na Bahia e indígenas em localidades do Norte do país. Embora não se trate da maior dificuldade, a diversidade regional de contingentes étnico-raciais exige que um programa de discriminação positiva eficiente em favor de negros e indígenas seja implementado basicamente pelos estados e municípios, cabendo à União apenas a determinação legislativa dos meios institucionais de sua realização, assim como dos critérios genéricos da respectiva classificação étnico-racial e de acesso aos benefícios, respeitadas as peculiaridades regionais, estaduais e locais.

Além de tudo, destaca-se um outro fator obstaculizante da implementação de programas de discriminações jurídicas afirmativas em favor dos membros de grupos étnico-raciais: a pluralidade e interseção de mecanismos de discriminação social negativa no Brasil. Contra tal observação, pode-se argumentar que esse é um problema comum a toda a sociedade contemporânea, na qual são discriminados pessoas com deficiência, mulheres, imigrantes, homoafetivos, indivíduos de regiões menos desenvolvidas e, por fim, os pobres e miseráveis. Entretanto, no caso brasileiro, não se trata tão só da pluralidade e interseção de processos sociais específicos de discriminação, mas sim da *generalização* de mecanismos sociais discriminatórios, que impede a própria construção da cidadania. Enquanto na experiência norte-americana os limites à ampliação da cidadania dizem respeito à discriminação étnico-racial e à "exclusão" social de minorias, no contexto brasileiro o óbice à construção da cidadania relaciona-se com a "marginalização" social da grande maioria da população. As discriminações decorrentes da própria estrutura econômico-social cortam transversalmente todas as formas específicas de discriminação, ultrapassando as fronteiras das estritamente raciais. Ao longo do plano em que se interseccionam e sobrepõem-se os diversos processos sociais discriminatórios, passa a linha transversa da discriminação resultante das desigualdades socioeconômicas. Isso pode levar a situações em que a implementação de discriminações legais positivas entra em choque com o próprio princípio constitucional da igualdade. Imagine-se o caso em que a um filho de imigrante nordestino em São Paulo, não incluído eventualmente no grupo dos negros ou dos indígenas, sejam rejeitados os benefícios de um discrime legal positivo para admissão em universidade pública, aos quais filhos de negros paulistas de classe média teriam acesso[39]. É possível, portanto, que uma política de discrime jurídico afirmativo estritamente fundamentada na presença incontestável de discriminações raciais venha a transformar-se, no Brasil, em fator de fortificação das desigualdades sociais.

A saída para esse impasse torna-se mais complicada na medida precisamente em que a interseção, a sobreposição e a amplitude dos processos sociais discriminatórios implicam, no caso brasileiro, a generalização de relações de subintegração e sobreintegração na sociedade, especialmente no que concerne ao sistema jurídico. E a persistência abrangente dessas relações significa a própria inexistência da cidadania, definida como integração jurídica igualitária na sociedade[40]. Os subintegrados são aqueles que se apresentam ao sistema jurídico, em regra, como devedores, réus, indiciados, condenados etc., mas só excepcionalmente como detentores de direitos e pretensões. Os sobreintegrados, ao contrário, exercem regularmente os seus direitos, apresentando-se como credores, autores, proprietários, mas muito improvavelmente como réus, condenados, indiciados etc. Aos primeiros, di-

---

39 Ao propor, junto com o Projeto de Lei do Senado nº 14, de 1995, que prevê "a cota mínima de 10% de vagas existentes para os setores etno-raciais socialmente discriminados em instituições de ensino superior", o Projeto de Lei do Senado nº 13, de 1995, que "dispõe sobre a instituição de cota mínima de 20% das vagas das instituições públicas de ensino superior para alunos carentes", a Senadora Benedita da Silva, embora discutível o conteúdo das propostas, mostrou sensibilidade para esse problema.

40 Neves, 1994; 1992, pp. 96 ss. e 156.

rige-se um legalismo unilateralista. Os segundos, inversamente, podem contar com a impunidade. E é exatamente a complementação paradoxal de legalismo unilateralista orientado basicamente contra os subintegrados e de impunidade em favor estruturalmente dos sobreintegrados que impossibilita à construção da cidadania. Embora não sejam, a rigor, "excluídos", os subintegrados – a maioria – e os sobreintegrados – a minoria privilegiada – não são cidadãos: trata-se de subcidadãos e sobrecidadãos. A cidadania importa a reciprocidade de direitos e deveres. A ausência de direitos e deveres básicos iguais resulta na falta mesmo de uma esfera pública de legalidade. Essa é, no Brasil, a maior adversidade à implementação de qualquer programa de discriminação legal positiva em favor especificamente de grupos étnico-raciais discriminados negativamente pela sociedade.

3.5 O risco de mais uma legislação simbólica

Apresentar e analisar os obstáculos à implementação de programa de discriminação jurídica positiva não significa pôr dificuldades à sua institucionalização, mas, antes, alertar para o risco de que se configure mais um caso de legislação simbólica. Não se trata aqui de cair no lugar-comum e afirmar o óbvio: preconceitos e discriminações raciais não são eliminados pelo direito. É verdade que o legislador apenas oferece à sociedade propostas de regulamentação e solução de problemas e conflitos sociais. Entretanto, as normas jurídicas podem impor-se como um fator relevante de transformação da sociedade. A legislação simbólica, ao contrário, pode servir, sobretudo, à manutenção do *status quo*, que aparentemente se propõe a superar.

O debate sobre "legislação simbólica" vem tendo relevância principalmente na Alemanha[41]. A própria ambiguidade dos ter-

---

[41] Kindermann, 1988 e 1989; Bryde, 1993; Hegenbarth, 1981.

mos "símbolo", "simbólico" e "simbolismo" já dificulta uma delimitação semântica dessa expressão[42]. Talvez se possa vislumbrar uma analogia com a concepção de simbolismo freudiana[43] – na medida em que nela se distingue entre significado latente e significado manifesto – e afirmar-se que, na legislação simbólica, a sua função latente prevalece sobre a manifesta[44]. Mas, no âmbito das ciências jurídicas e sociais, a questão tem sua peculiaridade. Em contraposição à atitude expressiva e semelhantemente à ação instrumental, a postura simbólica não é caracterizada pela *imediatidade* da satisfação das respectivas necessidades e se relaciona com o problema da solução de conflitos de interesses[45]. Contudo, diferentemente das variáveis instrumentais, a atitude simbólica não é orientada conforme uma relação linear de meio/fim e, por outro lado, não se caracteriza por uma conexão direta e manifesta entre significante e significado, distinguindo-se por seu sentido mediato e latente[46]. "A distinção entre ação instrumental e simbólica" – observa Gusfield – "é, em muitos aspectos, similar à diferença entre discurso denotativo e conotativo."[47] Na denotação, há uma conexão relativamente clara entre expressão e conteúdo; na ação instrumental, similarmente, um direcionamento da conduta para fins fixos. Na conotação, a linguagem é mais ambígua; o agir simbólico é conotativo, na medida em que ele adquire um sentido mediato e impreciso que se acrescenta ao seu significado imediato e manifesto, e prevalece em relação ao mesmo[48].

---

[42] Neves, 1994, pp. 11 ss.

[43] Freud, 1969, pp. 159-77; 1972, pp. 345-94.

[44] Aubert, 1967.

[45] Gusfield, 1986, p. 183.

[46] *Id.*, 1967, pp. 176 ss.

[47] *Id.*, 1986, p. 170.

[48] *Ibid.*; *id.*, 1967, p. 177.

Não se trata aqui das concepções da política simbólica[49] ou do direito como simbolismo[50], que reduzem, respectivamente, a análise de todo e qualquer sistema político ou jurídico à sua "eficácia simbólica". Embora direito e política tenham sempre uma dimensão simbólica, há variáveis instrumentais relevantes em ambos os sistemas. A própria força normativa da legislação depende de uma combinação de variáveis instrumentais e simbólicas. E todo sistema jurídico funciona com base em ambas as variáveis. O problema surge quando há efeitos hipertroficamente simbólicos da legislação em detrimento de sua eficácia instrumental-normativa.

Distinguem-se três tipos de legislação simbólica:

1. a que tem por conteúdo a confirmação dos valores sociais de determinado grupo;
2. os compromissos dilatórios;
3. a legislação-álibi[51].

Um clássico exemplo do primeiro tipo é a "lei seca" nos Estados Unidos[52]. Os defensores da proibição do consumo de álcool não estariam interessados em sua eficácia normativo-jurídica (no período de sua vigência, o consumo de álcool teria aumentado), mas sim em glorificar os valores dos protestantes/nativos e degradar os valores dos católicos/imigrantes. Como exemplo de compromisso dilatório, além da referência mais abrangente à Constituição de Weimar[53], aponta-se a lei norueguesa sobre empregados domésticos de 1948[54]. As dificuldades práticas de apli-

---

[49] Edelman, 1967; 1977.

[50] Arnold, 1935, pp. 33 ss.

[51] Kindermann, 1988, p. 230; Neves, 1994, pp. 34 ss.

[52] Gusfield, 1986, pp. 186 ss.; 1967, pp. 176 ss.

[53] Schmitt, 1970 [1928], pp. 31 ss.

[54] Aubert, 1967.

cação dos dispositivos sancionatórios e os obstáculos sociais à sua efetivação possibilitaram o acordo entre "progressistas" e "conservadores" em torno da lei. Os primeiros ficavam satisfeitos por apresentarem-se ao público como proponentes do projeto legislativo; os segundos tinham a perspectiva da ineficácia. Dessa maneira, abrandava-se um conflito político interno por meio de uma "lei aparentemente progressista", "que satisfazia ambas as partes"[55], transferindo-se para um futuro incerto a solução do problema social subjacente. O terceiro tipo, a legislação-álibi, tem por objetivo fortificar "a confiança do cidadão no respectivo governo ou, de um modo geral, no Estado"[56]. O legislador, muitas vezes sob pressão direta, elabora diplomas normativos para satisfazer às expectativas dos cidadãos, sem que com isso haja o mínimo de condições de efetivação das respectivas normas. Por meio da legislação-álibi, o detentor de poder eventual procura descarregar-se de pressões políticas e/ou apresentar o Estado como sensível a exigências, expectativas, interesses e valores do público. Ela não só se apresenta como "reação substitutiva" a pressões sociais ou como referência na prestação de contas ao eleitorado, mas também serve de mecanismo de exposição simbólica das instituições. Constrói-se, assim, a aparência de solução dos respectivos problemas sociais ou, no mínimo, a ilusão das boas intenções do legislador. Em sua função ideológica, ela não apenas deixa os problemas sem solução; além disso, obstrui o caminho para que eles sejam resolvidos[57].

É o conceito de legislação-álibi que interessa particularmente no atual debate brasileiro sobre a institucionalização legal de

---

[55] Lenk, 1976, p. 149. Cf., também, Aubert, 1967, pp. 296 ss.

[56] Kindermann, 1988, p. 234.

[57] Noll, 1981, p. 364; Kindermann, 1988, p. 235, 1989, p. 270.

discriminações positivas em favor de grupos étnico-raciais[58]. Leis de iniciativa do governo ou dos parlamentares, aprovadas sem que se considerem as condições reais de sua implementação, poderão ter efeitos eminentemente simbólicos: por um lado, construção de uma imagem do Estado, do governo e do legislador como identificados com os valores da "democracia racial" e do movimento antirracismo; por outro, ineficácia normativa dos respectivos textos legais. Nessa hipótese, é possível que induzam a um sentimento de vitória em favor dos discriminados, quando apenas estejam servindo para descarregar os "donos do poder" de pressões e acalmar os ânimos dos movimentos e organizações que lutam contra a discriminação racial. Diante do público espectador, a elite criadora da discriminação legal positiva apresenta-se como antirracista, mas conta com a probabilidade da ampla ineficácia da respectiva lei ou não cuida das condições de sua implementação.

É claro que, mesmo como legislação simbólica, os discrímenes positivos também podem estimular a conscientização crítica dos efeitos antidemocráticos das discriminações raciais e dos modelos de dominação subjacentes. Mas o risco de que a política de "ação afirmativa" transforme-se, no Brasil, em simples álibi dos detentores de poder, sem qualquer eficácia jurídico-prática, exige uma postura mais cautelosa com relação às condições de implementação de qualquer programa de institucionalização legal da matéria. Isso porque a retórica antirracista do governo e do legislador pode implicar, eventualmente, a imunização do sis-

---

[58] Não se desconhece aqui que o problema no Brasil é mais grave e abrangente, visto que cabe falar de "constitucionalização simbólica": enquanto a legislação simbólica atinge apenas aspectos setoriais do sistema jurídico, a constitucionalização simbólica põe em questão a própria funcionalidade global e identidade/autonomia do direito positivo estatal. Neves, 1992, pp. 104-6; 1994, pp. 61-5.

tema político contra outras alternativas mais adequadas para o combate às discriminações raciais em nosso país.

3.6 Bibliografia

ARISTÓTELES (1941). "Ethica Nicomachea" (Nicomachean Ethics). Trad. ingl. de W. D. Ross. *In*: R. McKeon (org.). *The Basic Works of Aristotle*. Nova York: Random House, pp. 927-1112.

ARNOLD, Thurman W. (1935). *The Symbols of Government*. New Haven: Yale University Press (5. impr., 1948).

AUBERT, Vilhelm (1967). "Einige soziale Funktionen der Gesetzgebung". *In*: E. Hirsch e M. Rehbinder (orgs.). *Studien und Materialien zur Rechtssoziologie* (*Sonderheft* [Suplemento] 11 do Kölner Zeitschrift für Soziologie und Sozialpsychologie). Colônia/Opladen: Westdeutscher Verlag, pp. 284-309.

BANDEIRA DE MELLO, Celso Antônio (1993). *Conteúdo jurídico do princípio da igualdade*. 3. ed. São Paulo: Malheiros.

BENDIX, Reinhard (1969). *Nation-Building and Citizenship. Studies of Our Changing Social Order*. Garden City/Nova York: Anchor (1. ed. 1964).

BRASIL (1996). Presidência da República. *Programa Nacional de Direitos Humanos*. Brasília: Secretaria de Comunicação Social, Ministério da Justiça.

BRYDE, Brun-Otto (1993). "Effektivität von Recht als Rechtsproblem: Vortrag gehalten vor der Juristischen Gesellschaft zu Berlin am 17. März 1993". *Schriftreihe der Juristischen Gesellschaft zu Berlin* 135 (Berlim/Nova York: Walter de Gruyter).

CAPPELLETTI, Mauro (1978). "Formaciones sociales e intereses de grupo frente a la justicia civil". *Boletin Mexicano de Derecho Comparado* XI (nova série) (México: Unam), n°s 31-2, pp. 1-40.

______; GARTH, Bryant (1981). "Access to Justice and the Welfare State: an Introduction". *In*: M. Cappelletti *et al.* (orgs.). *Access to Justice and the Welfare State*. Alphen aan den Rijn: Sijthoff/Bruxelas: Bruylant/Stuttgart: Klett-Cotta/Florença: Le Monnier, pp. 1-24.

DWORKIN, Ronald (1991). "Reverse Discrimination". *In*: R. Dworkin. *Taking Rights Seriously*. 6. ed. Londres: Duckworth (1. ed. 1977).

EDELMAN, Murray (1967). *The Symbolic Uses of Politics*. Urbana/Chicago/Londres: University of Illinois Press.

______ (1977). *Political Language: Words That Succeed and Policies That Fail*. Nova York/São Francisco/Londres: Academic Press.

FERRY, Luc; RENAUT, Alain (1992). *Philosophie politique 3 – Des droits de l'Homme à l'Idée Républicaine*. 3. ed. Paris: Presses Universitaires de France (1. ed. 1985).

FREUD, Sigmund (1969). "Vorlesungen zur Einführung in die Psychoanalyse" (1916-1917 [1915-1917]). *In*: *Freud – Studienausgabe*. Frankfurt am Main: Fischer, vol. 1, pp. 33-445.

______ (1972). *Die Traumdeutung* (1900). *Freud – Studienausgabe*. Frankfurt am Main: Fischer, vol. II.

GUSFIELD, Joseph R. (1967). "Moral Passage: the Symbolic Process in Public Designations of Deviance". *Social Problems* 15 (Brooklyn: Society for the Study of Social Problems), nº 2, pp. 175-88.

______ (1986). *Symbolic Crusade: Status Politics and the American Temperance Movement*. 2. ed. Urbana/Chicago: University of Illinois Press.

HABERMAS, Jürgen (1982). *Theorie des kommunikativen Handelns*. 2. ed. Frankfurt am Main: Suhrkamp, vol. 2.

______ (1987). "Wie ist Legitimität durch Legalität möglich?". *Kritische Justiz* 20 (Baden-Baden: Nomos), pp. 1-16.

______ (1992). *Faktizität und Geltung: Beiträge zur Diskurstheorie des Rechts und des demokratischen Rechtsstaats*. Frankfurt am Main: Suhrkamp.

HEGENBARTH, Rainer (1981). "Symbolische und instrumentelle Funktionen moderner Gesetze". *Zeitschrift für Rechtspolitik* 14 (Munique/Frankfurt am Main: Beck), nº 9, pp. 201-4.

KELSEN, Hans (1960). *Reine Rechtslehre*. 2. ed. Viena: Franz Deuticke (reimpr. inalterada de 1983 com o apêndice "Das Problem der Gerechtigkeit").

KINDERMANN, Harald (1988). "Symbolische Gesetzgebung". *In*: D. Grimm e W. Maihofer (orgs.). *Gesetzgebungstheorie und Rechtspolitik* (*Jahrbuch für Rechtssoziologie und Rechtstheorie* 13). Opladen: Westdeutscher Verlag, pp. 222-45.

______ (1989). "Alibigesetzgebung als symbolische Gesetzgebung". *In*: R. Voigt (org.). *Symbole der Politik, Politik der Symbole*. Opladen: Leske + Budrich, pp. 257-73.

LAFER, Celso (1988). *A reconstrução dos direitos humanos: um diálogo com o pensamento de Hannah Arendt*. São Paulo: Companhia das Letras.

LENK, Klaus (1976). "Zur instrumentalen Funktion des Rechts bei gesellschaftlichen Veränderungen". *Verfassung und Recht in Übersee* 9 (Hamburgo: Hamburger Gesellschaft für Völkerrecht und Auswärtige Politik), pp. 139-56.

LUHMANN, Niklas (1983). *Legitimation durch Verfahren*. Frankfurt am Main: Suhrkamp.

______ (1993). *Das Recht der Gesellschaft*. Frankfurt am Main: Suhrkamp.

MARSHALL, Thomas H. (1976). *Class, Citizenship, and Social Development*. Westport, Connecticut: Greenwood Press (reimpr. da ed. de Nova York, 1964).

MARX, Karl (1988). "Zur Judenfrage". *In*: K. Marx e F. Engels. *Werke*. 15. ed. Berlim: Dietz Verlag, vol. 1. pp. 347-77 (originariamente em: *Deutsch-Französische Jahrbücher*. Paris, 1844).

NEVES, Marcelo (1992). *Verfassung und Positivität des Rechts in der peripheren Moderne: Eine theoretische Betrachtung und eine Interpretation des Falls Brasilien*. Berlim: Duncker & Humblot.

______ (1994). "Entre subintegração e sobreintegração: a cidadania inexistente". *Dados – Revista de Ciências Sociais* (Rio de Janeiro: Iuperj), vol. 37, nº 2, pp. 253-75.

NOLL, Peter (1981). "Symbolische Gesetzgebung". *Zeitschrift für Schweizerisches Recht* (nova série) 100 (Basileia: Helbing & Lichtenhahn), pp. 347-64.

PASSERIN D'ENTRÈVES, Alessandro (1969). *La notion de l'État*. Trad. fr. de J. R. Weiland. Paris: Sirey, vol. II.

RAWLS, John (1990). *A Theory of Justice*. Oxford: Oxford University Press (1. ed. 1972).

SCHMITT, Carl (1970). *Verfassungslehre*. 5. ed. Berlim: Duncker & Humblot (reimpr. inalterada da 1. ed. 1928).

SKIDMORE, Thomas (1997). "Ação afirmativa no Brasil? Reflexões de um brasilianista". *In*: J. Souza (org.). *Multiculturalismo e racismo: uma comparação Brasil-Estados Unidos*. Brasília: Paralelo 15, pp. 127-36.

CAPÍTULO 4

NIKLAS LUHMANN: "EU VEJO O QUE TU NÃO VÊS"*

I

A teoria dos sistemas sociais do sociólogo alemão Niklas Luhmann não teve, até hoje, muita penetração nos estudos sociológicos na academia brasileira. Ela é, no entanto, uma das construções teóricas contemporâneas mais complexas e abrangentes.

A grande contribuição da teoria dos sistemas sociais foi apontar para o fato de que a complexidade da sociedade moderna torna infrutífero qualquer modelo que pretenda descrever, esclarecer ou justificar a sociedade a partir de um único mecanismo ou aspecto: seja poder (Foucault), luta de classes (Marx), capital simbólico (Bourdieu) ou agir comunicativo (Habermas). Isso implica a tese de que não há um centro da sociedade, um sistema ou mecanismo social a partir do qual todos os outros possam ser compreendidos. A própria distinção entre teoria dos sistemas e teoria da ação como figuras autônomas (conforme os manuais) é rejeitada no modelo de Luhmann, pois, segundo ele, a teoria sociológica confronta-se, precisamente, com o problema da "relação

---

* Este texto baseia-se em uma entrevista concedida ao jornalista e sociólogo Rômulo Neves, a fim de divulgar a obra de Niklas Luhmann para um público mais abrangente.

entre sistema e ação", a diferença de perspectivas residindo na maneira de conceber essa relação[1].

No prefácio do seu livro *A sociedade da sociedade*[2], Luhmann afirma o seguinte:

> Na minha admissão na Faculdade de Sociologia da Universidade de Bielefeld, fundada em 1969, encontrei-me confrontado com a exigência de denominar o projeto de pesquisa em que eu trabalho. Meu projeto designava-se naquela época e desde então: teoria da sociedade; duração: 30 anos; custos: nenhum.[3]

Seu projeto foi de construir uma teoria abrangente do social. Isso não significa uma teoria completa, pois, para Luhmann, nenhuma teoria pode ser completa. Isso iria contra os seus pressupostos. Uma teoria geral dos sistemas sociais, uma teoria da sociedade como sistema social mais abrangente, assim como a teoria de sistemas parciais (com os sugestivos títulos *A economia da sociedade*[4], *A ciência da sociedade*[5], *O direito da sociedade*[6], *A arte da sociedade*[7], *A religião da sociedade*[8], *A política da sociedade*[9], *O sistema educacional da sociedade*[10]), a teoria da organização como sistema social[11] e esboços de uma teoria da interação como sistema entre presentes[12], apontam para a pretensão ambi-

---

[1] Luhmann, 1991, pp. 51-2.

[2] Luhmann, 1997 [trad. esp., 2007].

[3] *Ibid.*, tomo 1, p. 11.

[4] Luhmann, 1988a.

[5] *Id.*, 1990a [trad. esp., 1996].

[6] *Id.*, 1993a [trad. esp., 2002; trad. ingl., 2004].

[7] *Id.*, 1996a [trad. esp., 2005].

[8] *Id.*, 2000c.

[9] *Id.*, 2000a.

[10] *Id.*, 2002.

[11] *Id.*, 2000b.

[12] Luhmann, 1986a. Ver também a síntese sobre os três tipos de sistemas sociais – sociedade, organização e interação: *id.*, 1986b.

ciosa de uma teoria "geral" do social. Luhmann sustentava que o fato de certos modelos gerais, como o marxista e o funcionalista, terem entrado em crise não significa que não possamos buscar modelos teóricos mais abrangentes em relação ao mundo social.

II

Diversas vertentes influenciaram a obra de Luhmann. Entre outras correntes, foi influenciado pela teoria biológica da autopoiese, formulada pelos chilenos Humberto Maturana e Francisco Varela[13], pela teoria do cálculo de George Spencer Brown[14], pelo construtivismo de Heinz von Foerster[15], pelos modelos cibernéticos[16], pela filosofia fenomenológica de Husserl[17], pela teoria social de Émile Durkheim[18] e de Talcott Parsons[19]. Apesar de tantas influências, a sua originalidade está em tratar com clareza a diferenciação do sistema biológico, do sistema psíquico, ou consciência, e da sociedade como sistema de comunicações[20]. Nesse contexto, ele afirma, ao contrário de Maturana e Varela, que o homem, como corpo ou como consciência, faz parte do ambiente da sociedade, ou seja, não pertence à sociedade. As unidades elementares da sociedade são as comunicações; as pessoas como construções sociais são "endereços dos processos de comunicação"[21]. O fato de pôr o

---

[13] Maturana e Varela, 1980; *id.*, 2006 [1984] [trad. bras., 2001]; Maturana, 1982.

[14] Spencer Brown, 1971.

[15] Foerster, 1981.

[16] Ashby, 1984 [1956].

[17] Husserl, 1982. A respeito da posição de Luhmann em relação à fenomenologia de Edmund Husserl, ver Luhmann, 1996b.

[18] Luhmann define sua proximidade e distância em relação a Durkheim no prefácio da tradução alemã do livro *Da divisão do trabalho social*; ver Luhmann, 1977.

[19] Ver Luhmann, 1980c; 1988c; 1993b, pp. 196-9.

[20] Ver sobretudo Luhmann, 1984 [trad. esp., 1998; trad. ital., 1990; trad. ingl., 1995].

[21] Luhmann, 1980b, p. 367, nota 11.

homem fora da sociedade levou a críticas severas no sentido de afirmar-se que a teoria de Luhmann é anti-humanista. Mas quando afirma que o homem é um problema para a sociedade e a sociedade é um problema para o homem, Luhmann assume um "anti-humanismo metodológico".

Porém, o anti-humanismo metodológico foi mal compreendido. Não se trata de um anti-humanismo ético, mas antes lhe subjaz um "humanismo ético", ao não incluir o homem como parte da sociedade: ele é um problema para a sociedade que deve ser enfrentado, considerando-se a autonomia do sistema psíquico e do sistema biológico nele envolvido[22]. É evidente que não pode haver sociedade (pois não pode haver comunicação) sem o homem. Ele é uma condição de possibilidade da comunicação e da sociedade. A sociedade depende do homem como condição ambiental para existir, assim como o homem precisa de determinadas condições atmosféricas para viver, mesmo que a atmosfera não faça parte do homem. E a consciência precisa de certos processos neuronais para reproduzir-se como sistema com sentido, mas esses processos não são parte da consciência. Ou seja, sociedade e homem são interdependentes, mas se diferenciam um do outro.

III

Luhmann participou dos Seminários de Teoria Social de Talcott Parsons, na Universidade de Harvard[23], e foi influenciado pelo modelo sistêmico parsoniano. Mas, com o desenvolvimento da teoria luhmanniana, a influência do funcionalismo norte-americano foi decrescendo.

---

[22] Com base nesses pressupostos, Teubner (2006, p. 175) formula mais recentemente um conceito de direitos humanos na perspectiva da exclusão dos homens da sociedade, a saber, como "garantias da integridade da psique e do corpo".

[23] Ver Luhmann, 1993b, pp. 196-9.

Na teoria sistêmica luhmanniana, supera-se a tendência à simplificação funcionalista, apesar da influência do funcionalismo norte-americano. Isso ocorre porque não se parte de sistema social no singular, como nesse modelo. Luhmann trabalha com a noção de sistemas sociais, no plural, que se reproduzem por códigos de preferência e programas diversos, enfatizando a questão dos conflitos intersistêmicos e da falta de um sistema central supraordenado, a partir do qual poderia haver um paradigma unitário de orientação da conduta. Daí por que ele não vai limitar-se ao conceito de "função", que implica a relação dos subsistemas com o sistema social global. Trabalha também com o conceito de "prestação" enquanto relacionamento de sistema parcial com outro sistema parcial da sociedade. E, por fim, enfrenta o problema da "reflexão", a relação dos sistemas consigo mesmos, destacando o problema da autonomia e identidade[24]. Parece-me que a vertente orientada no estudo da autonomia das esferas de comunicação é a mais frutífera na teoria dos sistemas, e não a vertente funcional, que vem perdendo cada vez mais espaço na discussão em torno do modelo sistêmico.

IV

Como foi afirmado anteriormente, a grande contribuição da teoria sistêmica foi apontar para o fato de que a complexidade da sociedade moderna torna infrutífero qualquer modelo simplista que pretende descrever, esclarecer ou justificar a sociedade a partir de um único mecanismo ou aspecto: o poder, no caso de Michel Foucault, a luta de classes, no caso de Karl Marx, o capital simbólico, no caso de Pierre Bourdieu, ou o agir comunicativo, no caso de Jürgen Habermas. Toda e qualquer teoria social, para

[24] Luhmann, 1982, pp. 54 ss.; Luhmann e Schorr, 1988, pp. 34 ss.

ser frutífera e socialmente adequada, tem que se submeter ao imperativo de um mundo social multicêntrico e policontextural[25]. Ou seja, não há um centro da sociedade que possa ter uma posição privilegiada para sua observação e descrição; não há um sistema ou mecanismo social a partir do qual todos os outros possam ser compreendidos. Nesse sentido, penso que Luhmann supera, sem dúvida, os clássicos da sociologia. Mas não aceita o modelo fragmentário pós-moderno, pois insiste em que os sistemas sociais parciais, como o direito, economia e política, reproduzem-se de forma unitária e generalizada de acordo com os seus códigos-diferença ("lícito/ilícito", "ter/não-ter", "poder/não-poder"), sem que com isso negue a pluralidade dos sistemas no plano dos seus programas e critérios.

Ao afastar a possibilidade de um ponto de observação único ou privilegiado do social, Luhmann destaca que nem mesmo a política tem uma dessas características. Ela é um sistema em concorrência com outros. A visão oposta, decorrente de uma concepção simplista da sociedade, que põe a política no centro como um supersistema, só tem levado a desilusões. A própria teoria da sociedade seria apenas uma observação/descrição parcial da sociedade, e a sua observação mais abrangente ocorre apenas do ponto de vista do sistema científico. Também a religião, a política, a família etc. fazem suas observações da sociedade como um todo, que concorrem com a observação da teoria social. Esta será mais adequada socialmente à medida que descreve essa multicentricidade do social.

O que me parece, entretanto, é que Luhmann, ao elaborar a sua teoria da sociedade mundial, mesmo considerando a mudança de paradigma que procedeu após a minha tese de doutorado,

---

[25] Luhmann, 1997, tomo 1, pp. 36-7, *passim*; 1996b, p. 44; 1984, p. 284.

não considerou suficientemente a questão dos bloqueios sistêmicos, como enfatizou Hauke Brunkhorst no semanário *Die Zeit*[26]. Ao referir-se à corrupção sistêmica como mecanismo em que um código sistêmico (*v.g.*, o econômico) sobrepõe-se a outro (*v.g.*, o jurídico), não retira as últimas consequências desse problema em relação aos países periféricos. No caso do direito, por exemplo, a corrupção sistêmica, em certos contextos sociais, especialmente da África, da América Latina e da Ásia, não é algo pontual, que não ponha em xeque a própria autonomia operacional do respectivo sistema, mas antes implica um bloqueio à própria reprodução autônoma do direito[27]. Nesse ponto, eu me afasto dele, embora em alguns trechos ele cite meus trabalhos e concorde comigo, aparentemente[28]. Mas não me parece consequente nesse aspecto. Não chega a afirmar que a autonomia operacional dos sistemas sociais parciais, embora constitua uma exigência funcional, não se realiza em grande parte do globo terrestre e, portanto, prejudica a diferenciação funcional no plano global.

V

Afirmava-se (e ainda se afirma, embora cada vez menos) que a teoria luhmanniana é conservadora. Esse preconceito contra a teoria dos sistemas apresentou-se mais forte no início, quando foi publicado o debate entre Habermas e Luhmann, com réplicas e tréplicas[29]. Naquele momento, havia muita efervescência política,

---

[26] Brunkhorst, 1997, p. 50.

[27] Embora Luhmann reconheça que, "em caso extremo" de "corrupção sistêmica", "não se pode mais falar de fechamento autopoiético [...]" (1993a, p. 82), não retira daí as devidas consequências empíricas para a sua construção teórica, tendo em vista que insiste fortemente na tese do primado da diferenciação funcional na sociedade mundial do presente (1993a, p. 572; 1997, tomo 2, pp. 743 ss.).

[28] Luhmann, 1993a, pp. 25, 81, 194, 478-9 e 584; 1997, tomo 1, p. 169, tomo 2, pp. 632, 787, 806 e 810; 1995, p. 261 [trad. esp., 1998, p. 192].

[29] Habermas e Luhmann, 1971.

e a Escola de Frankfurt era muito influente. Luhmann deu uma palestra no Encontro Alemão de Sociólogos em Frankfurt, o que deu razão para o debate. Dentro das categorias teóricas que reinavam em Frankfurt, houve muita incompreensão em relação ao novo paradigma proposto por Luhmann. De certa maneira, acreditavam que o seu modelo era uma nova forma de redução da teoria social a uma tecnologia social. O próprio título do livro, na forma interrogativa, *Teoria da sociedade ou tecnologia social – o que realiza a pesquisa sistêmica?*, insinuava que Luhmann era o defensor da tecnologia social e Habermas, o da teoria da sociedade. Como Luhmann escreveu mais tarde, naquele debate nenhum dos autores era defensor de uma "tecnologia social"[30].

Mas um ponto parece intelectualmente reprovável. Habermas, em seu livro *Teoria do agir comunicativo*, faz o vínculo da teoria luhmanniana da legitimação ao decisionismo de Carl Schmitt[31], o que parece um absurdo. Desde o início de sua obra, mesmo antes de aderir ao paradigma autopoiético, Luhmann sempre se referiu à autonomia operacional do direito perante a política como uma conquista da modernidade. Isso é totalmente incompatível com o modelo decisionista de Schmitt. Para este, o direito é necessariamente subordinado à política[32].

Com o tempo, muitos preconceitos foram superados. Habermas mitigou suas posições e no encontro realizado em Nova York sobre seu livro *Facticidade e validade* enfatizou, em réplica aos seus críticos ali presentes, entre os quais estava o próprio

---

30 Luhmann, 1997, tomo 1, p. 11.

31 Habermas, 1982, vol. 1, p. 358 [trad. esp., 1978, vol. 1, p. 343].

32 Por isso a prevalência do conceito político decisionista ("positivo") de Constituição em detrimento do conceito jurídico na teoria constitucional de Carl Schmitt (1993 [1928], pp. 20-36 e 44 [trad. esp., 1970]), à qual se contrapõe o conceito sistêmico de Constituição como acoplamento estrutural entre sistemas político e jurídico (Luhmann, 1990c, pp. 176-220 [trad. ital., 1996, pp. 83-128]).

Luhmann, que aprendeu muito nos longos anos de discussão com Luhmann[33]. Pode-se observar que a teoria habermasiana tornou-se uma teoria cortada, em muitos pontos, pela linguagem sistêmica. E é inegável entre os discípulos de Habermas, mesmo aqueles "à esquerda", como Hauke Brunkhorst[34], mas também defensores ferrenhos da teoria do discurso, como Klaus Günther[35], a influência maior ou menor da obra de Luhmann.

O debate do passado está superado. Porém, com a publicação de *Facticidade e validade* por Habermas em 1992[36] e *O direito da sociedade* por Luhmann em 1993[37], ressurgiu um debate especialmente no mundo jurídico. Luhmann criticou a tese habermasiana de um discurso racional orientado para o consenso como critério de legitimação do Estado democrático de direito, considerando tal tese idealista. Ele inverte a posição e insinua ironicamente que Habermas seria o conservador por não considerar os excluídos, incapazes de participar ou não dispostos a contribuir para um tal "discurso"[38].

Entretanto, acredito que a teoria sistêmica poderia fazer algumas releituras de conceitos habermasianos, tal como Gunther Teubner e Karl-Heinz Ladeur propuseram com o conceito de "mundo da vida". Este seria um espaço social não diferenciado sistêmico-funcionalmente e caracterizado pela fragmentação[39], assim como sugeri no tocante à "esfera pública", enfatizando, de maneira diversa de Luhmann, que ela não é estruturada sistemicamente nem se confunde com o "público" como dimensão

---

[33] Habermas, 1996, p. 1553 ou p. 1639.

[34] Ver Brunkhorst, 2002, pp. 122 ss.; 2001, espec. p. 626; 1997.

[35] Günther, 1995.

[36] Habermas, 1992 [trad. bras., 1997].

[37] Luhmann, 1993a [trad. esp., 2002; trad. ingl., 2004].

[38] Luhmann, 1996c, p. 899.

[39] Teubner, 1989, espec. pp. 108 ss. [trad. port., 1993]; Ladeur, 1996, espec. p. 394.

do sistema político[40], mas também sublinhando, ao contrário da concepção de Habermas[41], que ela é, antes de tudo, a arena do dissenso[42].

VI

Quanto ao problema da recepção da teoria no Brasil, enfrentei a obra de Luhmann na minha tese de doutorado, publicada na Alemanha em 1992[43]. Luhmann afirmava em trabalhos anteriores, principalmente em um livro de 1981 sobre o Estado de bem-estar, que a inclusão, definida como *acesso* e *dependência* das pessoas aos sistemas sociais, era uma característica da sociedade mundial e condição da diferenciação e autorreferência dos sistemas sociais, especialmente a política e o direito[44]. Eu sustentava que isso só teria sentido, evidentemente, para a modernidade central, mas seria insustentável para os países periféricos. Nestes, haveria uma preferência por exclusão – seja na forma de subintegração ou subinclusão (dependência sem acesso), seja na forma de sobreintegração ou sobreinclusão (acesso sem dependência) – e, vinculado a isso, haveria bloqueios da autonomia sistêmica, especialmente do direito[45]. Não caberia falar de autopoiese – enquanto autonomia operacional – do direito em contextos como o brasileiro, apesar de tratar-se de contextos complexos de comunicação da sociedade mundial. Sua tese da autopoiese seria

---

40 Luhmann, 1981a, p. 164; 1981b, espec. pp. 44 ss. [trad. esp., 1993]; 2000a, pp. 253 ss.

41 Habermas, 1990 [1962].

42 Neves, 2000, espec. pp. 99 ss. [trad. bras., 2006, pp. 123 ss.].

43 Neves, 1992 [N. do Org.: a tradução da tese para o português só veio a ocorrer posteriormente; ver trad. bras., Neves, 2018].

44 Luhmann, 1981b, pp. 25 ss.

45 Neves, 1992, pp. 94 ss., *passim*; 1994 [trad. alemã revista e ampliada, 1999]; 1995a [trad. alemã revista e ampliada, 2003]; 1995b [trad. alemã revista e ampliada, 2004].

plausível apenas para países da modernidade central. Luhmann não foi insensível a essas críticas. Já em 1992, no prefácio à minha tese, reconhecia as dificuldades que eu expunha[46]. E isso não se relacionava apenas ao Brasil ou aos países periféricos, o que foi relembrado recentemente pelo internacionalista Andreas Fischer-Lescano, discípulo heterodoxo de Luhmann, que procura aplicar o meu modelo à análise do direito internacional público, bloqueado cada vez mais por intrusões políticas[47].

Mas Luhmann, especialmente com relação aos países periféricos, procurou incorporar minhas críticas de tal maneira que elas tornavam-se, de certa forma, invisíveis. Na verdade, respondeu mais tarde a tais críticas de maneira inteligente, numa formulação um tanto paradoxal: a exclusão social mina o primado da diferenciação funcional, mas ao mesmo tempo é um subproduto dessa diferenciação[48]. Contudo, ele insistiu até as suas últimas obras que o problema da exclusão só traria dificuldades para a diferenciação funcional no plano regional, mas não eliminaria o *primado* dessa forma de diferenciação no plano global[49]. Esse argumento nunca me pareceu convincente. Eu diria apenas que a autonomia operacional dos sistemas sociais, especialmente do direito, é uma exigência funcional da sociedade mundial, mas essa exigência não se realiza na maior parte dos contextos de comunicação dessa sociedade, especialmente por força do problema da exclusão "por baixo" (falta de acesso) e "por cima" (incapacidade dos sistemas de impor as suas restrições a grupos privilegiados). E quando Luhmann passa a sustentar que a diferença "inclusão/exclusão" é um metacódigo ou uma metadiferença que

---

[46] Luhmann, 1992, pp. 1-4.

[47] Fischer-Lescano, 2003, pp. 757-8; 2002, p. 1244.

[48] Luhmann, 1993a, p. 582.

[49] *Id.*, 1997, tomo 2, pp. 743 ss.; 1993a, p. 572; 1994, pp. 4-5.

mediatiza todas as outras diferenças[50], levanta-se a suspeita, sobretudo pelo seu discípulo e substituto na Universidade de Bielefeld, Rudolf Stichweh, que esse metacódigo passaria a ter o primado, e não a diferenciação funcional[51].

VII

Ainda há poucas aplicações da teoria dos sistemas a casos concretos. Elas são difíceis tanto porque a teoria é muito complexa, exigindo uma dedicação quase em tempo integral, quanto porque alguns pontos permanecem em aberto. E ainda cabe observar um outro aspecto que dificulta as aplicações: o grau muito abstrato do artefato conceitual. A Professora Ingeborg Maus disse-me certa vez – referindo-se ao arcabouço teórico ao mesmo tempo abstrato e profundo, e não ao conteúdo da teoria – que Luhmann é o Hegel de nossa época e vai permanecer como um paradigma. Portanto, um arcabouço teórico tão abstrato exige mais tempo para ser digerido e aplicado.

Para aqueles interessados em aplicar a teoria luhmanniana, cabe, porém, uma advertência: a teoria de Luhmann não é uma teoria de chegada, projeto acabado e fechado, mas sim uma teoria de partida, aberta a novas incursões e alternativas. Esse é o verdadeiro espírito de Luhmann.

VIII

Quanto à disseminação ainda restrita da obra de Luhmann no plano mundial, cabem algumas observações. Sua presença na Itália é muito forte e deve-se, em primeiro lugar, ao fato de que o pensamento teórico alemão é muito influente nesse país. Além do mais, Luhmann teve alguns discípulos que contribuíram muito para a

---

50 Luhmann, 1993a, pp. 584-5; 1997, tomo 2, pp. 631 ss.; 1995, p. 262.

51 Stichweh, 1997, p. 132.

divulgação do seu trabalho em terras italianas; destacam-se, entre outros, Rafaelle de Giorgi, Elena Esposito e Giancarlo Corsi. Estes dois últimos foram orientandos de Luhmann no doutorado.

A recepção na França parece ter sido dificultada pela dominação quase absoluta da cena sociológica por Bourdieu, que – apesar de sua teoria dos campos, a qual remonta Durkheim[52] – nunca esteve disposto a dialogar com Luhmann. Também a força de Jean-François Lyotard e principalmente a de Jacques Derrida dificultaram um interesse maior por Luhmann. Os franceses insatisfeitos com Bourdieu, Derrida e Lyotard tendiam a buscar na Alemanha o oposto, encontrando em Habermas seu expoente. Recentemente, no plano da sociologia jurídica, André-Jean Arnaud vem abrindo espaço para a teoria luhmanniana na França[53]. Vale mencionar também Jean Clam.

A tradição analítica da filosofia inglesa, a força da teoria da escolha racional no mundo anglo-saxônico e a tendência mais empírica da sociologia norte-americana são fatores que, até hoje, têm dificultado a recepção de Luhmann na Inglaterra e nos Estados Unidos. Para os norte-americanos, a teoria parece ser excessivamente abstrata. Também penso que há certa dificuldade de tradução. Mas é cada vez mais frequente encontrar traduções muito bem desenvolvidas de artigos e livros de Luhmann. Suponho mesmo que os anglo-saxões são mais cuidadosos e precisam de mais tempo para digerir uma teoria tão complexa e abstrata.

IX

A respeito da recepção e apropriação da teoria luhmanniana pelos sociólogos contemporâneos, diria que há um grupo de discípulos dogmáticos de Luhmann, especialmente na Alemanha e

52 Bourdieu, 1989, p. 376, nota 2.

53 Arnaud (org.), 2001; Arnaud e Guibentif (orgs.), 1993.

na Itália. São aqueles que se envolvem com a semântica luhmanniana de tal maneira que perdem, muitas vezes, a capacidade de refletir adequadamente sobre os problemas estruturais da sociedade. Desconhecem que mudanças na estrutura influenciam mudanças do artefato semântico e vice-versa[54], como também que a obsolescência de semânticas específicas pode estar associada ao esgotamento das estruturas respectivas[55]. Fetichizam os textos de Luhmann como revelação da verdade, assim como os escritos sagrados são vistos como revelação da vontade divina. Às vezes, esse embrenhar-se na semântica, sem qualquer sensibilidade para as estruturas a que se refere Luhmann, é apenas uma estratégia para se imunizar contra a crítica dos limites da própria abordagem.

Outro grupo de discípulos é formado pelos ortodoxos. Fazem reflexões muito interessantes sobre Luhmann, mas não questionam nenhum dos conceitos básicos de sua teoria. No máximo, complementam. Nesse grupo, estão os sociólogos Dirk Baecker, Rudolf Stichweh e André Kieserling.

Um terceiro grupo é formado pelos discípulos heterodoxos, que partem do modelo luhmanniano, mas se sentem à vontade para questioná-lo e fazer novas incursões teóricas independentes. Aqui se encontram Gunther Teubner, Karl-Heinz Ladeur, Helmut Willke e eu também me incluo.

Uma dogmática que fetichiza a obra de Luhmann é incompatível com sua própria trajetória, pois ele se superava constantemente. Quando os luhmannianos dogmáticos superestimavam o

---

[54] Ver Luhmann, 1980a, espec. pp. 17, 22 e 34.

[55] "Se o nível de complexidade da sociedade, entretanto, modifica-se, a semântica orientadora do vivenciar e agir precisa adequar-se a ele, porque senão ela perde a conexão com a realidade" (Luhmann, 1980a, p. 22).

conceito de legitimação procedimental[56], Luhmann passou a trabalhar com o conceito de autopoiese[57]. Quando se superestimava a autopoiese, ele começou a dar ênfase à questão dos paradoxos[58]. E quando os dogmáticos afirmavam, como Luhmann, que os direitos humanos não têm sentido, a não ser como direitos fundamentais constitucionalmente positivados[59], Luhmann, em face dos graves problemas de exclusão e opressão no plano global, passou a sustentar que "a crescente atenção para a violação dos direitos humanos constitui um dos indicadores mais importantes de um direito da sociedade mundial"[60].

Mais importante, portanto, é pensar como Luhmann em um ponto: a reflexão tem que se adequar às transformações estruturais. Além do mais, para nós no Brasil, cabe salientar que a perspectiva de observação do modelo luhmanniano originário é diferente de nossa perspectiva de observação. Isso lembra o título de um artigo dele (porém em outro contexto), que cito para concluir minha exposição: "Eu vejo o que tu não vês"[61].

Obras de Niklas Luhmann citadas

LUHMANN, Niklas (1965). *Grundrechte als Institution: Ein Beitrag zur politischen Soziologie*. Berlim: Duncker & Humblot.

______ (1977). "Arbeitsteilung und Moral: Durkheims Theorie". *In*: É. Durkheim. *Über die Teilung der sozialen Arbeit*. Frankfurt am Main: Suhrkamp, pp. 17-35.

______ (1980a). "Gesellschaftliche Struktur und semantische Tradition". *In*: N. Luhmann. *Gesellschaftsstruktur und Semantik: Studien*

[56] Luhmann, 1983 [trad. bras., 1980; trad. ital., 1995].

[57] Especialmente a partir de Luhmann, 1984.

[58] Luhmann, 1988b; 1987.

[59] *Id.*, 1965.

[60] *Id.*, 1993a, p. 574.

[61] *Id.*, 1990b.

zur Wissenssoziologie der modernen Gesellschaft. Frankfurt am Main: Suhrkamp, vol. 1, pp. 9-71.

LUHMANN, Niklas (1980b). *Gesellschaftsstruktur und Semantik: Studien zur Wissenssoziologie der modernen Gesellschaft*. Frankfurt am Main: Suhrkamp, vol. 3.

______ (1980c). "Talcott Parsons: Zur Zukunft eines Theorieprogramms". *Zeitschrift für Soziologie* 9, pp. 5-17.

______ (1981a). "Machtkreislauf und Recht in Demokratien". *Zeitschrift für Rechtssoziologie* 2 (Opladen: Westdeutscher Verlag), pp. 158-67.

______ (1981b). *Politische Theorie im Wohlfahrtsstaat*. Munique: Olzog [trad. esp.: *Teoría política en el estado de bienestar*. Madri: Alianza, 1993].

______ (1982). *Funktion der Religion*. Frankfurt am Main: Suhrkamp.

______ (1983). *Legitimation durch Verfahren*. Frankfurt am Main: Suhrkamp (1. ed. Neuwied/Berlim: Luchterhand, 1969) [trad. bras.: *Legitimação pelo procedimento*. Brasília: UnB, 1980; trad. ital.: *Procedimenti Giuridici e Legittimazione Sociale*. Milão: Giuffrè, 1995].

______ (1984). *Soziale Systeme: Grundriß einer allgemeinen Theorie*. Frankfurt am Main: Suhrkamp [trad. ital.: *Sistemi sociali: fondamenti di una teoria generale*. Bolonha: Il Mulino, 1990; trad. ingl.: *Social Systems*. Stanford: Stanford University Press, 1995; trad. esp.: *Sistemas sociales: lineamientos para una teoría general*. 2. ed. Barcelona: Anthropos/México: Universidad Iberoamericana/Santafé de Bogotá: Ceja, 1998].

______ (1986a). "Einfache soziale Systeme". *In*: N. Luhmann. *Soziologische Aufklärung 2: Aufsätze zur Theorie der Gesellschaft*. 3. ed. Opladen: Westdeutscher Verlag, pp. 21-38.

______ (1986b). "Interaktion, Organisation, Gesellschaft". *In*: N. Luhmann. *Soziologische Aufklärung 2: Aufsätze zur Theorie der Gesellschaft*. 3. ed. Opladen: Westdeutscher Verlag, pp. 9-20.

______ (1987). "Tautologie und Paradoxie in den Selbstbeschreibungen der modernen Gesellschaft". *Zeitschrift für Soziologie* 16, pp. 161-74.

LUHMANN, Niklas (1988a). *Die Wirtschaft der Gesellschaft*. Frankfurt am Main: Suhrkamp.

______ (1988b). "The third question: the creative use of paradoxes in law and legal history". *Journal of Law and Society* 15, pp. 153-65.

______ (1988c). "Warum AGIL?". *Kölner Zeitschrift für Soziologie und Sozialpsychologie* 40, pp. 127-39.

______ (1990a). *Die Wissenschaft der Gesellschaft*. Frankfurt am Main: Suhrkamp [trad. esp.: *La Ciencia de la Sociedad*. México: Universidad Iberoamericana/Iteso/Anthropos, 1996].

______ (1990b). "Ich sehe, was Du nicht siehst". *In*: N. Luhmann. *Soziologische Aufklärung 5: Konstruktivistische Perspektiven*. Opladen: Westdeutscher Verlag, pp. 228-34.

______ (1990c). "Verfassung als evolutionäre Errungenschaft". *Rechtshistorisches Journal* 9 (Frankfurt am Main: Löwenklau), pp. 176-220 [trad. ital.: "La costituzione come acquisizione evolutiva". *In*: G. Zagrebelsky, P. P. Portinaro e J. Luther (orgs.). *Il futuro della costituzione*. Turim: Einaudi, 1996, pp. 83-128].

______ (1991). "Handlungstheorie und Systemtheorie". *In*: N. Luhmann. *Soziologische Aufklärung 3: Soziale Systeme, Gesellschaft, Organisation*. 2. ed. Opladen: Westdeutscher Verlag, pp. 50-66.

______ (1992). "Zur Einführung". *In*: M. Neves. 1992, pp. 1-4.

______ (1993a). *Das Recht der Gesellschaft*. Frankfurt am Main: Suhrkamp [trad. esp.: *El Derecho de la Sociedad*. México: Universidad Iberoamericana, 2002; trad. ingl.: *Law as Social System*. Oxford: Oxford University Press, 2004].

______ (1993b). "Itinéraire d'un auteur, itinéraire d'une discipline. Entretien avec Niklas Luhmann, 1991". *In*: A-J. Arnaud e P. Guibentif (orgs.). 1993, pp. 187-229.

______ (1994). "Europa als Problem der Weltgesellschaft". *Berliner Debatte INITIAL: Zeitschrift für sozialwissenschaftlichen Diskurs* 2 (Berlim: GSFP), pp. 3-7.

LUHMANN, Niklas (1995). "Inklusion und Exklusion". *In*: N. Luhmann. *Soziologische Aufklärung 6: Die Soziologie und der Mensch*. Opladen: Westdeutscher Verlag, pp. 237-64 [trad. esp.: "Inclusíon y Exclusión". *In*: N. Luhmann. *Complejidad y modernidad: de la unidad a la diferencia*. Madri: Trotta, 1998, pp. 167-95].

______ (1996a). *Die Kunst der Gesellschaft*. 2. ed. Frankfurt am Main: Suhrkamp [trad. esp.: *El arte de la sociedad*. México: Herder/Universidad Iberoamericana, 2005].

______ (1996b). *Die neuzeitlichen Wissenschaften und die Phänomenologie*. Viena: Picus Verlag.

______ (1996c). "Quod Omnes Tangit: Remarks on Jürgen Habermas's Legal Theory". *Cardozo Law Review* 17 (Nova York: Benjamin N. Cardozo School of Law – Yeshiva University), pp. 883-99.

______ (1997). *Die Gesellschaft der Gesellschaft*. Frankfurt am Main: Suhrkamp, 2 tomos [trad. esp.: *La sociedad de la sociedad*. Cidade do México: Herder/Universidad Iberoamericana, 2007].

______ (2000a). *Die Politik der Gesellschaft*. Frankfurt am Main: Suhrkamp.

______ (2000b). *Organisation und Entscheidung*. Opladen/Wiesbaden: Westdeutscher Verlag.

______ (2000c). *Die Religion der Gesellschaft*. Frankfurt am Main: Suhrkamp.

______ (2002). *Das Erziehungssystem der Gesellschaft*. Frankfurt am Main: Suhrkamp.

______; SCHORR, Karl-Eberhard (1988). *Reflexionsprobleme im Erziehungssystem*. Frankfurt am Main: Suhrkamp.

Demais referências

ARNAUD, André-Jean (org.) (2001). *Dossier – Aux racines sociales du droit : variations autour de quelques thèmes luhmanniens* (*Droit et Société : Revue Internationale de Théorie du Droit et de Sociologie Juridique* 47). Paris: LGDJ.

ARNAUD, André-Jean; GUIBENTIF, Pierre (orgs.) (1993). *Niklas Luhmann observateur du droit*. Paris: LGDJ.

ASHBY, William Ross (1984). *An Introduction to Cybernetics*. Londres/ Nova York: Methuen (1. ed. 1956).

BOURDIEU, Pierre (1989). *La noblesse d'État : grandes écoles et esprit de corps*. Paris: Les Éditions de Minuit.

BRUNKHORST, Hauke (1997). "Abschied von Alteuropa. Die Gefährdung der Moderne und der Gleichmut des Betrachters: Niklas Luhmanns 'Gesellschaft der Gesellschaft'". *Die Zeit*, 13 jun.

______ (2001). "Globale Solidarität. Inklusionsprobleme der modernen Gesellschaft". *In*: L. Wingert e K. Günther (orgs.). *Die Öffentlichkeit der Vernunft und die Vernunft der Öffentlichkeit: Festschrift für Jürgen Habermas*. Frankfurt am Main: Suhrkamp.

______ (2002). *Solidarität: von der Bürgerfreundschaft zur globalen Rechtsgenossenschaft*. Frankfurt am Main: Suhrkamp.

FISCHER-LESCANO, Andreas (2002). "Globalisierung der Menschenrechte". *Blätter für deutsche und internationale Politik* 10 (Bonn: Blätter Verlagsgesellschaft), pp. 1236-44.

______ (2003). "Die Emergenz der Globalverfassung". *Zeitschrift für ausländisches öffentliches Recht und Völkerrecht* 63 (Heidelberg: Max-Planck-Institut für ausländisches öffentliches Recht und Völkerrecht/ Stuttgart: Verlag W. Kohlhammer), nº 3, pp. 717-60.

FOERSTER, Heinz von (1981). *Observing Systems*. Seaside, CA: Intersystems Publications.

GÜNTHER, Klaus (1995). "Vom Zeitkern des Rechts". *Rechtshistorisches Journal* 14 (Frankfurt am Main: Löwenklau), pp. 13-35.

HABERMAS, Jürgen (1982). *Theorie des kommunikativen Handelns*. 2. ed. Frankfurt am Main: Suhrkamp, vol. 1 [trad. esp.: *Teoría de la acción comunicativa*. Madri: Taurus, 1978, vol. 1].

______ (1990). *Strukturwandel der Öffentlichkeit: Untersuchungen zu einer Kategorie der bürgerlichen Gesellschaft*. Frankfurt am Main: Suhrkamp (1. ed. 1962).

HABERMAS, Jürgen (1992). *Faktizität und Geltung: Beiträge zur Diskurstheorie des Rechts und des demokratischen Rechtsstaats*. Frankfurt am Main: Suhrkamp [trad. bras.: *Direito e democracia: entre facticidade e validade*. Rio de Janeiro: Tempo Brasileiro, 1997, 2 vols.].

______ (1996). "Reply to symposium participants, Benjamin N. Cardozo School of Law"/"Replik auf Beiträgen zu einem Symposium der Benjamin N. Cardozo School of Law". *Cardozo Law Review* 17 (Nova York: Benjamin N. Cardozo School of Law – Yeshiva University), n°s 4-5, mar.

______; LUHMANN, Niklas (1971). *Theorie der Gesellschat oder Sozialtechnologie – was leistet die Systemforschung?* Frankfurt am Main: Suhrkamp.

HUSSERL, Edmund (1982). *Die Krisis der europäischen Wissenschaften und die transzendentale Phänomenologie: Eine Einleitung in die Phänomenologische Philosophie*. Org. Elisabeth Ströker. 2. ed. Hamburgo: Felix Meiner.

LADEUR, Karl-Heinz (1996). "Rechtliche Ordnungsbildung unter Ungewissheitsbedingungen und intersubjektive Rationalität". *In*: W. Krawietz e G. Preyer (orgs.). *System der Rechte, demokratischer Rechtsstaat und Diskurstheorie des Rechts nach Jürgen Habermas: Habermas-Sonderheft* (*Rechtstheorie* 27, nº 3). Berlim: Duncker & Humblot, pp. 385-414.

MATURANA, Humberto R. (1982). *Erkennen: Die Organisation und Verkörperung von Wirklichkeit. Ausgewählte Arbeiten zur biologischen Epistemologie*. Trad. alemã de Wolfgang K. Köck. Braunschweig/Wiesbaden: Vieweg.

______; VARELA, Francisco J. (1980). *Autopoiesis and Cognition: The Realization of the Living*. Dordrecht: D. Reidel Publishing Company.

______ (2006). *El árbor del conocimiento: las bases biológicas del entendimiento humano*. 18. ed. Santiago: Editorial Universitaria (1. ed.

1984) [trad. bras. de Humberto Mariotti e Lia Diskin: *A árvore do conhecimento: as bases biológicas da compreensão humana*. São Paulo: Palas Athena, 2001].

NEVES, Marcelo (1992). *Verfassung und Positivität des Rechts in der peripheren Moderne: Eine theoretische Betrachtung und eine Interpretation des Falls Brasilien*. Berlim: Duncker & Humblot [trad. bras.: *Constituição e direito na modernidade periférica: uma abordagem teórica e uma interpretação do caso brasileiro*. Trad. de Antônio Luz Costa, revisão técnico-jurídica de Edvaldo Moita e colaboração de Agnes Macedo. São Paulo: WMF Martins Fontes, 2018].

______ (1994). "Entre subintegração e sobreintegração: a cidadania inexistente". *Dados – Revista de Ciências Sociais* (Rio de Janeiro: Iuperj), vol. 37, nº 2, pp. 253-75 [trad. alemã revista e ampliada: "Zwischen Subintegration und Überintegration: Bürgerrechte nicht ernstgenommen. *Kritische Justiz* 32, nº 4, 1999, pp. 557-77].

______ (1995a). "Da autopoiese à alopoiese do direito". *Revista Brasileira de Filosofia* (São Paulo: FGV), abr.-jun., vol. XLII, nº 178, pp. 117-41 [trad. alemã revista e ampliada: "Von der Autopoiesis zur Allopoiesis des Rechts". *Rechtstheorie* 34, nº 2, 2003, pp. 245-68].

______ (1995b). "Do pluralismo jurídico à miscelânea social: o problema da falta de identidade da(s) esfera(s) de juridicidade na modernidade periférica e suas implicações na América Latina". *Direito em Debate* (Ijuí/RS: Universidade de Ijuí), vol. 4, nº 5, pp. 7-37 [trad. alemã revista e ampliada: "Vom Rechtspluralismus zum sozialen Durcheinander: Der Mangel an Identität der Rechtssphäre(n) in der peripheren Moderne und seine Implikationen in Lateinamerika". *In*: H. Brunkhorst and W. Matiaske (orgs.). *Zentrum und Peripherie in der Weltgesellschaft*. Munique/Mering: Rainer Hammp, 2004, pp. 165-94].

______ (2000). *Zwischen Themis und Leviathan: Eine schwierige Beziehung. Eine Rekonstruktion des demokratischen Rechtsstaates in Auseinandersetzung mit Luhmann und Habermas*. Baden-Baden:

Nomos [trad. bras.: *Entre Têmis e Leviatã: uma relação difícil – O Estado democrático de direito a partir e além de Luhmann e Habermas*. São Paulo: Martins Fontes, 2006].

SCHMITT, Carl (1993). *Verfassungslehre*. 8. ed. Berlim: Duncker & Humblot (1. ed. 1928) [trad. esp.: *Teoría de la Constitución*. Cidade do México: Editora Nacional, 1970].

SPENCER BROWN, George (1971). *Laws of Form*. Londres: George Allen and Unwin (reimpr. da 1. ed. de 1969).

STICHWEH, Rudolf (1997). "Inklusion/Exklusion, funktionale Differenzierung und die Theorie der Weltgesellschaft". *Soziale Systeme: Zeitschrift für soziologische Theorie* 3 (Opladen: Leske + Budrich), pp. 123-36.

TEUBNER, Gunther (1989). *Recht als autopoietisches System*. Frankfurt am Main: Suhrkamp [trad. port.: *O direito como sistema autopoiético*. Lisboa: Fundação Calouste Gulbenkian, 1993].

______ (2006). "Die Anonyme Matrix: Zu Menschenrechtsverletzungen durch 'private' transnationale Akteure". *Der Staat* 45 (Berlim: Duncker & Humblot), nº 2, pp. 161-87.

CAPÍTULO 5

A CONCEPÇÃO DE ESTADO DE DIREITO E SUA VIGÊNCIA PRÁTICA NA AMÉRICA DO SUL, COM ESPECIAL REFERÊNCIA À FORÇA NORMATIVA DE UM DIREITO SUPRANACIONAL*

When a shady businessman recently said in Argentina, "to be powerful is to have [legal] impunity," he expressed a presumably widespread feeling that, first, to voluntarily follow the law is something that only idiots do and, second, that to be subject to the law is not to be the carrier of enforceable rights but rather a sure signal of social weakness.[1]

5.1 Introdução

Se partirmos do pressuposto de que o êxito e a continuidade da integração supranacional de Estados não podem ser desvinculados de um regime mínimo de Estado de direito, que, por sua vez, não pode desatrelar-se de mecanismos democráticos de participação e controle dos cidadãos, cabe-nos indagar sobre as condições do sucesso de um futuro supranacionalismo regional na

* Este artigo corresponde à palestra proferida no Seminário "El Derecho de Integración Suramericano en su Contexto", promovido pelo Max Planck-Institut für ausländisches öffentliches Recht und Völkerrecht, Heidelberg, em 6 e 7 de dezembro de 2007.

[1] O'Donnell, 1999, p. 312. Trad. bras., 1998, p. 44: "Quando um empresário de reputação duvidosa disse na Argentina: 'ser poderoso é ter impunidade [legal]', expressou um sentimento presumivelmente disseminado de que, primeiro, cumprir voluntariamente a lei é algo que só os idiotas fazem e, segundo, estar sujeito à lei não é ser portador de direitos vigentes, mas sim um sinal seguro de fraqueza social."

América do Sul a partir da questão referente aos empecilhos de realização prática do Estado democrático de direito nesse subcontinente. O Estado como organização complexa tem preenchido os requisitos de constitucionalismo que viabiliza a construção de organismos supranacionais estáveis na América do Sul? Caso a resposta seja negativa, cabe questionar em que medida a carência de concretização e realização constitucional do Estado democrático de direito prejudica o desenvolvimento do Mercosul no sentido da supranacionalidade.

Esta contribuição não se destina a analisar as mais diferentes experiências constitucionais da América do Sul em relação ao Estado de direito, pois tal objetivo ultrapassaria os limites do presente seminário. Antes, procurarei basicamente abordar alguns traços gerais do desenvolvimento constitucional sul-americano, com ênfase na questão da escassa realização do Estado democrático de direito como empecilho da integração supranacional. Com isso, não se nega a diversidade da realidade política e jurídica sul-americana, com experiências constitucionais marcadas por certas singularidades importantes, que serão consideradas secundariamente. Mas são as características confluentes e relevantes para o fracasso da integração supranacional que ocupam o primeiro plano de minha abordagem.

Na exposição que se segue, pretendo fixar estrategicamente o conceito de Estado democrático de direito a partir das noções de diferenciação funcional entre direito e política, de Constituição como acoplamento estrutural e de uma esfera pública "forte" universalistamente includente (5.2). Em seguida, passarei a tratar do fracasso histórico de realização de um constitucionalismo na América do Sul, tendo em vista o círculo vicioso entre instrumentalismo e simbolismo constitucional, referindo-me em primeiro lugar à experiência autoritária (5.3). A partir dessa consideração do contexto histórico, partirei para caracterizar as chamadas "transição" e "consolidação" democráticas dos anos oitenta e noventa como episódios de constitucionalização simbólica (5.4). Em forma de excurso, farei um breve comentário sobre o chamado "constitucionalismo bolivariano" na Venezuela, com influências na Bolívia e no Equador (5.5). Com base nesses elementos, enfrentarei as dificuldades de integração supranacional, considerando o caso exemplar do Mercosul e destacando o grande abismo entre ele e o seu modelo, a União Europeia; nesse passo, apontarei para o fato de que a integração no âmbito do Mercosul, ao contrário da experiência europeia, permanece quase exclusivamente intergovernamental do ponto de vista da política e internacional na perspectiva do direito, não construindo até o momento um genuíno exemplo de supranacionalismo; além disso, apontarei para os bloqueios advindos do plano estatal para o funcionamento e legitimação do Mercosul (5.6). Por fim, afastado qualquer diagnóstico fatalista no sentido de que não haveria nenhuma possibilidade para a superação dessa problemática situação, concluirei com uma breve consideração sobre a viabilidade de uma integração supranacional da América do Sul, enfatizando a necessidade de superação das barreiras para a realização de um constitucionalismo fundador de efetivos Estados democráticos de direito, aptos a fomentar a construção e o desenvolvimento de uma supranacionalidade jurídico-política estável, legítima e eficiente, assim como apontando para o significado do bloco na fortificação da América Latina nas relações internacionais (5.7).

5.2 O Estado de direito na perspectiva da teoria dos sistemas

O Estado de direito pode ser compreendido como o Estado em que a distinção entre lícito e ilícito é relevante para o sistema político. Isso significa que "todas as decisões do sistema político estão subordinadas ao direito"[2]. Não implica, porém, uma indiferenciação do político sob o jurídico. O que resulta é uma interdependência entre esses sistemas[3]. Da presença do segundo código não decorre a superposição das preferências "poder" e "lícito" ou "não-poder" e "ilícito", mas sim que "as disjunções poder/não-poder e lícito/ilícito referem-se reciprocamente"[4]. Assim como as decisões políticas subordinam-se ao controle jurídico, o direito positivo não pode prescindir, por exemplo, de legislação controlada e deliberada politicamente[5]. Da mesma maneira, enquanto a força física no âmbito da política submete-se ao controle do direito, ela depende, como coação jurídica, de variáveis políticas.

Portanto, o conceito sistêmico de Estado de direito não se refere a um tipo de relação qualquer entre o jurídico e o político. Nas formas pré-modernas de dominação, assim como no absolutismo do início da era moderna e nas autocracias contemporâneas, configura-se a relação de subordinação do direito à política. A relevância do jurídico para o poder é parcial, determinada pela hierarquia política dominante. O código de preferência "lícito/ilícito" só é vinculante para os que estão no polo inferior da relação de poder. O detentor de poder (casta, estamento, monarca, junta etc.) não está, no caso-limite, subordinado a essa distinção. Em princípio, as suas decisões não são avaliadas de acordo com o código jurídico, mas antes pressupostas como intrinsecamente lícitas. A referência do direito aos súditos é unilateralmente prescritiva de deveres, ônus e responsabilidades jurídicos perante o Estado; no que con-

---

[2] Luhmann, 1986, p. 199.

[3] Interdependência entendida como simultaneidade paradoxal de dependência e independência recíprocas; cf. Luhmann, 1981, p. 165.

[4] Luhmann, 1988 [1975], p. 56.

[5] Cf. *id.*, 1981, p. 165.

cerne ao soberano, unilateralmente atributiva de direitos, competências e, sobretudo, prerrogativas. Nesse sentido, no período absolutista tinha uma relevância especial o princípio "*Princeps legibus solutus est*" ("o príncipe está isento da lei"). Embora na prática os reis absolutistas não estivessem totalmente desvinculados de condicionamentos jurídicos[6], esse princípio apontava para uma assimetria na relação entre soberano e súdito, resultando em uma prevalência hierárquica do poder sobre o direito.

No Estado de direito, a inserção do código de preferência "lícito/ilícito" como segundo código do poder conduz a uma relação sinalagmática entre sistemas político e jurídico. Se, de um lado, o direito é posto basicamente por decisões políticas, de outro, a diferença entre lícito e ilícito passa a ser relevante para os órgãos políticos supremos, inclusive para os procedimentos eleitorais de sua escolha. Disso resulta também uma relação sinalagmática entre Estado como pessoa jurídica ou governantes (em sentido amplo) e cidadãos. Por um lado, o ordenamento jurídico constitucional confere competências, direitos e prerrogativas para o Estado ou governantes, mas também lhes impõe deveres e responsabilidades perante os cidadãos, grupos sociais e organizações privadas. Por outro lado, embora a ordem jurídica prescreva deveres, ônus e responsabilidades dos indivíduos e organizações perante o Estado, também lhes atribui direitos e garantias fundamentais de natureza individual e coletiva. Nesse sentido, o direito não se apresenta simplesmente como mecanismo de justificação do poder ou como instrumento de dominação, mas também serve à delimitação e ao controle do poder. Há como que um *re-entry*[7] da distinção entre lícito e ilícito no interior do sistema político.

---

[6] Cf. Luhmann, 1993b, p. 271.

[7] Spencer Brown, 1971, pp. 56-7 e 69 ss.

Nessa perspectiva, apresenta-se a concepção da Constituição como "acoplamento estrutural" entre política e direito[8]. Conforme essa compreensão, a Constituição em sentido especificamente moderno é definida não simplesmente como uma via de prestações recíprocas, mas antes como mecanismo de interpenetração permanente e concentrada entre dois sistemas sociais autônomos, a política e o direito. Não se trata aqui apenas de acoplamento operativo como vínculo momentâneo entre operações do sistema e do ambiente[9]. O acoplamento estrutural requer que o sistema duradouramente pressuponha e conte, no plano de suas próprias estruturas, com particularidades do seu ambiente[10]. A Constituição assume a forma de acoplamento estrutural, na medida em que possibilita influências recíprocas permanentes entre direito e política, filtrando-as. Como "forma de dois lados" (*Zwei-Seiten-Form*), inclui e exclui, limita e facilita simultaneamente a influência entre ambos os sistemas[11]. Ao excluir certos "ruídos" intersistêmicos, inclui e fortifica outros[12]. Enquanto para a política é provocadora de irritações, perturbações e surpresas jurídicas, para o direito provoca irritações, perturbações e surpresas políticas[13]. Nesse sentido, "possibilita uma solução *jurídica* do problema de autorreferência do sistema *político* e, ao mesmo tempo, uma solução *política* do problema de autorreferência do sistema *jurídico*"[14].

Evidentemente, a noção de acoplamento estrutural não aponta para um vínculo permanente qualquer entre o direito e a política,

---

[8] Luhmann, 1990, pp. 193 ss.; 1997, tomo 2, pp. 782 ss.; 2000a, pp. 389-92. Ver também Neves, 2000, pp. 90 ss.

[9] Luhman, 1993b, pp. 440-1.

[10] *Ibid*, p. 441.

[11] Cf. *ibid*.

[12] Cf. Luhmann, 1990, p. 202.

[13] Cf. *id*., 1993b, p. 442.

[14] Luhmann, 1990, p. 202. Cf., no mesmo sentido, *id*., 1993b, p. 478.

o que implicaria um conceito "histórico-universal" de Constituição. Como já observei anteriormente, nas sociedades pré-modernas e também nos Estados autocráticos contemporâneos, a relação entre poder e direito é hierárquica, caracterizando-se pela subordinação do jurídico ao político[15]. Em linguagem da teoria dos sistemas, isso significa a subordinação explícita do código de diferença "lícito/ilícito" ao código de diferença "poder/não-poder"; o código binário de preferência do direito não atuaria como segundo código do sistema político.

Através da Constituição como acoplamento estrutural, as ingerências da política no direito não mediatizadas por mecanismos especificamente jurídicos são excluídas e vice-versa. Configura-se um vínculo intersistêmico horizontal, típico do Estado de direito. A autonomia operacional de ambos os sistemas é condição e resultado da própria existência desse acoplamento. Porém, por meio dele, cresce imensamente a possibilidade de influência recíproca[16] e condensam-se as "chances de aprendizado" (capacidade cognitiva) para os sistemas participantes[17]. Destarte, a Constituição serve à interpenetração de dois sistemas autorreferenciais, o que implica, simultaneamente, relações recíprocas de dependência e independência, que, por sua vez, só se tornam possíveis com base na formação autorreferencial de cada um dos sistemas[18].

Na perspectiva do sistema jurídico, relacionada diretamente com a questão do Estado de direito, pode-se observar com Luhmann que "a Constituição é a forma com a qual o sistema jurídico reage à própria autonomia. A Constituição deve, com outras palavras, substituir apoios externos, tais como os que foram

---

[15] Cf. Luhmann, 1981, pp. 159-60; 1987, pp. 168 ss.

[16] Luhmann, 1990, p. 205.

[17] *Ibid.*, p. 206.

[18] *Id.*, 1981, p. 165.

postulados pelo direito natural"[19]. Ela impede que critérios externos de natureza valorativa, moral e política tenham validade imediata no interior do sistema jurídico, delimitando-lhe, dessa maneira, as fronteiras. Conforme enfatiza Luhmann, "a Constituição fecha o sistema jurídico, enquanto o regula como um domínio no qual ela mesma reaparece. Ela constitui o sistema jurídico como sistema fechado através do reingresso no sistema"[20].

Mas na perspectiva do sistema político, associada diretamente à questão da democracia, o *povo* constitucional fecha o sistema político[21]. Isso significa que, além do povo, não há legitimação política, mas sim os particularismos e personalismos negadores ou corruptores da democracia. Pressupõe-se, porém, que os procedimentos democráticos realizem-se de acordo com o modelo estabelecido constitucional e legalmente ("as regras do jogo"), o que vincula reciprocamente a formação da "vontade" política e os critérios do Estado de direito.

Dando um passo além da teoria dos sistemas, pode observar-se que, enquanto "*a Constituição fecha o sistema jurídico*" e *o povo fecha o sistema político*, autolegitimando-os, a esfera pública abre ambos os sistemas, ou melhor, é a instância de sua heterolegitimação, pois pressupõe procedimentos políticos e jurídicos suscetíveis e abertos às suas instigações e influências. Na esfera pública, não há apenas divergências entre valores, expectativas, interesses e discursos referentes a pessoas e grupos, mas sobretudo se afirma o dissenso entre as exigências e pretensões que emergem dos diversos sistemas funcionais em relação aos procedimentos dos siste-

---

[19] Luhmann, 1990, p. 187.

[20] *Ibid.*

[21] "O fechamento do sistema ocorre no ponto em que o público formado de indivíduos, grupos e organizações, recebedor de ordens, importunado administrativamente, torna-se povo; no ponto em que a *volonté de tous* torna-se *volonté générale*" (Luhmann, 2000a, p. 265).

mas jurídico e político. Nesse sentido, cabe dizer que a esfera pública é a arena do dissenso[22]. Assim, afasta-se aqui a concepção habermasiana de uma esfera pública que, na sua força legitimatória, orienta-se para o consenso[23]. Os procedimentos têm o papel de absorver o dissenso, fechando operativamente os respectivos sistemas político e jurídico, mas só podem exercer legitimamente sua função, no Estado democrático de direito, se permanecem abertos para os novos dissensos que, após a decisão seletiva, venham emergir na esfera pública. Pressupõe-se que esta seja "forte", ou seja, tenha relevância para os procedimentos e seja universalistamente includente. Esfera pública "frágil" (sem relevância para os procedimentos decisórios) e restrita (excludente) não tem força legitimadora no Estado democrático de direito[24].

Em suma, o Estado democrático de direito, que teve sua origem na experiência europeia e foi trasladado com certo êxito para a América do Norte, afirma-se na medida em que fica assegurada a sua autolegitimação política e jurídica pela Constituição e a sua heterolegitimação mediante a esfera pública. Embora o modelo tenha sido importado e mesmo copiado nos textos constitucionais dos países sul-americanos, sua concretização normativa e sua realização social são muito escassas entre eles.

5.3 Autocracia e democratização

Na história constitucional da América do Sul, cristalizou-se tipicamente uma relação pendular entre autocracia e democrati-

---

[22] Neves, 2000, espec. pp. 104 ss.

[23] Cf. Habermas, 1982, vol. 2, pp. 274-5. Habermas refere-se a uma "esfera pública política" (1990 [1962], pp. 38 ss.), cujo potencial legitimador encontra-se na capacidade de enfrentar problemas discursivamente (isto é, racionalmente orientado para o consenso) e, quando isso não for possível, mediante negociações reguladas por procedimentos (1992, pp. 201-7).

[24] Cf. Brunkhorst, 2002, pp. 184 ss.; 2007, pp. 233-4. Na distinção entre esfera pública "forte" e "frágil", Brunkhorst recorre a Fraser, 1992, pp. 132 ss.

zação na forma, respectivamente, de Constituições instrumentalistas e simbólicas. Na retórica política, esse processo expressa-se mediante o manuseio das fórmulas "restauração da ordem" e "restauração da democracia", que se alternam reciprocamente. Sobretudo entre os publicistas defensores do autoritarismo, essa situação é frequentemente apresentada como tensão ou conflito entre realismo e idealismo constitucional[25]. Em ambas as direções, porém, o problema está associado, por um lado, à deficiente autonomia do direito e do Estado perante estruturas sociais difusas desenvolvidas a partir tanto do interior quanto do exterior e caracterizadas por privilégios dos grupos dominantes e exclusões de amplas parcelas da população, assim como pela força das boas relações e dos vínculos clientelistas; por outro, à inexistência de uma esfera pública pluralista e abrangente que sirva de base para legitimação do Estado. Portanto, também no caso das experiências autoritárias, a força dos Estados e a sua conexão com as correspondentes "realidades" ou "raízes nacionais" são apenas aparentes. Ao contrário, nos períodos de autocracia, verifica-se uma subordinação direta dos Estados aos particularismos políticos e aos interesses privados.

Partindo-se da distinção típico-ideal proposta por Loewenstein, no âmbito do conceito genérico de autocracia, entre os conceitos de totalitarismo, que "hace referencia a todo el orden socioeconómico y moral de la dinámica estatal", e de autoritarismo, que "se refiere más a la estructura gubernamental que al orden social"[26], apresenta-se muito claro que se podem caracterizar

---

[25] Cf. Vianna, 1939, espec. pp. 7 ss. e 303 ss.; Reale, 1983, pp. 57-68; Torres, 1978, pp. 160 ss.

[26] Loewenstein, 1976, pp. 76 e 78; ou 1975, pp. 53 e 55; "En general, el régimen autoritario se satisface con el control político del Estado sin pretender dominar la totalidad de la vida socioeconómica de la comunidad, o determinar su actitud espiritual de acuerdo con su propia imagen" (*id.*, 1976, p. 76; ou 1975, p. 53).

as autocracias sul-americanas como regimes autoritários. Nestes, não se desenvolveu nenhuma ideologia com pretensão à validade imediata em todas as esferas da sociedade. Não há uma orientação ou tendência no sentido da desdiferenciação total da sociedade por um sistema político localizado no topo da estrutura social, ao contrário do que ocorre no totalitarismo com sua propensão regressiva. Falta também consistência ideológica, de tal maneira que não é adequado afirmar, utilizando-se de uma formulação de Luhmann[27] dirigida a um outro contexto, que se trata de "sistemas integrados ideologicamente" em contraposição aos Estados de direito. Nos regimes autoritários da América do Sul, o governo, ou o Estado no sentido amplo, está vinculado a diversas constelações políticas e entrelaçado com diferentes estruturas sociais concretas, que não podem contribuir nem para uma legitimação pelo procedimento nem para a identificação do indivíduo ou da sociedade com o Estado, mas são aptas a servir de mecanismos difusos e particulares de *apoio*[28]. Disso resulta uma miscelânea de influências que se refletem no plano das cartas constitucionais e leis de exceção como inconsistências e soluções "casuísticas"[29].

Nos regimes militares dos anos sessenta e setenta, pode-se observar a mistura de uma retórica nacionalista, que também se infiltrava na elaboração dos textos normativos, com a política real subordinada aos interesses estratégicos da potência mais forte na região, os Estados Unidos[30], e das companhias multinacionais.

---

[27] Luhmann, 1984, pp. 193 ss.

[28] A respeito, cf., em outro contexto, Luhmann, 1995, p. 255.

[29] Assim, Loewenstein, 1942, p. 122, caracteriza a Carta Constitucional de 1937 ironicamente de "*tutti-frutti* internacional" ou "coquetel constitucional".

[30] Cf., com base no exemplo do golpe militar de 1964 no Brasil, com vastas provas documentais, Corrêa, 1977; abrangentemente sobre o golpe, ver Dreifuss, 1981.

Além disso, a política de eficiência econômica, apresentada no palco estatal, submetia-se a uma prática política de subsídios para grupos economicamente privilegiados que não suportavam assumir o risco da economia de mercado. Ao mesmo tempo, contudo, as estruturas e relações sociais excludentes, combinadas com a falta de políticas sociais sérias e eficazes, impunham relações clientelistas não apenas com os grupos privilegiados, mas também com as camadas inferiores. Sob pressão direta de "dentro" e de "fora", de "baixo" e "de cima", os regimes militares surgiram e persistiram sem suficiente identidade para construir um Estado forte. Ao contrário, no contexto dos regimes militares autoritários constituídos nos anos sessenta e setenta, pode-se constatar que não houve as condições para que fossem impostas as fronteiras entre o estatal e o privado. Mas não se trata aqui de patrimonialismo tradicional, oriundo de representações morais abrangentes, mas sim de privatização difusa, dependente sobretudo de interesses concretos dos privilegiados e, contudo também, de necessidades imediatas dos "marginalizados".

Em um outro plano, aquele das relações entre política e direito, manifesta-se uma hipertrofia da dominação estatal em detrimento dos direitos humanos. Isso pode ser interpretado como sobreposição *direta* da política ao direito. Ela é "direta" no sentido de que os direitos fundamentais, a "separação de poderes" e as eleições livres com sufrágio igual e universal, enquanto instituições mais importantes do Estado democrático de direito, são prejudicados imediatamente no âmbito em que se estatui o direito ("produção do direito"). De fato, essa situação não exclui a prática de que, nos diplomas constitucionais dos regimes autoritários, estejam contidos a declaração de direitos fundamentais, o procedimento eleitoral e o princípio da "separação de poderes". No entanto, tendo em vista outros preceitos constitucionais, assim como leis de exceção com força jurídico-constitucional, essas instituições do Estado de direito são tão limitadas em seu significado prático que cabe falar de sua distorção manifesta através da legislação constitucional. Além disso, qualquer controle juridicamente relevante ou alternância de poder ficam praticamente excluídos em virtude das mutações do texto constitucional e das leis de exceção, conforme constelações concretas de interesses dos detentores do poder. Refletindo-se precisamente, trata-se aqui de Constituições semânticas no sentido de Loewenstein, as quais denomino "instrumentalistas". Nesse caso, as leis constitucionais não servem à limitação do poder, mas antes atuam como instrumento dos detentores fáticos do poder[31], que se apresentam personalistamente ou como "burocracia" impessoal[32]. Os "donos do poder"[33] usam os textos constitucionais ou as leis de exceção como meros meios para impor sua dominação, sem se subordinarem consequentemente a eles. Dispõem das "ferramentas" e podem reformá-las ou substituí-las sem nenhuma limitação jurídica que possa ser levada a sério[34].

O autoritarismo militar foi introduzido nos anos sessenta e setenta no contexto de uma situação social conflituosa na América do Sul, nas circunstâncias em que a transformação da ordem social encontrava-se no centro da discussão política, e sob a forte influência da cisão ideológica do mundo que se denominou "Guerra Fria". A "restauração da ordem", mediante a dominação

---

31 Loewenstein, 1976, pp. 218-9, ou 1975, pp. 153-4; 1956, p. 223.

32 Como exemplos, cabe citar, respectivamente, a autocracia chilena, fortemente vinculada à pessoa do General Augusto Pinochet, e o regime autoritário brasileiro, tão intimamente identificado com a "burocracia militar" que a alternância periódica do chefe de Estado dentro das Forças Armadas podia ocorrer sem maiores dificuldades e riscos para a estrutura de poder.

33 Uma expressão marcante de Faoro, 1984-1985.

34 Neves, 1992, p. 69.

militar repressora de conflitos e conservadora do *status quo* social, foi apresentada como a única alternativa política pelas forças dominantes no interior e no exterior. Mas os problemas conflituosos, que remontam em primeiro lugar à exclusão social de amplas parcelas da população, não foram atenuados. Ao contrário, em geral as condições sociais e econômicas agravaram-se durante as autocracias sul-americanas das décadas de sessenta e setenta. A rigor, os regimes militares, ao empregarem as Constituições como instrumentos, não contribuíram para a restauração da ordem, mas antes para assegurar privilégios e, por conseguinte, para intensificar os abismos entre as camadas sociais. A isso está associado o agravamento dos problemas sociais, que teve forte ressonância no plano político. Com o tempo, a política manifestamente repressiva, criticada como "contrária aos interesses da maioria", levou a movimentos oposicionistas contra o governo e resistências contra a ordem social, assim como à "indignação" com as "violações dos direitos humanos". Sob a pressão de "dentro" e de "fora", os regimes militares perderam o seu apoio, afirmando-se, então, o discurso pela "restauração da democracia", que, sem maiores problemas, foi assumido pelas forças internas e externas que anteriormente haviam defendido a "restauração da ordem". Nesse contexto, ocorreu, a partir dos anos oitenta, a transição para a "democracia" nos países sul-americanos.

5.4 O Estado democrático de direito

A "democratização" que se delineou como tendência dominante nos países sul-americanos a partir dos anos oitenta não tem levado à construção, tampouco à realização, do Estado democrático de direito segundo o modelo europeu e norte-americano[35].

---

[35] Fala-se de "uma outra institucionalização" (O'Donnell, 1996b).

Trata-se antes de documentos constitucionais amplamente carentes de força normativa. Ao discurso da "transição" do autoritarismo para a democracia e da "consolidação" democrática, tão em voga, respectivamente, nas décadas de oitenta e noventa[36], cabem significativas restrições, especialmente se considerarmos a necessária vinculação da democracia ao Estado de direito.

Aqui é oportuno mencionar a distinção entre texto normativo e norma jurídica, à qual a teoria jurídica estruturante deu um tratamento especial[37]. Nos termos desse modelo teórico, verifica-se que não apenas a "norma de decisão" mas também a "norma jurídica" são produzidas no processo de concretização. O texto constitucional apresenta-se, por um lado, como "o mais importante dado de entrada" desse processo[38]. Por outro lado, a decisão concretizadora deve ser "imputável" ao texto, embora ela possa exibir conteúdos os mais diferentes[39]. Por razões referentes ao Estado de direito, concebe-se "o texto literal como limitação do espaço de concretização admissível"[40]. No caso da democratização dos Estados sul-americanos, porém, parece-me indiscutível que os textos constitucionais elaborados e postos formalmente em vigor conforme o modelo de Estado democrático de direito sofrem uma ampla desfiguração semântica no decurso do processo de concretização, principalmente no que concerne à declaração de direitos fundamentais, à "separação de poderes" e aos procedimentos eleitorais democráticos. A respeito da experiência brasileira, referi-me a uma concretização desconstitucionali-

---

[36] Ver, entre outros, O'Donnell, Schmitter e Whitehead (orgs.), 1986; Mainwaring *et al.* (orgs.), 1992; Alcántara e Crespo (orgs.), 1995; O'Donnell, 1996a.

[37] Cf. Müller, 1995, pp. 122 ss.; 1994a, espec. pp. 147-67 e 234-40; 1990a, pp. 126 ss.

[38] Müller, 1990b, espec. p. 20. Cf. *ibid.*, pp. 127 e 129; Jeand'Heur, 1989, espec. pp. 22-3.

[39] Müller, 1994b, p. 134.

[40] *Id.*, 1995, pp. 183 ss. e 272-3.

zante do texto constitucional[41]. Nesse caso, não há nenhuma relação normativa consistente entre texto e as atividades de concretização. O texto constitucional é uma referência distante não apenas para as pessoas privadas em geral, mas sobretudo para os agentes estatais, cuja prática, com frequência, passa ao largo do modelo textual de Constituição. E isso se evidencia não apenas nas atividades ilícitas da polícia e na disseminada corrupção da burocracia administrativa, como também nas relações de troca e nos financiamentos de campanha que distorcem ilegalmente o processo eleitoral, nas negociações corruptas no parlamento e, por último, especialmente, na subordinação do Judiciário a critérios políticos e econômicos, às boas relações etc.[42] Portanto, diferentemente das experiências autoritárias, não se trata, na democratização da América do Sul, de negação direta do Estado de direito no nível da emissão de textos constitucionais ou legislação de exceção, mas sim de barreiras que impedem a sua construção e realização no decorrer do processo de concretização, levando à deformação do conteúdo proclamado no texto constitucional no sentido daquele modelo de Estado.

O problema semântico da distorção do sentido normativo do texto constitucional está relacionado com as condições pragmáticas (dos expectantes e atores) do processo de concretização. O que caracteriza a democratização dos países sul-americanos é a inexistência de uma esfera pública universalista, que pressupõe ampla inclusão social da população nos sistemas funcionais. Os privilégios de uma minoria e a exclusão de significativas parcelas da população atuam como fatores decisivos para o torpedeamento

---

[41] Neves, 1996, pp. 312 ss.

[42] Nesse contexto, não é oportuna a seguinte afirmação: "Um tribunal é neutro, desinteressado, orientado objetivamente e obrigado somente perante o direito – se há realmente justiça terrena, então ela é de encontrar-se aqui" (Preuss, 1994, p. 7).

da Constituição como ordem fundamental da comunicação política e jurídica. Nesse contexto, a referência à esfera pública precisa ser especificada mediante a observação de que se trata de uma "esfera pública limitada" a determinados grupos e organizações. Do ponto de vista da teoria dos sistemas, isso está associado à falta de seleção adequada dos procedimentos oficiais de interpretação e aplicação jurídica em face das expectativas políticas e jurídicas de pessoas e grupos. Não apenas essas expectativas desenvolvem-se à margem da Constituição ou atuam destrutivamente em relação a ela; também os procedimentos conduzem frequentemente à distorção "casuística" do sentido normativo do texto constitucional. A este, no âmbito de uma práxis destrutiva de seus possíveis conteúdos de sentido, não correspondem "expectativas normativas de comportamento congruentemente generalizadas"[43].

Essa situação relaciona-se diretamente com o problema da corrupção sistêmica do direito, ou seja, a sobreposição imediata de outros códigos-diferença ("ter/não-ter", "poder/não-poder", "amigo/inimigo", "parente/não-parente", "amor/desamor" etc.) ao código primário do direito. Cabe advertir que, no contexto sul-americano, não se trata simplesmente de fenômenos localizados de "corrupção sistêmica" em detrimento dos acoplamentos estruturais nos âmbitos das organizações, tal como se observa em experiências do Estado democrático de direito na Europa Ocidental e nos Estados Unidos[44]. A corrupção sistêmica do direito

[43] Refiro-me aqui à definição de direito formulada por Luhmann, 1987, p. 105: "estrutura de um sistema social baseada na generalização congruente de expectativas normativas de comportamento". Ou simplesmente: "expectativas normativas de comportamento congruentemente generalizadas" (*ibid.*, p. 99). Formulando de maneira diferente, afirma-se que "o direito preenche amplas funções de generalização e estabilização de expectativas normativas" (*id.*, 1974, p. 24). Cf. também *id.*, 1993b, pp. 131 ss.

[44] Cf. Luhmann, 1993b, p. 445, *passim*; 2000b, pp. 295-7.

tem tendência à generalização no caso típico da América do Sul, afetando o próprio princípio da diferenciação funcional e, portanto, tendo efeitos contrários à autonomia operacional do direito (ilegalidade e inconstitucionalidade na prática jurídica)[45]. Isso significa, por um lado, que determinados setores sociais têm forte probabilidade de não sofrer as sanções previstas na ordem jurídica, contando com a impunidade quando da prática de ilícitos penais; por outro, que outros setores sociais são rigidamente subordinados às imposições restritivas, mas não dispõem de acesso a direitos básicos.

A corrupção sistêmica associa-se, portanto, ao problema da exclusão. No contexto social sul-americano, cabe falar de duas formas parciais de exclusão. De um lado, a subinclusão ou subintegração significa que amplos setores sociais dependem das exigências dos subsistemas da sociedade mundial complexa (ter conta no banco, educação formal, higiene e saúde etc.), mas não têm acesso aos respectivos benefícios. No campo do direito, isso implica subordinação aos deveres impostos pela ordem jurídica, mas falta de acesso a direitos básicos. De outro lado, a sobreinclusão ou sobreintegração significa que certos setores privilegiados têm acesso aos benefícios dos sistemas sociais, mas não se subordinam às suas imposições restritivas, o que implica exercício dos direitos sem subordinação aos deveres. É claro que não há o absolutamente subincluído ou sobreincluído, mas há uma forte tendência à generalização de relações de subinclusão e sobreinclusão no direito, intimamente vinculadas à atuação arbi-

---

[45] Cf. Neves, 2003 [trad. esp., 1996]; 2004. O próprio Luhmann (1993b, p. 82) reconhece que, "em caso extremo" de "corrupção sistêmica", "não se pode mais falar de fechamento autopoiético [...]", mas não retira daí as devidas consequências empíricas para a sua construção teórica, tendo em vista que insiste fortemente na tese do primado da diferenciação funcional na sociedade mundial do presente (Luhmann, 1993b, p. 572; *id.*, 1997, pp. 43 ss.).

trariamente seletiva dos agentes estatais, sobretudo da polícia e do judiciário[46]. Essa situação bloqueia entre nós a partilha generalizada de direitos e deveres, conforme a alteridade intrínseca da esfera jurídica. É essa a cultura jurídica e política dominante, uma cultura da ilegalidade: em regra, contra os subincluídos, pratica-se o legalismo fetichista, o autismo jurídico aparente, a intolerância jurídica; para os sobreincluídos, a permissividade jurídica, a impunidade.

Em relação complementar com a insuficiente concretização normativo-jurídica dos diplomas constitucionais, ou seja, com a deficiente força normativa das Constituições, encontra-se o problema da função hipertroficamente simbólica das atividades constituintes e dos textos constitucionais na América do Sul[47]. Recorro aqui ao debate que se desenvolveu sobre legislação simbólica na Alemanha nas últimas três décadas[48]. A constitucionalização simbólica, porém, vai diferenciar-se da legislação simbólica pela sua maior abrangência nas dimensões social, temporal e material. Enquanto na legislação simbólica o problema se restringe a relações jurídicas de domínios específicos, não sendo envolvido o sistema jurídico como um todo, no caso da constitucionalização simbólica esse sistema é atingido no seu núcleo, comprometendo-se toda a sua estrutura operacional. Aqui não se desconhece que também as "Constituições normativas" da Europa Ocidental e da América do Norte desempenham função simbólica[49]; tam-

[46] Neves, 1994 [trad. alemã revista e ampliada, 1999]; 1992, pp. 94 ss. e 155 ss.

[47] Cf. Neves, 2007 ou 1998. Cf. também *id.*, 1992, pp. 61-5 e 104-6, 1996, p. 316; Bryde, 1982, pp. 27-9.

[48] Newig, 2003; Hassemer, 2001; Bryde, 1993, pp. 12 ss.; Baratta, 1993, pp. 411 ss.; Voß, 1989; Kindermann, 1988, 1989; Noll, 1981; Hegenbarth, 1981. Esse debate remonta a Gusfield, 1963; cf. também *id.*, 1967.

[49] Cf., p. ex., Burdeau, 1962, p. 398; Edelman, 1967, pp. 18-9; Massing, 1989; Habermas, 1992, p. 342; Brodocz, 2003; Grimm, 2004, p. 454.

pouco que a distinção entre "Constituição normativa" e "Constituição simbólica" é relativa, tratando-se "antes de dois pontos extremos de uma escala do que de uma dicotomia"[50]. Porém, a função simbólica das "Constituições normativas" está vinculada à sua relevância jurídico-instrumental, isto é, a um amplo grau de concretização normativa generalizada das disposições constitucionais.

No caso da constitucionalização simbólica como característica da democratização na América do Sul, às atividades constituintes e às frequentes reformas constitucionais[51] não se segue uma normatividade jurídica generalizada, uma abrangente concretização normativa do texto constitucional[52]. O elemento de distinção é a hipertrofia da dimensão simbólica em detrimento da realização jurídico-instrumental dos dispositivos constitucionais. O problema consiste no fato de que se transmite um modelo cuja realização só seria possível sob condições sociais totalmente diversas. O simbolismo constitucional implica, portanto, uma representação ilusória em relação à realidade constitucional, servindo antes para imunizar o sistema político contra outras alternativas. Através dele, não apenas podem permanecer inalterados os problemas e relações que seriam normatizados com base nas respectivas disposições constitucionais[53], mas também ser obstruído o caminho das mudanças sociais em direção ao proclamado Estado constitucional. Ao discurso do poder pertence,

---

[50] Bryde, 1982, p. 27.

[51] No Brasil, por exemplo, a Constituição de 1988 já passou por 53 Emendas Constitucionais. [N. do Org.: esse era o número no início de dezembro de 2007, quando o autor proferiu a palestra para qual o texto serviu de base. Até dezembro de 2022, o número de Emendas Constitucionais subiu consideravelmente, totalizando 128, o que confirma o argumento do autor.]

[52] Villegas, 1991, p. 12, referindo-se à experiência colombiana.

[53] Cf. Bryde, 1982, pp. 28-9.

então, a invocação permanente do documento constitucional como estrutura normativa garantidora dos direitos fundamentais (civis, políticos e sociais), da "divisão" de poderes e da eleição democrática e o recurso retórico a essas instituições como conquistas do Estado ou do governo e como provas da existência da democracia no país. A fórmula ideologicamente carregada "sociedade democrática" é utilizada pelos governantes (em sentido amplo) *com* "Constituições simbólicas" tão regularmente como pelos seus colegas *sob* "Constituições normativas", supondo-se que se trata da mesma realidade constitucional. Disso decorre uma deturpação pragmática da linguagem constitucional, que, por um lado, se diminui a tensão social e obstrui os caminhos para a transformação da sociedade, imunizando o sistema contra outras alternativas, pode, por outro lado, nos casos extremos, conduzir à desconfiança do público no sistema político e nos agentes estatais. Nesse sentido, a própria função ideológica da constitucionalização simbólica tem os seus limites, podendo inverter-se, contraditoriamente, a situação na direção de uma tomada de consciência da discrepância entre ação política e discurso constitucionalista.

Mas a constitucionalização simbólica não se refere apenas à retórica "legitimadora" dos governantes ou detentores do poder. Também no discurso político dos críticos do sistema de dominação, a invocação aos valores proclamados no texto constitucional desempenha relevante papel simbólico. Por exemplo, a retórica político-social dos "direitos humanos", paradoxalmente, é tanto mais intensa quanto menor o grau de concretização normativa do texto constitucional[54]. Não obstante, nos casos de constitu-

[54] Nesse contexto, reaparece de maneira bem mais grave o paradoxo dos direitos humanos: "Die Geltung der Norm erweist sich an ihrer Verletzung" ["A validade da norma manifesta-se na sua violação"] (Luhmann, 1993a, p. 544).

cionalização simbólica, não se trata de um jogo de soma zero na luta política pela construção e realização do Estado democrático de direito, pois, ao contrário das cartas constitucionais ou leis de exceção autocráticas, o contexto do constitucionalismo simbólico proporciona o surgimento de movimentos e organizações sociais envolvidos criticamente na realização dos princípios e valores proclamados solenemente no diploma constitucional. Sendo assim, é possível a construção de uma esfera pública pluralista que, apesar de sua limitação, seja capaz de articular-se com sucesso em torno dos procedimentos jurídico-constitucionais. Não se pode excluir, entretanto, a possibilidade de que o cinismo das elites e a apatia do público em face da persistência de graves problemas sociais levem ao ressurgimento de um discurso eficaz para a "restauração da ordem".

5.5 Modelo de "democracia monolítica"

Recentemente, surgem novas experiências políticas contrárias ao modelo dominante de constitucionalização simbólica, mas elas não utilizam o discurso autoritário da restauração da ordem, senão uma retórica popular-nacionalista, apoiada em lideranças de perfil carismático. Sobretudo no caso venezuelano, com influências na Bolívia e no Equador, há sinais de um modelo de "democracia monolítica", sem compromissos maiores com o Estado de direito. O "bolivarianismo" proposto por Hugo Chávez contém traços de um neojacobinismo entrecortado por personalismo e apelo nacionalista.

Em grande parte, o apoio de amplas camadas da população ao "bolivarianismo", especialmente das classes mais pobres e da massa de excluídos, explica-se pela incapacidade de realização do Estado democrático de direito nos termos de Constituições simbólicas que surgiram na década de oitenta. A corrupção sistêmica e a exclusão social evidenciaram cada vez mais que o modelo textual de Constituição é irrelevante para amplos setores da população, que, por não poderem esperar[55], são facilmente suscetíveis aos discursos salvacionistas. As tendências contrárias ao Estado de direito na experiência venezuelana recente, na qual a retórica anti-imperialista assume uma posição de destaque, podem ser atribuídas, de certa maneira, ao fato de que a oposição, associada ao *statu quo ante*, não se apresenta como uma alternativa confiável, pois sugere um retrocesso ao modelo de exclusão e corrupção que se consolidou na trajetória política do país.

Com essas observações, não se pretende negar que o chamado "constitucionalismo bolivariano" não tenha uma forte função simbólica em detrimento da eficácia social da Constituição. A propósito, gostaria de chamar a atenção para um exemplo interessante, concernente ao caso híbrido de Constituição "simbólica" e "instrumentalista" que caracteriza o atual regime venezuelano do presidente Hugo Chávez. O art. 350 da Constituição venezuelana de 1999, editado em conformidade com a pretensão governamental de justificar, *a posteriori*, a tentativa de golpe de Estado dirigida por Chávez em 1992, prescreve: "El pueblo de Venezuela [...] desconocerá cualquier régimen, legislación o autoridad que contraríe los valores, principios y garantías democráticos o menoscabe los derechos humanos." Tal dispositivo, que justificaria a desobediência civil, foi invocado em 2002 pelo General Enrique Medina Gómez, líder de um grupo de oficiais rebeldes, justamente para convocar os venezuelanos à desobediência contra o regime do presidente Chávez[56]. Em tal exemplo, demonstra-se,

[55] "Der lebenswichtige Bedarf muß auf alle Fälle gedeckt sein, so daß jedermann warten kann" ["As necessidades vitais precisam ser, em qualquer caso, supridas, para que cada um possa esperar"] (Luhmann, 1983, p. 198).

[56] Delcas, 2002.

de forma contundente, que a força simbólica do dispositivo pode ser utilizada nos sentidos os mais diversos, inclusive para justificar, retoricamente, golpes de Estado e rebeliões militares.

A experiência "bolivariana" constitui um forte indício de que a chamada "consolidação democrática", festejada na década de noventa pelo *mainstream* da ciência política, não foi algo consistente, constituindo de certa maneira uma ilusão. O argumento de que, na América do Sul, a democracia ter-se-ia antecipado ao *rule of law* (direitos políticos antes dos direitos civis), ao contrário dos países ocidentais desenvolvidos[57], parece-me insatisfatório. A construção das regras do jogo democrático é impensável sem a efetivação de um modelo de *rule of law*. O financiamento ilegal de campanhas, a manipulação do voto dos necessitados e, não raramente, fraudes eleitorais, entre outros fenômenos de corrupção eleitoral, são fatores que descaracterizam os procedimentos democráticos na América do Sul. A falta de realização do Estado de direito prejudica também a própria democracia no constitucionalismo simbólico sul-americano. E há amplas evidências de que o "constitucionalismo bolivariano" não se apresenta como alternativa, pois caminha retoricamente para uma "democracia monolítica", com desprezo ao Estado de direito. Mas ele se nutre do fracasso da democratização no âmbito de Constituições simbólicas.

5.6 Limites e possibilidades da integração regional na América do Sul

Sob esse pano de fundo, cabe indagar os limites e possibilidades da integração regional na América do Sul. Se aos Estados que estão na base da formação de uma unidade político-jurídica

[57] O'Donnell, 1999, p. 324.

de integração falta a estabilidade jurídica que caracteriza o Estado de direito, é possível contar com um modelo bem-sucedido de integração? Parece-me que, no mínimo, os limites do Estado de direito no plano interno atuam como um entrave para o êxito da entidade regional. Vou restringir-me ao caso mais relevante de integração regional na América do Sul, o Mercosul.

O Mercosul foi criado pelo Tratado de Assunção em 1991 e obteve a sua personalidade internacional com o Protocolo de Ouro Preto, de 1994, adicional ao tratado originário. Cabe aqui apontar para as assimetrias entre os processos de integração da União Europeia e do Mercosul[58]. Enquanto a União Europeia pode ser caracterizada como uma entidade jurídico-política supranacional, afastando-se dos modelos jurídicos clássicos do direito internacional público e das meras formas políticas intergovernamentais, o Mercosul ainda permanece uma organização jurídica de direito internacional e desenvolve-se politicamente em termos de decisões intergovernamentais. A falta da supranacionalidade deixa a dinâmica do Mercosul, ao contrário da União Europeia, fortemente "calcada na dinâmica de seus próprios Estados"[59]. Nesse sentido, Deisy Ventura acentua que "o bloco adota uma estrutura típica das organizações internacionais de caráter regional [...], paradoxalmente movida por uma dinâmica institucional que se assemelha ao funcionamento de um simples entendimento intergovernamental"[60].

Essa situação pode ser observada claramente quando se considera a estrutura orgânica do Mercosul, na qual os processos decisórios ficam intimamente vinculados aos representantes dos Estados-membros. Conforme o Protocolo de Ouro Preto, entre

---

58 A respeito, ver, de maneira abrangente, Ventura, 2003.

59 *Ibid.*, p. 75.

60 *Ibid.*, p. 3. Cf. também Oliveira, 2007, p. 13.

os órgãos que detêm "capacidade decisória, de natureza intergovernamental", a saber, o Conselho do Mercado Comum, o Grupo Mercado Comum e a Comissão de Comércio do Mercosul (art. 2º), o primeiro é caracterizado como "órgão superior do Mercosul" (art. 3º) e reúne os Ministros das Relações Exteriores e da Economia dos Estados-membros (art. 4º), devendo os Presidentes dos Estados Partes participar de suas reuniões pelo menos uma vez por semestre (art. 6º). As decisões desse órgão, como de qualquer outro órgão do Mercosul, só podem ser tomadas por unanimidade, com a presença de todos os Estados-membros (art. 37). Esse modelo intergovernamental de decisão faz o Mercosul dependente das instabilidades políticas internas dos seus Estados-membros, com efeitos danosos ao seu desenvolvimento. Os bloqueios casuísticos vinculados a interesses particularistas de grupos políticos e econômicos dificultam um modelo de continuidade e de cooperação. Parece que o Mercosul apresenta-se muito mais como um instrumento das estratégias dos Estados Partes do que como um modelo para a cooperação.

Isso se torna ainda mais problemático quando se considera, além da exigência da decisão unânime em todos os níveis orgânicos, o problema da transposição de normas, decorrente do art. 42 do protocolo de Ouro Preto: "As normas emanadas dos órgãos do Mercosul previstos no Artigo 2 deste Protocolo terão caráter obrigatório e deverão, *quando necessário*, ser incorporadas aos ordenamentos jurídicos nacionais mediante os procedimentos previstos pela legislação de cada país" (grifo meu). Referindo-se à prática desenvolvida a partir desse dispositivo, Deisy Ventura fala de uma "transposição *à la carte*" das normas, pontuando que, ao contrário da Europa, a margem de manobra dos Estados-membros do Mercosul, especialmente por se tratar de regimes presidenciais (eu diria hiperpresidenciais), "é total", não existindo "nenhuma garantia de aplicação" do direito do Mercosul no âmbito interno, "ainda menos uma garantia de sua aplicação uniforme"[61]. A isso se acrescem as reações na prática jurídica aos reconhecimentos da primazia do direito de integração também na jurisprudência dos respectivos Estados Partes[62]. A criação do Tribunal Arbitral Permanente de Revisão, nos termos do Protocolo de Olivos, de 18 de fevereiro de 2002, embora certamente possa "favorecer a efetividade das ações do bloco"[63], não implica as consequências para superação da debilidade do Mercosul perante as ordens jurídicas nacionais dos Estados Partes, sobretudo por se tratar de um juizado arbitral, com poder decisório muito limitado em comparação com força vinculatória das decisões da Corte Europeia de Justiça.

Acrescente-se que o Mercosul permanece uma organização orientada quase exclusivamente pelas exigências econômicas, havendo apenas referências isoladas e praticamente irrelevantes aos problemas da justiça social e das desigualdades regionais nos preâmbulos, respectivamente, do Tratado de Assunção e do Protocolo de Ouro Preto[64]. Partindo da distinção entre eficiência econômica e legitimidade política[65], o Mercosul, apesar de pouco eficiente, superestima a primeira em detrimento da segunda. Daí por que não nos parece surpreendente a falta de utilização da expressão "sociedade civil" nos documentos do Mercosul, que optam sobretudo por "atores privados", mas também empregam

---

[61] Ventura, 2003, pp. 149 ss. e 152.

[62] Cf. *ibid.*, p. 155 ss. Ventura aponta para um desenvolvimento no sentido contrário a partir das Constituições do Paraguai e da Argentina, diferentemente da posição das Constituições do Brasil e do Uruguai (Ventura, 2003, pp. 170 ss.).

[63] Mendes, 2010.

[64] Cf. Ventura, 2003, pp. 27 ss.

[65] No caso da União Europeia, esse debate remonta a Scharpf, 1999. A respeito, ver, na discussão entre União Europeia e Mercosul, Matiaske *et al.* (orgs.), 2007.

"setores econômicos e sociais" e "particulares"[66]. A questão reside exatamente no fato de que não está presente uma "sociedade civil" abrangente, muito menos uma esfera pública, articulada em torno dos órgãos e procedimentos do Mercosul. A influência dos interesses particulares dos diversos grupos econômicos ("atores privados") que atuam perante o Mercosul transforma este, antes de tudo, em instrumento de diversos atores estratégicos, sem nenhum apoio em uma base social mais ampla. E, no contexto sul-americano, nem sequer cabe afirmar que esteja presente um regime de "comitologia", que pressuporia competência técnica e política deliberativa[67]. Isso, por um lado, porque a estrutura burocrática do Mercosul reproduz em parte as deficiências técnicas das respectivas burocracias nacionais, sem que se possam excluir os respectivos problemas de corrupção; por outro, porque o Mercosul pode ser definido sobretudo como um modelo de "barganha intergovernamental" *entrecortada* pelos interesses estratégicos particulares dos atores privados, indispostos a qualquer "política deliberativa".

Por fim, cabe observar que, enquanto na União Europeia o problema não se relaciona diretamente com o Estado de direito, ou seja, com a formação de um *direito interno europeu*, mas sim com a democracia (déficit democrático?), ou seja, com a legitimação de uma *política interna europeia*, o caso do Mercosul é mais grave. Embora interdependentes essas duas dimensões, já no plano do Estado de direito, as deficiências presentes nos Estados-membros, antes consideradas (itens 5.3, 5.4 e 5.5), prejudicam a formação de um *direito interno sul-americano* no plano do Mercosul, além de a estrutura deste ser incompatível não só com

---

[66] Sanchez, 2007, pp. 83 ss.

[67] Cf. Joerges e Neyer, 1997.

a legitimação democrática, mas também com a construção de uma *política interna sul-americana*. Não há, pois, apenas um "*duplo déficit democrático*" no âmbito do Mercosul, problema geral presente tanto nos Estados-membros quanto na organização regional de integração[68]. Pode-se falar também de um *duplo déficit de Estado de direito*, que prejudica a limitação e o controle jurídicos dos agentes públicos e privados tanto no plano dos Estados Partes quanto no plano dos órgãos intergovernamentais. Nesse particular, o Mercosul ainda está mais distante da União Europeia, na qual as questões referentes ao *rule of law* já estão relativamente superadas em ambos os planos, apesar de todos os conflitos normativos e de jurisdição[69].

5.7 Conclusão

Esse diagnóstico sobre os limites do Estado de direito e, consequentemente, da integração da América do Sul no sentido de um direito supranacional não deve ser interpretado de maneira fatalista, pois se trata de um problema condicionado por fatores históricos contingentes, não relacionado a uma essência antropológica dos respectivos países. Apesar de haver fortes indícios de que a integração dos Estados sul-americanos desenvolver-se-á, por muito tempo, no plano do direito internacional e da política intergovernamental, não existindo perspectivas favoráveis a uma ordem rigorosamente supranacional nos moldes europeus, é evidente que o aprendizado com a experiência da União Europeia pode ajudar a América Latina[70]. Mas isso não deve levar a

---

[68] Ventura, 2003, p. 590, distinguindo, também nesse aspecto, o Mercosul da União Europeia, pois, nesta, o problema do "déficit democrático" só se apresentaria no plano da União, não dos Estados-membros.

[69] Cf., p. ex., Weiler, 1999, espec. p. 28.

[70] Gordillo, 2003; 2007.

mais um caso de transporte acrítico de modelos políticos e jurídicos para contextos sociais nos quais não estão presentes os pressupostos mínimos para a sua realização. A cópia ou imitação poderá significar simplesmente um supranacionalismo simbólico, carente de força normativa generalizada. Entretanto, alguns pontos podem servir de exemplo.

Assim como ocorreu na experiência europeia, impõe-se, antes de tudo, que haja desenvolvimentos internos no caminho da concretização normativa da Constituição. Isso exige uma luta intensiva contra a corrupção sistêmica (Estado de direito) e um forte esforço pela inclusão social de amplas parcelas ainda marginalizadas (direitos fundamentais). Além disso, é fundamental a superação das desigualdades econômicas regionais internas e entre os países, que ainda são abismais. Só sob esses pressupostos, é possível construir um modelo de integração que se oriente pelo *rule of law* e possa desenvolver-se no sentido de um supranacionalismo sul-americano. Trata-se de um caminho longo e íngreme, que implicará a confrontação com resistências culturais, econômicas e políticas de difícil superação.

Em um aspecto, porém, podem-se vislumbrar avanços em curto prazo. Isso se refere à possibilidade de uma atuação do Mercosul como bloco que venha a defender de forma mais eficaz os interesses dos países sul-americanos perante outros blocos. Ele já se vem construindo lentamente como um núcleo nas novas relações entre América Latina e Europa, que é apresentada como "um aliado decisivo para a consolidação do Mercosul"[71]. Nesse particular, o Mercosul pode ter um papel decisivo na fortificação da América Latina nas negociações e relações internacionais com a Europa e a América do Norte, contribuindo para a redução de

[71] Ventura, 2003, pp. 325 ss. e 455 ss.

assimetrias que remontam ao período colonial e perduram em formas neocoloniais de sua integração no mercado mundial.

5.8 Bibliografia

ALCÁNTARA, Manuel; CRESPO, Ismael (orgs.) (1995). *Los límites de la consolidación democrática en América Latina*. Salamanca: Ediciones Universidad Salamanca.

BARATTA, Alessandro (1993). "Jenseits der Strafe – Rechtsgüterschutz in der Risikogesellschaft: Zur Neubewertung der Funktionen des Strafrechts". *In*: F. Haft *et al.* (orgs.). *Strafgerechtigkeit: Festschrift für Arthur Kaufmann zum 70. Geburtstag*. Heidelberg: Müller, pp. 393-416.

BRODOCZ, André (2003). *Die symbolische Dimension der Verfassung: Ein Beitrag zur Institutionentheorie*. Opladen: Westdeutscher Verlag.

BRUNKHORST, Hauke (2002). *Solidarität: Von der Bürgerfreundschaft zur globalen Rechtsgenossenschaft*. Frankfurt am Main: Suhrkamp.

______ (2007). "Zwischen transnationaler Klassenherrschaft und egalitärer Konstitutionalisierung. Europas zweite Chance". *In*: P. Niesen e B. Herborth (orgs.). *Anarchie der kommunikativen Freiheit: Jürgen Habermas und die Theorie der internationalen Politik*. Frankfurt am Main: Suhrkamp, pp. 321-49.

BRYDE, Brun-Otto (1982). *Verfassungsentwicklung: Stabilität und Dynamik im Verfassungsrecht der Bundesrepublik Deutschland*. Baden-Baden: Nomos.

______ (1993). "Effektivität von Recht als Rechtsproblem: Vortrag gehalten vor der Juristischen Gesellschaft zu Berlin am 17. März 1993". *Schriftreihe der Juristischen Gesellschaft zu Berlin* 135 (Berlim/Nova York: Walter de Gruyter).

BURDEAU, Georges (1962). "Zur Auflösung des Verfassungsbegriffs". *Der Staat* 1 (Berlim: Duncker & Humblot), pp. 389-404.

CORRÊA, Marcos Sá (1977). *1964 visto pela Casa Branca*. Porto Alegre: L&PM.

DELCAS, Marie (2002). "Opposition et officiers rebelles appellent à 'libérer' le Venezuela". *Le Monde*, nº 17962, 25 out. 2002, p. 5.

DREIFUSS, René Armand (1981). *1964: A conquista do Estado – ação política, poder e golpe de classe*. Petrópolis: Vozes.

EDELMAN, Murray (1967). *The Symbolic Uses of Politics*. Urbana/Chicago/Londres: University of Illinois Press.

FAORO, Raymundo (1984-1985). *Os donos do poder: formação do patronato político brasileiro*. 6. ed. Porto Alegre: Globo, vol. 1: 1984, vol. 2: 1985 [1. ed. 1958].

FRASER, Nancy (1992). "Rethinking the Public Sphere: A Contribution to the Critique of Actually Existing Democracy". *In*: C. Calhoun (org.). *Habermas and the Public Sphere*. Cambridge, Mass.: MIT Press, pp. 109-42.

GORDILLO, Augustín (2003). *The Future of Latin America: Can EU Help?* Londres: Esperia Publications.

______ (2007). "The Future of Latin America: Can EU Help?" *In*: W. Matiaske *et al.* (orgs.). 2007, pp. 185-200.

GRIMM, Dieter (2004). "Integration durch Verfassung: Absichten und Aussichten im europäischen Konstitutionalisierungsprozess". *Leviathan: Zeitschrift für Sozialwissenschaft* 32, nº 4, pp. 448-63.

GUSFIELD, Joseph R. (1963). *Symbolic Crusade: Status Politics and the American Temperance Movement*. Urbana: University of Illinois Press.

______ (1967). "Moral Passage: the Symbolic Process in Public Designations of Deviance". *Social Problems* 15 (Brooklyn: Society for the Study of Social Problems), nº 2, pp. 175-88.

HABERMAS, Jürgen (1982). *Theorie des kommunikativen Handelns*. 2. ed. Frankfurt am Main: Suhrkamp, vol. 2.

______ (1990). *Strukturwandel der Öffentlichkeit: Untersuchungen zu einer Kategorie der bürgerlichen Gesellschaft*. Frankfurt am Main: Suhrkamp (1. ed. 1962).

HABERMAS, Jürgen (1992). *Faktizität und Geltung: Beiträge zur Diskurstheorie des Rechts und des demokratischen Rechtsstaats*. Frankfurt am Main: Suhrkamp.

HASSEMER, Winfried (2001). "Das Symbolische am symbolischen Strafrecht". *In*: B. Schünemann *et al.* (orgs.). *Festschrift für Claus Roxin zum 70. Geburtstag am 15. Mai 2001*. Berlim: De Gruyter, pp. 1001-19.

HEGENBARTH, Rainer (1981). "Symbolische und instrumentelle Funktionen moderner Gesetze". *Zeitschrift für Rechtspolitik* 14 (Munique/Frankfurt am Main: Beck), nº 9, pp. 201-4.

JEAND'HEUR, Bernd (1989). "Gemeinsame Probleme der Sprach- und Rechtswissenschaft aus der Sicht der Strukturierenden Rechtslehre". *In*: F. Müller (org.). *Untersuchungen zur Rechtslinguistik: Interdisziplinäre Studien zu praktischer Semantik und strukturierender Rechtslehre in Grundfragen der juristischen Methodik*. Berlim: Duncker & Humblot, pp. 17-26.

JOERGES, Christian; NEYER, Jürgen (1997). "From Intergovernmental Bargaining to Deliberative Political Processes: The Constitutionalisation of Comitology". *European Law Journal* 3, pp. 273-99.

KINDERMANN, Harald (1988). "Symbolische Gesetzgebung". *In*: D. Grimm e W. Maihofer (orgs.). *Gesetzgebungstheorie und Rechtspolitik* (*Jahrbuch für Rechtssoziologie und Rechtstheorie* 13). Opladen: Westdeutscher Verlag, p. 222-45.

______ (1989). "Alibigesetzgebung als symbolische Gesetzgebung". *In*: R. Voigt (org.). *Symbole der Politik, Politik der Symbole*. Opladen: Leske + Budrich, pp. 257-73.

LOEWENSTEIN, Karl (1942). *Brazil under Vargas*. Nova York: The MacMillan Company.

______ (1956). "Gedanken über den Wert von Verfassungen in unserem revolutionären Zeitalter". *In*: A. J. Zurcher (org.). *Verfassungen nach dem Zweiten Weltkrieg*. Trad. alemã de Ebba Vockrodt. Meisenheim am Glan: Hain, pp. 210-46.

LOEWENSTEIN, Karl (1975). *Verfassungslehre*. Trad. alemã de R. Boerner. 3. ed. Tübingen: Mohr.

______ (1976). *Teoría de la Constitución*. Trad. esp. de A. G. Anabitarte. 2. ed. Barcelona/Caracas/México: Editorial Ariel.

LUHMANN, Niklas (1974). *Rechtssystem und Rechtsdogmatik*. Stuttgart: Kohlhammer.

______ (1981). "Machtkreislauf und Recht in Demokratien". *Zeitschrift für Rechtssoziologie* 2 (Opladen: Westdeutscher Verlag), pp. 158-67.

______ (1983). *Legitimation durch Verfahren*. Frankfurt am Main: Suhrkamp.

______ (1984). "Positives Recht und Ideologie". *In*: N. Luhmann. *Soziologische Aufklärung 1: Aufsätze zur Theorie sozialer Systeme*. 5. ed. Opladen: Westdeutscher Verlag, pp. 178-203.

______ (1986). "Die Codierung des Rechtssystems". *Rechtstheorie* 17 (Berlim: Duncker & Humblot), pp. 171-203.

______ (1987). *Rechtssoziologie*. 3. ed. Opladen: Westdeutscher Verlag.

______ (1988). *Macht*. 2. ed. Stuttgart: F. Enke Verlag (1. ed. 1975).

______ (1990). "Verfassung als evolutionäre Errungenschaft". *Rechtshistorisches Journal* 9 (Frankfurt am Main: Löwenklau), pp. 176-220.

______ (1993a). "Das Paradox der Menschenrechte und drei Formen seiner Entfaltung *In*: A. Aarnio *et al.* (orgs.). *Rechtsnorm und Rechtswirklichkeit: Festschrift für Werner Krawietz zum 60. Geburtstag*. Berlim: Duncker & Humblot, pp. 539-46.

______ (1993b). *Das Recht der Gesellschaft*. Frankfurt am Main: Suhrkamp.

______ (1995). "Inklusion und Exklusion". *In*: N. Luhmann. *Soziologische Aufklärung 6: Die Soziologie und der Mensch*. Opladen: Westdeutscher Verlag, pp. 237-64.

______ (1997). *Die Gesellschaft der Gesellschaft*. Frankfurt am Main: Suhrkamp, 2 tomos.

______ (2000a). *Die Politik der Gesellschaft*. Frankfurt am Main: Suhrkamp.

LUHMANN, Niklas (2000b). *Organisation und Entscheidung*. Opladen/Wiesbaden: Westdeutscher Verlag.

MAINWARING, Scott; O'DONNELL, Guillermo; VALENZUELA, J. Samuel (orgs.) (1992). *Issues in Democratic Consolidation: The New South American Democracies in Comparative Perspective*. Notre Dame: University of Notre Dame Press.

MASSING, Otwin (1989). "Identität als Mythopoem: zur politischen Symbolisierungsfunktion verfassungsgerichtlicher Spruchweisheiten". *In*: R. Voigt (org.). *Symbole der Politik, Politik der Symbole*. Opladen: Leske + Budrich, p. 235-56.

MATIASKE, Wenzel *et al.* (orgs.) (2007). *The European Union as a Model for the Development of Mercosur? Transnational Orders between Economic Efficiency and Political Legitimacy*. Munique: Rainer Hampp Verlag.

MENDES, Gilmar (2010). "A justiça constitucional nos contextos supranacionais". *In*: M. Neves (org.). *Transnacionalidade do direito: novas perspectivas dos conflitos entre ordens jurídicas*. São Paulo: Quartier Latin, pp. 243-86.

MÜLLER, Friedrich (1990a). *Die Positivität der Grundrechte: Fragen einer praktischen Grundrechtsdogmatik*. 2. ed. Berlim: Duncker & Humblot.

______ (1990b). *Essais zur Theorie von Recht und Verfassung*. Org. Ralph Christensen. Berlim: Duncker & Humblot.

______ (1994a). *Strukturierende Rechtslehre*. 2. ed. Berlim: Duncker & Humblot.

______ (1994b). "Juristische Methodik: Ein Gespräch im Umkreis der Rechtstheorie", entrevista a Jan Möller. *Verwaltungsrundschau* 4 (Stuttgart: Kohlhammer), pp. 133-6.

______ (1995). *Juristische Methodik*. 6. ed. Berlim: Duncker & Humblot.

NEVES, Marcelo (1992). *Verfassung und Positivität des Rechts in der peripheren Moderne: Eine theoretische Betrachtung und eine Interpretation des Falls Brasilien*. Berlim: Duncker & Humblot.

NEVES, Marcelo (1994). "Entre subintegração e sobreintegração: a cidadania inexistente". *Dados – Revista de Ciências Sociais* (Rio de Janeiro: Iuperj), vol. 37, nº 2, pp. 253-75 [trad. alemã revista e ampliada: "Zwischen Subintegration und Überintegration: Bürgerrechte nicht ernst genommen". *Kritische Justiz* 32, nº 4, 1999, pp. 557-77].

______ (1996). "Symbolische Konstitutionalisierung und faktische Entkonstitutionalisierung: Wechsel von bzw. Änderungen in Verfassungstexten und Fortbestand der realen Machtverhältnisse". *Verfassung und Recht in Übersee* 29 (Baden-Baden: Nomos), nº 3, pp. 309-23.

______ (1998). *Symbolische Konstitutionalisierung*. Berlim: Dunckler & Humblot.

______ (2000). *Zwischen Themis und Leviathan: Eine schwierige Beziehung. Eine Rekonstruktion des demokratischen Rechtsstaates in Auseinandersetzung mit Luhmann und Habermas*. Baden-Baden: Nomos.

______ (2003). "Von der Autopoiesis zur Allopoiesis des Rechts". *Rechtstheorie* 34, nº 2, pp. 245-68 [trad. esp.: "De la Autopoiesis a la Alopoiesis del Derecho". *Doxa – Cuadernos de Filosofía del Derecho* 19, 1996, pp. 403-20].

______ (2004). "Vom Rechtspluralismus zum sozialen Durcheinander: Der Mangel an Identität der Rechtssphäre(n) in der peripheren Moderne und seine Implikationen in Lateinamerika". *In*: H. Brunkhorst e W. Matiaske (orgs.). *Zentrum und Peripherie in der Weltgesellschaft*. Munique/Mering: Rainer Hammp, pp. 165-94.

______ (2007). *A constitucionalização simbólica*. 2. ed. São Paulo: WMF Martins Fontes (1. ed. 1994).

NEWIG, Jens (2003). *Symbolische Umweltgesetzgebung: Rechtssoziologische Untersuchungen am Beispiel des Ozongesetzes, des Kreislaufwirtschafts- und Abfallgesetzes sowie der Großfeuerungsanlagenverordnung*. Berlim: Duncker & Humblot.

NOLL, Peter (1981). "Symbolische Gesetzgebung". *Zeitschrift für Schweizerisches Recht* (nova série) 100 (Basileia: Helbing & Lichtenhahn), pp. 347-64.

O'DONNELL, Guillermo (1996a). "Illusions about Consolidation". *Journal of Democracy* 7, nº 2, abril, pp. 34-51

______ (1996b). "Uma outra institucionalização: América Latina e alhures". *Lua Nova – Revista de Cultura e Política* (São Paulo: Cedec), nº 37, pp. 5-31.

______ (1999). "Polyarchies and the (Un)Rule of Law in Latin America: A Partial Conclusion". *In*: J. E. Méndez, G. O'Donnell e P. S. Pinheiro (orgs.). *The Un(Rule) of Law and the Underprivileged in Latin America*. Notre Dame, Indiana: University of Notre Dame Press, pp. 303-37 [trad. bras.: "Poliarquias e a (in)efetividade da lei na América Latina". *Novos Estudos*, nº 51, 1998, pp. 37-61].

______; SCHMITTER, Phillippe C.; WHITEHEAD, Laurence (orgs.) (1986). *Transitions from Authoritarian Rule: Latin America*. Baltimore: Johns Hopkins University Press.

OLIVEIRA, Marcos Aurelio Guedes de (2007). "Political Development and Comparative Issues with EU". *In*: W. Matiaske *et al.* (orgs.). 1997, pp. 9-17.

PREUSS, Ulrich K. (1994). "Einleitung: der Begriff der Verfassung und ihre Beziehung zur Politik". *In*: U. K. Preuss. *Zum Begriff der Verfassung: Die Ordung des Politischen*. Frankfurt am Main: Fischer Taschenbuch Verlag, pp. 7-33.

REALE, Miguel (1983). "Momentos decisivos do constitucionalismo brasileiro". *Revista de Informação Legislativa* (Brasília: Senado Federal), vol. 20, nº 77, pp. 57-68.

SANCHEZ, Michelle Ratton (2007). "Civil Society Participation in Mercosur: Some Critical Points". *In*: W. Matiaske *et al.* (orgs.). 2007, pp. 77-111.

SCHARPF, Fritz (1999). *Governing in Europe: effective and democratic?* Oxford: Oxford University Press.

SPENCER BROWN, George (1971). *Laws of Form*. Londres: George Allen and Unwin (reimpr. da 1. ed. de 1969).

TORRES, Alberto (1978). *A organização nacional: Primeira parte, a Constituição*. 3. ed. São Paulo: Companhia Editora Nacional (1. ed. de 1914).

VENTURA, Deisy (2003). *As assimetrias entre o Mercosul e a União Europeia: os desafios de uma associação inter-regional*. Barueri: Manole.

VIANNA, Oliveira (1939). *O idealismo da Constituição*. 2. ed. São Paulo/Rio de Janeiro/Porto Alegre: Companhia Editora Nacional.

VILLEGAS, Mauricio García (1991). "La Constitución y su eficacia simbólica". *Revista Universidad de Antioquia* 60 (Medellín: Universidad de Antioquia), nº 225, pp. 4-21.

VOß, Monika (1989). *Symbolische Gesetzgebung: Fragen zur Rationalität von Strafgesetzgebungsakten*. Ebelsbach am Main: Gremer.

WEILER, Joseph H. H. (1999) *The Constitution of Europe: "Do the New Clothes have an Emperor?" and Other Essays on European Integration*. Cambridge: Cambridge University Press.

CAPÍTULO 6

A CONSTITUIÇÃO E A ESFERA PÚBLICA: ENTRE DIFERENCIAÇÃO SISTÊMICA, INCLUSÃO E RECONHECIMENTO

Após algumas explicações iniciais, o autor introduz o conceito de Constituição e o de esfera pública pluralista. A partir deles, é feita uma análise dos conceitos de inclusão (como posição da pessoa em relação aos sistemas funcionais) e reconhecimento (como problema de dupla contingência na interação cotidiana). Ao final, o autor reflete sobre os limites da esfera pública e sobre a possibilidade de superá-los no nível de uma estrutura de sociedade mundial.

6.1 Considerações preliminares

A Constituição tem sido considerada, mais recentemente, como uma metáfora do discurso ou retórica política e jurídica. Nesse sentido, seria paradoxalmente um mero artefato da semântica da sociedade, sem uma correspondência específica na estrutura social. A ela poderia recorrer-se discursivamente em contextos estruturais os mais diversos. Essa abordagem, característica do desconstrutivismo e de modelos pós-modernos, parece-me pouco frutífera para o tratamento dos problemas jurídico-políticos da sociedade moderna (mundial), na qual a semântica constitucionalista relaciona-se com mudanças na estrutura social.

Sem dúvida, "Constituição" é uma das metáforas da semântica social contemporânea (e, nesse sentido amplo, que linguagem, por fim, não o é?), mas isso não redunda, forçosamente, em um vazio de significado, isto é, um "significante flutuante" ou "valor simbólico zero"[1], ou um "significante vazio"[2]. O constitucionalismo, como uma construção da sociedade moderna, envolve certos contornos de sentido que impedem uma absoluta desconexão entre semântica constitucional e transformações estruturais e possibilitam relacionar as crises na semântica com problemas emergentes no plano das estruturas. De fato, há tensões entre a semântica desenvolvida no nível da autodescrição ou reflexão da sociedade e o plano estrutural da delimitação seletiva das operações possíveis, mas é evidente que mudanças na estrutura influenciam mudanças do artefato semântico e vice-versa[3]. Cabe observar não só que as inovações semânticas relacionam-se com transformações estruturais[4], mas também que a obsolescência de semânticas específicas pode estar associada ao esgotamento das estruturas respectivas[5].

Observações semelhantes devem ser feitas a respeito da "esfera pública" ("*Öffentlichkeit*", "*public sphere*") enquanto dimensão da sociedade contemporânea. Também aqui não se trata de uma *mera* metáfora, desvinculada de certas implicações estruturais[6]; portanto, não se pode recorrer, indiscriminadamente, ao

---

[1] Lévi-Strauss, 1973, pp. XLIX s., nota 1 [trad. bras., 1974, p. 35, nota 37].

[2] Laclau, 1994.

[3] Cf. Luhmann, 1980, espec. pp. 17, 22 e 34.

[4] Cf. *id.*, 1990a, p. 177, invocando Skinner, 1989.

[5] "Se o nível de complexidade da sociedade, entretanto, modifica-se, a semântica orientadora do vivenciar e agir precisa adequar-se a ele, porque senão ela perde a conexão com a realidade" (Luhmann, 1980, p. 22).

[6] Nesse contexto, denomino de "mera metáfora" aquela carente de função ou valor descritivo em virtude de que as possibilidades de seu deslocamento são ilimitadas, arbitrárias ou aleatórias. Também poderia ser denominada de "metáfora

conceito de esfera pública em contextos sociais diversos, convertendo-o em um componente de "jogos de linguagem" sedutores, "estranhos" à respectiva "forma de vida" no sentido wittgensteiniano[7], ou seja, sem suporte estrutural. Sem negar a existência nem a relevância social de jogos de linguagem metafóricos, parece-me, porém, que eles podem ter uma relação inadequada com os contextos estruturais, na medida em que não servem à solução oportuna dos problemas sociais que emergem de deficiência das estruturas. Imagine-se, por exemplo, descrever, mediante o conceito de esfera pública, as lutas tribais no âmbito dos "*failed states*" da África[8]. Indiscutivelmente, seria um despropósito. Da mesma maneira, afigura-se-me inadequado recorrer à distinção entre "privado" e "público" nos termos da diferença na Grécia antiga entre *oîkos* ou *oikía* e *pólis*, associando com a esfera pública moderna a última expressão. "Público" no mundo helênico, ou melhor, na cidade-Estado grega, refere-se à *pólis* como espaço *excludente* de relação dos senhores dos "*oíkoi*" ou das "*oikías*", não existindo nas aldeias, que constituíam apenas agregados de *oikías*[9]. O *oîkos*, por sua vez, era o espaço social doméstico (privado) de pleno arbítrio do respectivo senhor sobre a sua família, seus escravos ou

---

arbitrária". Sobre a distinção entre metáfora, que deixa em aberto "elementos fundamentais" da descrição, e conceito, que está associado à descrição "precisa", ver Möllers, 2005, pp. 286-7. Em outro contexto e a partir de outros pressupostos, Blumenberg (1998, pp. 10 e 13) refere-se à "metáfora absoluta", que teria uma "função assertória não desprendida conceitualmente" como uma "peça essencial da história dos conceitos (no sentido amplo)" e estaria em uma relação de "prestabilidade" para com a "história dos conceitos (no sentido terminológico estrito)".

7 "E representar uma linguagem significa representar-se uma forma de vida" (Wittgenstein, 1997 [1945-1949], p. 246, § 19 [trad. bras., 1979, p. 15]). "O aceito, o dado – poder-se-ia dizer – são *formas de vida*" (*ibid*., p. 572 [trad. bras., 1979, p. 218]).

8 Sobre *failed states*, ver Thürer, 1996.

9 Cf. Luhmann, 2000a, p. 7.

servos[10]. Assim como o *oîkos* grego (grande espaço doméstico das relações "familiais" ou da "grande" família, fundado no poder arbitrário do senhor) não corresponde nem ao espaço doméstico da "pequena" família moderna (o "privado" no sentido familiar), nem ao espaço do mercado mundial (o "privado" no sentido econômico), a *pólis* excludente (dimensão do público no sentido grego) não deve ser confundida com o sistema político da sociedade moderna, muito menos com a esfera pública includente e pluralista no sentido contemporâneo[11].

Dados esses esclarecimentos preliminares, farei uma breve exposição do conceito e função da Constituição como conquista e construção da sociedade moderna, conectando a semântica do constitucionalismo com as estruturas constitucionais (6.2). Em seguida, procurarei delimitar o conceito de esfera pública pluralista como arena do dissenso estrutural em face dos procedimentos de produção e concretização normativo-jurídica e de tomada ou execução de decisões políticas (6.3). Com base nesses pressupostos conceituais, discutirei os problemas recentes da relação entre os procedimentos constitucionais do Estado democrático de direito e a esfera pública, relevando as dificuldades decorrentes de novas tendências à exclusão e à negação do "reconhecimento" no contexto de uma sociedade global; nesse passo, serão abordados os conceitos de "inclusão" como posição da pessoa em relação aos sistemas funcionais e de "reconhecimento" como problema de dupla contingência na interação cotidiana, partindo do entendimento de que inclusão e reconhecimento são pressu-

---

[10] O *oîkos* (os *oíkoi*) era(m) mais abrangente(s) que a(s) *oikía(s)*, pois incluía(m) também as coisas que o(s) respectivo(s) senhor(es) possuía(m) fora desta(s) (cf. MacDowell, 1989, p. 10).

[11] A tendência a relacionar e mesmo confundir a diferença grega entre *pólis* e *oîkos* com a distinção simplificada entre público e privado na sociedade moderna associa-se à obra de Hannah Arendt (cf. 1989 [1958], pp. 28 ss.).

postos de uma esfera pública pluralista, enquanto arena do dissenso localizada no entorno dos procedimentos constitucionais do Estado democrático de direito (6.4). Na conclusão, tratarei dos limites da esfera pública pluralista ou da possibilidade de sua superação no âmbito da *estrutura de uma sociedade mundial*, cuja autocompreensão se expressa cada vez mais intensamente na *semântica da globalização* (6.5).

6.2 Constituição no sentido moderno e constitucionalismo

A Constituição é uma conquista, construção ou invenção da sociedade moderna. Não cabe confundi-la com a *politeía* grega, que era a estrutura orgânica da *pólis*. O termo "*politeía*" fora traduzido mais aproximativamente pelo vocábulo inglês "*government*", até os fins do século XVIII[12]. É estranho que a palavra grega tenha passado a ser vertida em "*constitution*" precisamente no período revolucionário, quando as transformações estruturais tornavam tal tradução plenamente inadequada. A semântica do constitucionalismo referia-se a uma "aquisição evolutiva da sociedade moderna"[13], incompatível com a noção de *politeía* na antiga Grécia, que apontava para um modelo hierárquico e excludente de indiferenciação entre política e direito.

Não se deve confundir também a Constituição com as leis fundamentais ou os pactos de poder na transição para a modernidade. Estes eram particulares na dimensão social ou no âmbito pessoal de validade, referindo-se a certos acordos entre o monarca e a nobreza ou parte da burguesia. Já na dimensão material ou no âmbito material de validade, esses pactos eram pontuais, referindo-se a determinados temas específicos da política e do direito

---

[12] Stourzh, 1975, pp. 99 ss., ou 1989, pp. 3 ss.; Mohnhaupt, 1995, p. 8.

[13] Luhmann, 1990a.

estatal. Também se pode afirmar que eram "fáticos", não propriamente no sentido de que não continham normas jurídicas, mas sim porque não implicavam uma diferenciação operacional entre política e direito, constituindo uma simples expressão jurídica das relações reais de dominação. Relacionados a isso, os pactos de poder eram, no âmbito de validade ou na dimensão temporal, apenas "modificadores do poder", uma vez que exprimiam mudanças que ocorreram na estrutura da dominação[14]. As Constituições modernas, ao contrário, têm a pretensão de ser universalistas na dimensão social ou no âmbito pessoal de validade, pois se referem, includentemente, a todos os membros da respectiva organização jurídico-política, atribuindo-lhes direitos fundamentais. Elas são abrangentes na dimensão ou no âmbito material de validade, tendo em vista que se referem aos diversos ramos do direito e aos diferentes processos de tomada de decisão política. São normativas, não somente porque se compõem de normas jurídicas, mas, especificamente, em virtude de apontarem para a diferenciação funcional entre direito e política, implicando a vinculação jurídica do poder, o que possibilita o seu limite e controle pelo direito. Por fim, as Constituições, em sentido moderno, são constituintes de poder no âmbito de validade ou na dimensão temporal, na medida em que instituem uma nova estrutura política, renovando-lhe a fundamentação normativa, positivada juridicamente[15].

---

[14] Relaciono, neste contexto, os conceitos sociológicos ou teórico-sociais luhmannianos de dimensões social, material e temporal (Luhmann, 1987b, pp. 94 ss.) com os conceitos jurídicos de âmbitos pessoal, material e temporal de validade (Kelsen, 1960, pp. 12 ss. e 291-2), sem desconhecer que os pressupostos e as implicações das respectivas categorias são bem diversos. Mas parece-me ser possível constatar uma certa analogia entre ambos os modelos conceituais.

[15] A respeito dessas diferenças entre leis fundamentais ou pactos de poder e Constituições em sentido moderno, ver Grimm, 1987, espec. pp. 48 ss.; 1989, colunas 633-4; 1995, pp. 100 ss.

Cabe observar igualmente que não se trata, aqui, de um conceito histórico-universal de Constituição, seja ele normativo-jurídico[16], sociológico[17] ou culturalista[18], no sentido de que todo Estado ou ordem jurídica sempre tiveram uma Constituição. O conceito de Constituição, em sentido moderno, relaciona-se com as transformações estruturais que levam à diferenciação funcional da sociedade, inconcebível na formação social hierárquica pré-moderna. Nesta, o amálgama composto da estrutura política de dominação reproduzida com base na diferença entre poder superior e inferior[19] e da semântica moral-religiosa construída com base na distinção (moral) entre o bem e o mal[20], indissociável da diferença (religiosa) entre o transcendente e o imanente, prevalecia sobre todas as outras esferas de comunicação, que assim permaneciam indiferenciadas, determinadas heteronomamente. A semântica do bem apontava, sobretudo, para a parte superior da estrutura de dominação social (política), residindo na "nobreza" ou em uma camada funcionalmente equivalente; a semântica do mal referia-se, especialmente, ao polo inferior da estrutura de dominação, expressando-se na "plebe" ou em funcional equivalente. Os "de baixo" só praticariam o bem enquanto atuassem de acordo com modelos comportamentais que lhes fossem determinados pelos "de cima". Estes só cometeriam o mal se atuassem conforme os padrões daqueles. As demais esferas e códigos de comunicação estariam subordinados a esse arcabouço supremo, composto de moral impregnada religiosamente

---

16 Kelsen, 1960, pp. 228-30; 1946, pp. 124-5; 1925, pp. 251-3.

17 Lassalle, 1987 [1862], p. 130; Engels, 1988 [1844], espec. pp. 572 ss.; Weber, 1985 [1922], p. 27.

18 Heller, 1934, pp. 249 ss.; Smend, 1968 [1928], espec. pp. 136 ss. e 189-91.

19 Luhmann, 1986, p. 199.

20 Luhmann, 1997, pp. 939-40 e 1036.

e de dominação política: a arte, a ciência, o direito e a economia estavam semanticamente subordinados à diferença entre o bem e o mal, assim como orientados pelos critérios do poder superior ou inferior. Assim sendo, a diferença entre licitude e ilicitude (direito) não se distinguia nitidamente da diferença entre bem e mal, antes se confundia amplamente com esta; o seu lado positivo estava associado com a superioridade na dominação e o seu lado negativo, com a inferioridade. O mesmo se passava com as diferenças "ter/não-ter" (economia), "verdadeiro/falso" (ciência) e "belo/feio" (arte). Esse modelo de diferenciação hierárquica era incompatível com a Constituição em sentido moderno, que pressupõe a diferenciação funcional da sociedade.

A diferenciação funcional em face do amálgama pré-moderno de política e moral religiosa no topo da pirâmide social ocorre inicialmente no âmbito da economia (a eficiência lucrativa distingue-se do bem e do politicamente dominante), da ciência (a verdade independente da moral religiosa e do poder) e da arte (o "belo" ou apropriado esteticamente torna-se autônomo em relação à bondade moral religiosamente fundada). Trata-se de processos sociais traumáticos, com consequências destrutivas para o ambiente biológico e psíquico dos sistemas sociais, para "corpo" e "alma": basta pensar em Galileu Galilei no âmbito da ciência (não nos esqueçamos, porém, em um campo bem diverso, de Romeu e Julieta, alegoria trágica da pretensão moderna de autonomia do amor em relação à política e à família, pretensão que só vai se realizar bem mais tarde, impulsionada também pela literatura romanesca[21]). Evidentemente, esses processos de luta pela autonomia de esferas sociais, no início da era moderna, ainda não implicam a autonomia operacional do direito em relação ao

[21] Cf. Luhmann, 1990c [1982], espec. pp. 11-2; 1997, p. 731.

poder enquanto dominação. Só no bojo do constitucionalismo revolucionário dos fins do século XVIII, inicia-se o processo moderno de diferenciação entre política e direito. De fato, os pactos de poder ou leis fundamentais na Inglaterra (*Magna Carta*, Ato de *Habeas Corpus*, *Bill of Rights*) apontavam para um desenvolvimento funcionalmente equivalente ao que conduziu às Constituições revolucionárias nos Estados Unidos e na França, mas não eram, isoladamente, expressões semânticas do constitucionalismo, tendo sido antes elementos de um processo evolutivo de diferenciação entre direito e política, o qual resultou em um constitucionalismo atípico nos séculos XIX e XX.

A Constituição em sentido moderno relaciona-se com transformações estruturais que engendraram as bases para o surgimento da sociedade burguesa. O incremento da complexidade social levou ao impasse da formação social diferenciada hierarquicamente da pré-modernidade, fazendo emergir a pretensão crescente de autonomia das esferas de comunicação, em termos de sistemas diferenciados funcionalmente na sociedade moderna. Há não só um desintrincamento de lei, poder e saber[22] nem apenas uma libertação religiosa e econômica da pessoa[23], mas um amplo processo de diferenciação sistêmico-funcional. É dentro desse processo que surge a diferenciação entre política e direito.

A ideia de um poder político supremo acima do direito, que orientava a noção absolutista de soberania, perdeu o seu significado em face da pressão decorrente dos movimentos pela diferenciação do direito em relação à política. Esse desenvolvimento não foi linear: implicou reações e só se realizou plenamente em partes muito restritas do globo terrestre. Relacionou-se com o

---

[22] Lefort, 1981, p. 64.

[23] Marx, 1988 [1844], p. 369.

surgimento da Constituição como construção social da modernidade. A Constituição é o mecanismo que possibilita a diferenciação entre política e direito no âmbito dos Estados; trata-se, porém, de um mecanismo cujo desenvolvimento depende de amplos pressupostos sociais. Sem um certo contexto social de diferenciação funcional e de inclusão social, não há lugar para a Constituição como mecanismo de autonomia recíproca de direito e política. Sem diferenciação funcional das diversas esferas sociais e a distinção, clara e radical, entre sociedade e indivíduo enquanto pessoa, não se pode conceber os direitos fundamentais como resposta do sistema jurídico a esses processos sociais de diferenciação[24]. Da mesma maneira, sem autonomia da política em relação aos valores particulares de grupos familiares, étnicos e religiosos e aos interesses econômicos concretos, não se pode construir a democracia como apoio generalizado que possibilita o fechamento operativo do sistema político.

Ao mesmo tempo que possibilita a diferenciação entre política e direito, a Constituição atua como acoplamento estrutural entre esses dois sistemas funcionais da sociedade moderna[25]. O que significa, porém, um acoplamento estrutural? Este ocorre quando mecanismos de dois sistemas autônomos influenciam-se e instigam-se de maneira duradoura e permanente, sem que nenhum desses sistemas perca a sua respectiva autonomia. Os acoplamentos estruturais são filtros que excluem certas influências e facilitam outras. Há instigações recíprocas, vinculadas à relação simultânea de independência e de dependência entre os sistemas acoplados estruturalmente. Não se trata de um mero acoplamento operativo, momentâneo, mas sim de interpenetrações e interfe-

[24] Luhmann, 1965.

[25] Luhmann, 1990a, pp. 193 ss.; 1993a, espec. pp. 470 ss.; 1997, pp. 782-3; 2000a, pp. 389-92. A respeito, cf. Neves, 2006 [2000], pp. 95 ss.

rências contínuas. As estruturas de um sistema passam a ser, mediante os acoplamentos estruturais, relevantes e mesmo indispensáveis à reprodução das estruturas de um outro sistema e vice-versa. Nesse sentido, funcionam como acoplamento estrutural, por exemplo, a linguagem na relação entre consciência e sociedade; os contratos e a propriedade na relação entre direito e economia; a tributação na relação entre política e economia; a assessoria de especialistas ("*experts*") na relação entre política e ciência; a universidade na relação entre educação e ciência; os diplomas e certificados na relação entre economia e educação; as galerias de arte na relação entre economia e arte[26]. E como funciona a Constituição como acoplamento estrutural entre política e direito?

Enquanto acoplamento estrutural entre política e direito, a Constituição, por um lado, torna o código-diferença "lícito/ilícito" relevante para o sistema político; isso implica que as exigências do Estado de direito e dos direitos fundamentais passam a constituir contornos estruturais da reprodução dos processos políticos de busca pelo poder e de tomada de decisões coletivamente vinculantes, inclusive na medida em que decisões majoritárias democraticamente deliberadas podem ser declaradas inconstitucionais. Por outro lado, torna o código-diferença "poder/não-poder" ou, em termos contemporâneos, "governo/oposição" relevante para o sistema jurídico. Isso significa que o processo democrático de tomada de decisão política, no sentido de formação da maioria, passa a constituir variável estrutural da reprodução dos procedimentos jurídicos de solução e absorção de conflitos, inclusive na medida em que a produção de normas jurídicas legislativas fica dependente das decisões políticas deliberadas democraticamente e tomadas majoritariamente.

---

[26] Luhmann, 1997, pp. 108 ss. e 781 ss.

Esse acoplamento estrutural concretiza-se e realiza-se mediante procedimentos constitucionalmente instituídos, a saber, os judiciais, os administrativos, os legislativo-parlamentares, os eleitorais e os democráticos diretos, numa escala que vai de uma ênfase na racionalidade jurídica nos primeiros (judiciais) a uma prevalência da racionalidade política nos últimos (parlamentares, eleitorais e democráticos diretos). Dessa maneira, há uma legitimação política (democrática) do direito e uma legitimação jurídica (*rule of law*) da política. Evidentemente, a relação estabelecida pela Constituição enquanto acoplamento estrutural não é de harmonia, mas sim uma relação paradoxal de complementação e tensão recíprocas. Estado de direito e direitos fundamentais sem democracia não encontram nenhuma garantia de realização, pois todo modelo de exclusão política põe em xeque os princípios jurídicos da legalidade e da igualdade, inerentes, respectivamente, ao Estado de direito e aos direitos fundamentais. Por seu turno, a democracia sem Estado de direito nem direitos fundamentais descaracteriza-se como ditadura da maioria. Essas são as dimensões da complementaridade. De outro lado, o fato de que leis deliberadas democraticamente e aprovadas majoritariamente sejam declaradas inconstitucionais, por ofenderem o Estado de direito e os direitos fundamentais garantidos constitucionalmente, aponta para a tensão permanente entre política democrática e direito positivo no Estado constitucional. Essa tensão também se apresenta, no caso-limite, quando irrompe o poder constituinte democrático como impulso político para a reconstrução geral e refundamentação do sistema jurídico estatal. Assim, falando em termos metafóricos, a Constituição enquanto acoplamento estrutural implica um "acasalamento" entre política e direito e, como todo "acasalamento", envolve complementaridade e tensão permanentes, bem como rupturas. Mas, com isso, ela exclui a subordinação estrutural de um sistema a outro, especialmente do direito à política, desenvolvendo uma relação horizontal ou ortogonal entre ambos.

Essa ambivalência da Constituição possibilita que ela possa ser vista tanto como instância do sistema político quanto como instituto do sistema jurídico. No primeiro caso, trata-se de processos decisórios básicos de construção e reconstrução do Estado, os processos constituintes, parlamentares, administrativo-governamentais e eleitorais ou democráticos diretos. A Constituição implica, então, uma *circulação e contracirculação estrutural básica entre administração* (no sentido amplo dos procedimentos dos órgãos competentes para a tomada de decisão política e sua execução), *política* (no sentido estrito, como os processos de formação de programas partidários e escolha entre pessoas e programas), *público* como receptor das decisões e *povo* como o público enquanto reage ativamente às decisões da administração[27]. Nesse conceito político de Constituição, *o povo fecha o sistema político*[28]; isso significa que, além do povo, não há legitimação política, mas sim os particularismos e personalismos negadores ou corruptores da democracia. Nessa perspectiva, pode-se dizer que o processo circular da democracia é a Constituição em sentido político, ou seja, é a dimensão política da Constituição como acoplamento estrutural.

Do ponto de vista do direito, a Constituição é a instância reflexiva mais abrangente do sistema jurídico, permeando-lhe todas as suas dimensões ou seus âmbitos de validade (material, tem-

---

27 Luhmann, 2000a, pp. 253 ss.; cf. também, ainda sem referência ao "povo", 1981a, pp. 42-9; 1981b, p. 164.

28 "O fechamento do sistema ocorre no ponto em que o público formado de indivíduos, grupos e organizações, recebedor de ordens, importunado administrativamente, torna-se povo; no ponto em que a *volonté de tous* torna-se *volonté générale*" (Luhmann, 2000a, p. 265).

poral, pessoal e territorial). Enquanto norma(s) de normas, ela perpassa transversalmente todo o sistema jurídico, dando-lhe consistência. A Constituição importa um nível reflexivo do código "lícito/ilícito" no interior do sistema, o código "constitucional/inconstitucional". À legalidade sobrepõe-se a constitucionalidade. Nessa direção, a Constituição em sentido moderno implica a superação dos fundamentos jusnaturalistas, externos, do direito. O direito autofundamenta-se constitucionalmente. Assim, ela "fecha o sistema jurídico"[29], estabelecendo normativamente os procedimentos básicos mediante os quais se pode ingressar no direito. Ela admite o reingresso da política no direito mediante os procedimentos constitucionais, especialmente o legislativo. Observada a outra face da mesma moeda, isso quer dizer que a Constituição estrutura a abertura cognitiva do sistema jurídico, delimitando-lhe a capacidade de aprendizado e reciclagem, sobretudo por meio do estabelecimento dos procedimentos de reforma constitucional. Mas o núcleo de identidade constitucional (as chamadas cláusulas pétreas) são limites insuperáveis da capacidade de aprendizado do respectivo ordenamento, exigindo ruptura política, na forma de poder constituinte que reconstrua o acoplamento estrutural do Estado de direito com a democracia, em um novo modelo de Constituição. Dessa maneira, estabelece-se uma nova relação entre o fechamento do sistema jurídico pelo direito constitucional e o fechamento do sistema político pelo povo.

A Constituição enquanto acoplamento estrutural e, ao mesmo tempo, como mecanismo de diferenciação funcional entre política e direito ou, em outras palavras, de desintrincamento entre poder e lei, que surgiu na esteira de transformações radicais

---

[29] Luhmann, 1990a, p. 187.

da estrutura social na modernidade, foi fator e produto de uma nova semântica, o constitucionalismo. Essa semântica constitucionalista expressa-se de maneira paradigmática no art. 16 da Declaração de Direitos do Homem e do Cidadão, aprovada pela Assembleia Constituinte Francesa em agosto de 1789: "Toda sociedade em que não esteja assegurada a separação de poderes nem os direitos e garantias individuais não tem Constituição." No sentido mais amplo, a semântica constitucionalista manifestava-se na concepção de soberania popular, *rule of law* e direitos dos homens e dos cidadãos. Essa semântica, embora tenha servido para consolidar e fortificar as novas estruturas políticas e jurídicas, também teve um papel simbólico relevante, muitas vezes de natureza ideológica.

A existência do voto censitário durante o século XIX em quase todos os países chamados constitucionalistas, o que se relacionava com a exclusão de amplas massas do processo político, é uma prova indiscutível de que havia um descompasso entre a semântica da soberania popular e os limites estruturais da democracia política. A presença da escravidão até a segunda metade do século XIX assim como o *apartheid* racista, que perdurou oficialmente até a decisão do caso *Brown v. Board of Education* (1954) e realmente até o advento das ações afirmativas nos anos 1960, são provas inquestionáveis do desnível abismal entre semântica constitucionalista e os limites estruturais dos direitos fundamentais nos Estados Unidos. Por fim, caberia lembrar a restauração francesa, os poderes governamentais da coroa britânica até o início do século XX e o colonialismo como limites estruturais ao *rule of law* em face da semântica constitucionalista. Entretanto, essa defasagem entre estruturas constitucionais e semântica constitucionalista não deve obscurecer o fato de que essa semântica, nos Estados da modernidade central, levou à consolidação paulatina daquelas estruturas. Dessa maneira, apesar de todas as limitações estruturais, vale a seguinte autodescrição dos Estados constitucionais: "*a Constituição fecha o sistema jurídico*" e *o povo fecha o sistema político*, autolegitimando-os.

6.3 Esfera pública como arena do dissenso estrutural

Enquanto o povo fecha o sistema político e a Constituição fecha o sistema jurídico, a esfera pública abre ambos os sistemas, ou melhor, é a instância de sua heterolegitimação, pois pressupõe procedimentos políticos e jurídicos suscetíveis e abertos às suas instigações e influências. Ela não se confunde com o "público" como dimensão do sistema político nem é constituída de sistemas funcionais que fazem parte do ambiente da política e do direito enquanto sistemas sociais acoplados estruturalmente pela Constituição.

Na concepção luhmanniana, não há espaço para uma esfera pública. A relação entre o Estado democrático de direito – enquanto organização jurídico-política autofundamentada na Constituição como acoplamento estrutural entre direito e política – e o seu ambiente social dar-se-ia basicamente com os demais sistemas funcionais da sociedade, mediante a abertura cognitiva ou a heterorreferência dos dois sistemas. Sustenta-se, nesse paradigma teórico, o fechamento operacional de direito e política, acentuando-se que esses sistemas funcionais selecionam e filtram as influências dos diversos sistemas funcionais do seu ambiente, comutando sentidos. Assim, o que é economia transforma-se em direito econômico ao incorporar-se ao sistema jurídico e em política econômica ao integrar-se ao sistema político.

Essa comutação permite afirmar que, no sistema jurídico, prevalece a diferença "lícito/ilícito"[30] sobre a diferença "ter/não-

---

30 Luhmann, 1986; 1993a, pp. 165 ss.

-ter"[31] e que, no sistema político, a diferença "poder/não-poder"[32] tem o primado sobre a diferença "ter/não-ter", inclusive nas matérias referentes à economia. O mesmo ocorre com respeito aos demais sistemas sociais: a ciência não se confunde com o direito relativo à ciência ou com a política científica; a arte, com o direito ou a política referente à arte; a educação com o direito ou a política educacional; a religião com o direito ou a política concernente à religião; a família com o direito de família ou a política familiar. Também nesses casos, os códigos "lícito/ilícito" e "poder/não-poder", nos sistemas jurídico e político, respectivamente, têm primado sobre os códigos "verdadeiro/falso"[33], "belo/feio" ("afinado *versus* desafinado esteticamente")[34], "aprovação/reprovação" (enquanto código-limite da diferença gradual "aprender/não-aprender", expressa nas notas e predicados)[35], "transcendente/imanente"[36] e sobre o código amoroso ("prazer/amor" ou "amor/desamor")[37], que serve de base à formação da família nuclear moderna[38], inclusive em matérias científicas, artísticas, educacionais, religiosas e familiares. É claro que isso leva a tensões, pois dessa maneira as racionalidades jurídica e política, além de se relacionarem conflituosamente no plano constitucional, confrontam-se com outras racionalidades, cada uma delas com pretensão de universalidade[39]. Daí por que o fechamento operativo dos sistemas jurídico e político precisa, mediante os procedimentos

---

[31] Luhmann, 1988b, pp. 181-2, 184 e 187 ss.

[32] *Id.*, 1988a [1975], p. 56; 1990a, p. 193.

[33] *Id.*, 1990d, pp. 194 ss.

[34] *Id.*, 1996b, pp. 309 ss.; 1997, p. 562.

[35] Cf. *id.*, 2002b, pp. 64 ss.; 1997, p. 750; 2004 [1986], pp. 27 ss.

[36] *Id.*, 2000b, pp. 77 ss.

[37] *Id.*, 1990c [1982], pp. 107 ss.; 1997, p. 750.

[38] Cf. *id*, 1997, pp. 730-1; 1990c [1982], pp. 183-4.

[39] Cf. Teubner, 1996; Fischer-Lescano e Teubner, 2006.

constitucionais, ser combinado com a abertura cognitiva do direito e da política às racionalidades sistêmico-funcionais que circulam no ambiente social do Estado democrático de direito.

A consistência jurídico-constitucional do direito (a constitucionalidade e a legalidade) tem que ser associada à adequação social das normas jurídicas. A consistência democrático-constitucional (a "soberania do povo") do sistema político precisa ser compatibilizada com a adequação social das decisões políticas. Isso leva a paradoxos, nunca superáveis ou solucionáveis definitivamente, mas contornáveis e solucionáveis para situações concretas em momentos específicos. Como levar à redução do desequilíbrio entre consistência jurídica e adequação social em determinada eventualidade procedimental, evitando os legalismos autistas, socialmente insensíveis, e os realismos simplistas, inimigos da constitucionalidade ou legalidade? Como levar à redução do desequilíbrio entre consistência democrática e adequação social, evitando, por um lado, "a democracia jacobina", absolutizante da chamada "vontade do povo" e, portanto, conducente à "soberania autista do povo", e, por outro, os particularismos dos interesses concretos, inimigos da "soberania do povo" como fechamento do sistema político?

Evidentemente, também no modelo luhmanniano, a política e o direito, enquanto sistemas acoplados estruturalmente pela Constituição, relacionam-se com as partes do seu ambiente social não construídas sistêmico-funcionalmente. A política e o direito encontram-se em relação com a moral. Mas a moral, no modelo de Luhmann, como forma especial de comunicação baseada no código binário "consideração/desprezo"[40], não constitui um sistema funcional, nem uma interação (sistema construído com base

[40] Luhmann, 1990b; 1993b.

na diferença "presente/ausente"), nem uma organização (sistema construído com base na diferença "membro/não-membro")[41]. É claro que a moral é construída por interações e se reproduz difusamente nas organizações e nos sistemas funcionais da sociedade. Ela mesma não é sistema. Pode-se dizer que faz parte do mundo da vida como espaço social não estruturado sistemicamente, embora essa não seja a vertente luhmanniana. Também pode transformar-se em "ética" de um sistema funcional ou de uma organização[42]; contudo, nesse caso, a diferença binária entre consideração e desprezo em relação a pessoas, o código moral, fica subordinada ao código-diferença próprio e aos critérios/programas do respectivo sistema funcional ou à diferença constitutiva ("membro/não-membro") e aos programas da respectiva organização. O fato é que, a princípio, falta generalização de programas ou critérios morais na complexidade da sociedade moderna, o que impossibilita um sistema moral. O problema moral torna-se antes uma questão de sabotagem ou de corrupção dos códigos sistêmicos[43]. Portanto, a relação da moral com os sistemas jurídico e político, acoplados estruturalmente pela Constituição, ocorre de maneira difusa e *pontual*.

Um outro exemplo de relação da política e do direito com parte do ambiente social não estruturado sistemicamente, conforme o modelo sistêmico, é o protesto. Este não se confunde com a oposição no âmbito da política nem com pretensões reformadoras[44]. Na linguagem de Luhmann, o paradoxo do protesto reside em que ele ocorre "*na* sociedade [...], mas *contra* esta"[45].

---

[41] Luhmann, 1975; 1997, pp. 812-47.

[42] Cf. *id.*, 1999, p. 247.

[43] Luhmann, 1997, p. 1043. Cf. Teubner, 1998, pp. 21-2; 1996, p. 218.

[44] Luhmann, 1996a, espec. pp. 204 e 206.

[45] *Ibid.*, p. 204.

O protesto igualmente não constitui um sistema funcional, nem uma interação, nem uma organização[46], embora não haja protestos sem interação e eles reproduzam-se difusamente também no âmbito das organizações e dos sistemas funcionais. Não há critérios ou programas generalizados para o protesto, pois ele depende da temática e da situação concreta. Poderíamos vislumbrar um código binário na forma de comunicação "protesto", a saber, a diferença "contra/a favor", dirigido à sociedade. Ele se distingue do código "consideração/desprezo", dirigido primariamente a pessoas. Há, porém, protestos moralizados e morais protestativas. Por faltar-lhes estrutura sistêmica e, portanto, programas generalizados, os protestos relacionam-se difusa e *pontualmente* com a Constituição como acoplamento estrutural entre política e direito.

Embora a teoria sistêmica luhmanniana admita, tanto para a sociedade em geral quanto para a política e o direito acoplados constitucionalmente, a relevância da moral e do protesto como formas não estruturadas sistemicamente de comunicação, ela não aceita o conceito de esfera pública como âmbito de comunicações não estruturado sistemicamente, mas apenas o conceito de "público" como dimensão funcional do sistema político. Essa ortodoxia sistêmica dificulta certas análises mais apuradas da sociedade supercomplexa do presente. Negar a esfera pública como conexão de comunicações não estruturada sistemicamente, mas relevante para a heterolegitimação da política e do direito como sistemas acoplados constitucionalmente, parece-me decorrer de um preconceito da teoria dos sistemas[47]. A esfera pública,

---

[46] Luhmann, 1996a, p. 202.

[47] No âmbito da teoria dos sistemas, Stichweh (2002, pp. 60-1), de maneira diversa, define a esfera pública como o "ambiente interno" de um sistema e, correspondentemente, a esfera pública mundial como o "ambiente interno" da política mundial.

assim como a moral e o protesto, não constitui um sistema funcional, nem uma interação, nem uma organização, apesar de não haver esfera pública sem interações, de as organizações também atuarem na esfera pública e de os sistemas funcionais alimentarem-na com seus substratos de sentido. Dentro da esfera pública, há comunicação moral e protesto, mas ambos passam a ser apenas formas de comunicação no seu interior. Pode-se sugerir que a esfera pública, nesse sentido, seja um megassistema ou o centro da sociedade. Não é nada disso. É ainda mais difícil enquadrá-la como sistema, comparada à moral e ao protesto, que dispõem de código binário. Na esfera pública mistura-se, transversalmente, uma diversidade desestruturada de diferenças binárias. Também não se pode afirmar que ela seja o centro da sociedade moderna, multicêntrica. No sentido aqui empregado, é parte relevante apenas do contorno social dos procedimentos jurídicos e políticos constitucionalmente estruturados, influenciando a produção ou concretização de normas jurídicas e a tomada ou execução de decisões políticas. Parece-me que o preconceito da teoria dos sistemas para com o conceito de esfera pública advém de confundi-lo com a ideia normativamente sobrecarregada de esfera pública da teoria habermasiana da sociedade e do Estado democrático de direito.

A esfera pública para Habermas é um espaço em que ocorre a generalização de pretensões de validade partilhadas ingenuamente nas interações concretas do cotidiano, sob o pano de fundo do mundo da vida[48]. Este é definido, por sua vez, como o "horizonte em que os agentes comunicativos movimentam-se"[49], orientados no sentido do consenso, seja este um entendimento ou um

[48] Cf. Habermas, 1982, vol. 2, pp. 274 ss.

[49] Habermas, 1982, vol. 2, p. 182.

acordo[50]. As pretensões de validade são a sinceridade, referente ao mundo subjetivo, a verdade, relativa ao mundo objetivo, e a retidão (validade normativa), concernente ao mundo social[51]. Em grande parte, essas pretensões de validade (especialmente a verdade e a validade normativa) generalizam-se na esfera pública mediante os discursos (teórico ou prático). Estes se iniciam quando um ator questiona concretamente a pretensão de validade de uma ação ou um ato de fala, partilhada ingenuamente no mundo da vida, exigindo do agente comunicativo argumentos e fundamentação racional[52]. Os discursos introduzem um dissenso para que se possa, mediante convencimento, alcançar-se, sob novas bases, um consenso, que será reintegrado ao mundo da vida. Mas não só mediante o discurso há generalização das pretensões de validade na esfera pública, mas também por meio de instituições. Além disso, Habermas não desconhece que, na esfera pública (assim como no mundo da vida), há ações estratégicas, orientadas para o êxito. A própria existência de uma "esfera pública pré-estruturada e dominada pelos meios de comunicação de massa", que "se transforma em uma arena tomada pelo poder [*einer vermachteten Arena*]"[53], implica ações estratégicas que façam parte dela. Mas a força legitimadora da esfera pública, para a política e o direito no Estado constitucional, reside, conforme o modelo habermasiano, na dimensão das ações e dos discursos orientados no sentido do consenso. Habermas refere-se, então, a uma "esfera pública política"[54], cujo potencial legitimador encontra-se na capacidade de enfrentar problemas discursivamente (isto é, racional-

---

[50] Cf. Habermas, 1999, pp. 116 ss.

[51] Cf., p. ex., Habermas, 1982, vol. 1, pp. 427 ss.; 1983, pp. 147 ss. [trad. bras., 1989, pp. 167 ss.]; 1986, pp. 137 ss., 426-7, 462 ss. e 588-9.

[52] Cf. Habermas, 1986, pp. 130-1; 1978, p. 25; 1991, p. 162.

[53] Habermas, 1990 [1962], p. 28.

[54] *Ibid.*, pp. 38 ss.

mente orientado para o consenso) e, quando isso não for possível, mediante negociações reguladas por procedimentos[55]. Nessa perspectiva, a esfera pública não tem um portador, um sujeito, ela é constituída por uma pluralidade de discursos e negociações racionais que possuem força legitimadora para os procedimentos constitucionais[56]. Não se trata de um conceito "empírico" de esfera pública no modelo habermasiano, e sim "normativo"; mas, mesmo assim, é discutível se o sentido da esfera pública do Estado constitucional, inclusive do ponto de vista "normativo", consiste em alcançar "resultados racionais", ou seja, consensuais.

Parece-me que, enquanto os limites do modelo luhmanniano residem no desprezo do conceito de esfera pública como espaço sistemicamente desestruturado que contorna os procedimentos constitucionais, a ideia habermasiana é sobrecarregada pela noção de uma razão discursiva, orientada na busca do consenso. A concepção de Habermas afigura-se-me inapropriada para a autorreflexão e para a autodescrição da reprodução das estruturas (cognitivas e normativas) e operações da sociedade contemporânea, caracterizada pela heterogeneidade referente a pessoas e grupos (valores, expectativas, interesses e discursos diversos), mas sobretudo pela complexidade sistêmica. Sendo assim, embora reconheça a relevância do conceito de esfera pública para a compreensão da heterolegitimação dos procedimentos sistêmicos da política e do direito no Estado constitucional, ofereço uma versão bem diversa, "reconstruída", que pretende ser uma autorreflexão e autodescrição mais apropriada daquele espaço "não organizado"[57] de reprodução da sociedade[58].

---

[55] Cf. Habermas, 1992, pp. 201-7.

[56] Cf. *id.*, 1990 [1962], espec. pp. 38 e 43-4; 1992, p. 607.

[57] Também Habermas fala de uma "esfera pública não organizada" (1990 [1962], p. 43).

[58] Cf. Neves, 2006 [2000], pp. 123 ss.

A esfera pública é formada pelo conjunto de *valores*, *interesses*, *expectativas* e *discursos* que emergem dos diversos sistemas funcionais e do chamado "mundo da vida" (operacionalizado mediante as inumeráveis interações cotidianas não estruturadas sistêmico-funcionalmente nem sistêmico-organizacionalmente e reproduzido por meio da linguagem natural não especializada) e que perdem a sua pertinência de sentido específica às respectivas conexões sistêmicas de comunicações e às referências concretas do mundo da vida, com a pretensão e a exigência de influenciar os procedimentos de produção e concretização normativa, bem como os de tomada e execução de decisões políticas no Estado constitucional. Os *valores*, sejam valores-preferência relativos ao que um grupo ou indivíduo consideram bom para a sua vida[59], sejam os valores-identidade enquanto autoevidências inquestionáveis pelos grupos e pessoas que os carregam[60], desgarram-se das estruturas e operações sistêmico-funcionais e da reprodução concreta do mundo da vida, inserindo-se em um espaço de divergências em torno de procedimentos jurídicos e políticos. Também os *interesses*, enquanto estruturas da ação dirigidas à relação eficiente entre meios e fins, desatrelam-se das respectivas comunicações orientadas sistemicamente ou modeladas pelas interações do mundo da vida, entrando em conflito em torno de procedimentos normativos e decisórios. Contraditórias entre si, as *expectativas* de comportamento, como modelos estruturais de conduta que *ego* (polo da vivência) constrói em relação a *alter* (polo da ação), igualmente se desacoplam das suas especificidades sistêmicas e dos particularismos das interações cotidianas, objetivando estabilizar-se e generalizar-se como normas

---

59 Habermas, 1992, p. 190.

60 Luhmann, 1998, p. 349, ou 2000a, p. 193.

jurídicas (expectativas normativas "congruentemente generalizadas") ou decisões políticas (coletivamente vinculantes). Por fim, como jogos de linguagem em que circulam conflitantemente os mais diversos valores, interesses e expectativas, os *discursos* – que, ao contrário da impessoalidade dos sistemas (nos quais as pessoas são referidas apenas como "endereços de processos de comunicação"[61]), podem ser atribuídos a pessoas e grupos como seus portadores eventuais – desatrelam-se de programas ou critérios sistêmico-funcionais e dos modelos da interação cotidiana do mundo da vida, inserindo-se na esfera pública "*desorganizada*", *desestruturada*, em divergências permanentes com outros discursos a respeito dos rumos dos procedimentos normativos e decisórios do Estado constitucional, nos quais se procuram incorporar como modelos de regulação ou de decisão.

Assim compreendida, a esfera pública é uma área de tensão entre direito e política como sistemas funcionais acoplados estruturalmente pela Constituição, por um lado, e os demais sistemas funcionais e o mundo da vida, por outro. Nela, não há apenas divergências entre valores, expectativas, interesses e discursos referentes a pessoas e grupos, mas sobretudo se afirma o dissenso entre as exigências e pretensões que emergem dos diversos sistemas funcionais em relação aos procedimentos dos sistemas jurídico e político. Nesse sentido, cabe dizer que a esfera pública é a arena do dissenso. Por exemplo, além do dissenso existente entre as pessoas e os grupos favoráveis ou contrários ao uso mais amplo da tecnologia genética, intensifica-se, nos debates desenvolvidos na esfera pública sobre esse assunto, o dissenso estrutural entre pretensões e exigências contraditórias que emergem da economia, da ciência, da educação e da religião em face dos res-

[61] Luhmann, 1989, p. 367, nota 11.

pectivos procedimentos jurídico-normativos e político-decisórios. Mas não se trata aqui de conflitos intersistêmicos; nos debates na esfera pública entre pretensões normativas e exigências decisórias que emergem da ciência, da arte, da economia, da religião etc., não se cuida de fazer pesquisa, de criar obras de arte, de pagar, de rezar, mas sim de comunicações que, desgarradas desses sistemas funcionais, tentam influenciar os procedimentos políticos e jurídicos, na busca de soluções que melhor correspondam à reprodução dos respectivos sistemas. Embora haja divergências entre os "representantes" de cada um dos sistemas funcionais na esfera pública (dissenso referente a pessoas e grupos), evidentemente são diferentes e tendem ao dissenso as posições de um "representante" da economia (um empresário do setor farmacológico, por exemplo), de um "representante" da medicina, de um terceiro da ciência propriamente dita ou do sistema educacional e de um outro da religião, num debate em face de procedimentos jurídicos e políticos destinados a normatizar ou a decidir sobre tecnologia genética, aborto provocado, verbas para a saúde, a ciência, a educação etc. Cada um deles, *sem praticar as comunicações próprias do sistema que está "representando"* (empresário fora da economia, médico fora da medicina, cientista fora da ciência, educador fora da educação, religioso fora da religião), tende a defender a adoção de normas jurídicas e decisões políticas que respondam adequadamente à racionalidade específica do respectivo sistema por ele "representado". Dessa maneira, os conflitos intersistêmicos de racionalidade transformam-se, na esfera pública, em dissenso estrutural *em torno* de procedimentos de produção e concretização normativa no sistema jurídico e de tomada e execução de decisões coletivamente vinculantes no sistema político.

A esfera pública pluralista não constitui, de maneira alguma, um mega-acoplamento estrutural, vinculando os demais sistemas funcionais à política e ao direito. Enquanto espaço desestruturado ou "desorganizado" de reprodução social em torno da política e do direito, não é capaz de canalizar influências e irritações recíprocas entre sistemas. Muito menos constitui o centro da sociedade. A esfera pública é, apenas, em relação aos procedimentos políticos e jurídicos estabelecidos constitucionalmente no âmbito do Estado como organização territorialmente delimitada da sociedade mundial, um entorno não estruturado sistemicamente, mas com relevância e força legitimadora. Pode-se até afirmar que, em relação a outros sistemas funcionais – economia, educação, religião etc. –, constroem-se outras "esferas públicas". Imagine-se, por exemplo, um boicote "público" a determinado produto ou empresa, não atribuível a um determinado sistema funcional ou organizacional, sem qualquer pretensão de influenciar procedimentos jurídicos ou decisões políticas do Estado constitucional. Não se trata, porém, nesse caso, da "*esfera pública política ou jurídica*", referente aos procedimentos constitucionais do Estado.

Associado de certa maneira a esse contexto, caberia distinguir o espaço não estruturado sistemicamente de luta para assegurar a autonomia dos sistemas funcionais e da reprodução do mundo da vida, a ser denominado na linguagem corrente de "sociedade civil" (que não se confunde com as comunicações dos respectivos sistemas funcionais, mas se localiza nas suas bordas), e a esfera pública como espaço em que se luta por determinadas normatizações jurídicas e decisões políticas, a partir de exigências emergentes dos sistemas funcionais e do mundo da vida, com pretensão heterolegitimadora dos procedimentos sistêmicos da política e do direito. Apesar de a esfera pública, heterolegitimadora do Estado constitucional, ser desestruturada, "desorganizada", dela fazem parte organizações as mais diversas. Mas a esfera pública descaracteriza-se como espaço de heterolegitimação se ela fica subordinada a determinada(s) organização(ões). Tampouco cabe vincular a esfera pública a um único sistema funcional. Mesmo se admitindo que ela esteja fortemente intermediada pelos meios de comunicação de massa, sobretudo os eletrônicos, cabe ponderar que a esfera pública vai muito além da mídia. Esta, sem dúvida, diferentemente dos demais sistemas funcionais, corta-a transversalmente, manipulando-a muitas vezes. Esse é um fato inquestionável. No entanto, muitas vezes, os meios de comunicação de massa são constrangidos a responder, contra seus próprios interesses, às irritações da esfera pública. Por exemplo, protestos repetidos e crescentes nas ruas podem ser levados aos noticiários, após longa reação dos meios eletrônicos de comunicação, que, nesse caso, atuam a reboque da esfera pública protestativa. A mídia, sem dúvida, constitui um meio importante de fortificação da influência da esfera pública desorganizada nos procedimentos jurídicos e políticos do Estado constitucional, mas esta é muito mais abrangente do que aquela.

Cumpre advertir que a força heterolegimadora da esfera pública em relação aos procedimentos do Estado constitucional não pode ser pensada, unilateralmente, a partir dos condicionamentos externos dos sistemas jurídico e político. É imprescindível que os procedimentos jurídicos e políticos estejam de tal maneira estruturados para absorver o dissenso da esfera pública, sem eliminá-lo, antes possibilitando-lhe e promovendo-lhe a emergência. Isso significa que, embora tenham uma forte função seletiva em face da pluralidade complexa de valores, interesses, expectativas e discursos que se relacionam dissensualmente na esfera pública, os procedimentos constitucionais só encontram sua heterolegitimação se permanecem abertos ao dissenso presente na esfera pública.

Esse paradoxo entre o fechamento seletivo intrínseco à reprodução autopoiética do direito e da política como sistemas acoplados estruturalmente pela Constituição, por um lado, e a dependência de uma heterolegitimação dos procedimentos na esfera pública (o que não é apenas abertura cognitiva em relação ao ambiente), por outro, é indispensável à própria continuidade dos Estados constitucionais nas condições de elevada contingência da sociedade mundial moderna, sendo ele mesmo expressão dessa contingência. Portanto, não é um paradoxo superável nem solucionável definitivamente, mas pode ser contornado, controlado e mesmo solucionado em situações concretas. Isso implica rejeitar qualquer concepção do consenso conteudístico como padrão legitimador dos procedimentos constitucionais, seja enquanto exigência funcional ou pretensão normativa. Ao contrário, o sentido deles é garantir a permanência do dissenso na esfera pública pluralista de uma sociedade heterogênea (em relação à divergência de valores, interesses, expectativas e discursos que orientam a comunicação e ação de pessoas e grupos) e complexa (no referente à diversidade conflituosa de racionalidades sistêmicas).

Mediante o fechamento seletivo, o dissenso é absorvido, a cada vez, por procedimentos concretos, mas estes só se heterolegitimam se não fecham a política e o direito para o futuro contingente, e sim deixam esses sistemas abertos para o futuro, exatamente na medida em que não reprimem o dissenso que permanece na esfera pública, antes viabilizam e estimulam o seu desenvolvimento. Isso significa afirmar, por exemplo, que o sentido do procedimento eleitoral, mesmo se partirmos de um modelo "normativo" consequente, não é que se alcance um resultado consensual entre os adversários políticos; ao contrário, os resultados de procedimentos eleitorais, mesmo quando são rigorosamente respeitadas as regras do jogo, tendem a intensificar o dissenso. De maneira análoga, o sentido "normativo" ou funcional de um procedimento jurisdicional não é que se chegue a um resultado consensual entre as partes; contrariamente, o resultado de um procedimento jurisdicional, destacadamente o de controle da constitucionalidade (pense-se na chamada "antecipação terapêutica do parto" em caso de anencefalia do feto e a sua caracterização, ou não, como crime de aborto), tende a fortificar o dissenso na respectiva esfera pública. Isso significa que, em futuras eventualidades procedimentais, as expectativas rejeitadas no presente possam, a partir de rearticulações na esfera pública, prevalecer, inclusive por meio de outras modalidades procedimentais (por exemplo, mudança legislativa ou reforma constitucional pela insatisfação com concretizações jurisdicionais da Constituição e das leis, *impeachment* do presidente da República, declaração de inconstitucionalidade da lei). Dessa maneira, os procedimentos constitucionais asseguram, no contexto territorialmente delimitado dos Estados democráticos de direito, a permanência do dissenso nas respectivas esferas públicas da sociedade mundial, altamente complexa e contingente.

O dissenso conteudístico pressupõe o consenso procedimental como "condição de possibilidade" do Estado constitucional. Impõe-se uma base consensual a respeito dos procedimentos, para que seja assegurado o respeito às diferenças e à complexidade sistêmica na esfera pública. Ao se excluírem da esfera pública certos grupos e pessoas ou exigências que emergem de um determinado sistema funcional, ocorre a repressão do dissenso e os procedimentos perdem sua base consensual. É verdade que persiste o problema paradoxal da necessidade, em certas circunstâncias muito excepcionais, de excluir procedimentalmente interesses, valores e discursos dirigidos à negação da heterogeneidade cultural e da complexidade sistêmica da sociedade; precisamente, porque eles se orientam diretamente a destruir a esfera pública pluralista e a ordem dissensual intermediada pelos procedimentos. Esta só se constrói e é mantida se houver uma ampla base consensual sobre os procedimentos. Nessa perspectiva, cabe sustentar que o Estado constitucional envolve e exige uma intermediação de dissenso conteudístico e de consenso procedimental, pressupondo para isso uma esfera pública pluralista e "universal" (includente) articulada em torno dos procedimentos[62].

6.4 Inclusão e reconhecimento como pressupostos da esfera pública: as tendências à exclusão e à negação do reconhecimento no âmbito da sociedade mundial

A esfera pública pressupõe inclusão das pessoas nos sistemas funcionais e reconhecimento recíproco no âmbito das interações. Mas como definir inclusão e reconhecimento e relacioná-los um ao outro?

Para que não seja apenas um lugar-comum da retórica do politicamente correto, a inclusão precisa ser definida precisamente. No âmbito da teoria dos sistemas, o termo remonta a Parsons, ao tratar da questão do negro nos Estados Unidos[63]. Nesse contexto, ele recorria às formulações de Marshall sobre o desenvolvimento da cidadania nos séculos XIX e XX, dos direitos civis, passando pelos direitos políticos, aos direitos sociais[64]. Ao retomar essa discussão, Luhmann propôs um conceito de inclusão em termos precisos, para referir-se àquelas situações em que as pessoas são dependentes das prestações dos sistemas sociais e têm acesso a elas. Nesse sentido, o conceito contém dois elementos polares, a *dependência* e o *acesso*[65]. No contexto dessa formulação conceitual,

---

[62] Cf. Neves, 2006 [2000], pp. 136 ss.

[63] Parsons, 1994 [1965].

[64] Parsons, 1971, pp. 21-2. e 81 ss.; 1994 [1965], pp. 146 ss. Cf. Marshall, 1976 [1949-1950], pp. 71 ss.; Bendix, 1969 [1964], pp. 92 ss.

[65] Luhmann, 1981a, p. 25.

sustentava-se que a sociedade moderna, ao contrário de formações sociais anteriores, caracterizar-se-ia pela inclusão de toda a (ou, no mínimo, pela crescente inclusão da) população nos sistemas funcionais[66]. Exprimindo essa concepção de forma mais adequada, poder-se-ia afirmar que, segundo Luhmann, na sociedade moderna prevaleceria, tanto no plano da semântica quanto da estrutura, a preferência por inclusão. Essa posição discutível, que, especialmente em vista dos Estados da modernidade periférica, foi objeto de minhas críticas em trabalhos anteriores[67], veio a ser totalmente rejeitada na obra tardia de Luhmann.

Na revisão posterior de seu posicionamento com respeito à diferença "inclusão/exclusão"[68], Luhmann sustenta que ela funciona como uma metadiferença ou metacódigo, que mediatiza os códigos de todos os sistemas funcionais da sociedade mundial contemporânea[69]. Nesse novo modelo conceitual, não mais considera a dependência e o acesso como dois aspectos do conceito de inclusão, definindo a inclusão (lado interno da diferença "inclusão/exclusão") como "chance da consideração social de pessoas", pretendendo com isso "substituir" o tema da integração social, concernente à relação entre pessoas e sistemas sociais, "pela distinção inclusão/exclusão"[70]. Da inclusão distingue a integração (sistêmica), compreendida "como redução dos graus de liberdade de subsistemas" ou "como limitação dos graus de liberdade para seleções"[71] e, portanto, negativamente enquanto *dependência*,

---

[66] Cf. Luhmann, 1981a, pp. 26-7.

[67] Neves, 1992, espec. pp. 94 ss., 155 ss. e 164 ss.; 1994.

[68] Luhmann, 1997, pp. 169-70 e 618-34; 1995a; 1995b, pp. 146 ss.; 1993a, pp. 582 ss.; 2000a, pp. 427-8; 2000b, pp. 233 ss., 242-3 e 301 ss.

[69] Luhmann, 1997, p. 632; 1993a, p. 583.

[70] Luhmann, 1997, pp. 619-20.

[71] *Ibid.*, pp. 603 e 631.

não como *acesso*[72]. Nessa perspectiva, Luhmann propõe, em sua obra tardia, a diferença entre "setor de inclusão" (no qual "os homens contam como pessoas") e "setor de exclusão" (no qual "os homens não são mais percebidos enquanto pessoas, mas sim como corpos"), sustentando que o primeiro seria menos integrado e o segundo superintegrado[73]. Ele fala, porém, de "apenas integração negativa" no setor de exclusão e de "integração de indivíduo e sociedade" no setor de inclusão[74], assim como de "pessoas e grupos não integráveis" em referência à exclusão[75]. De qualquer maneira, na obra tardia de Luhmann, a expressão "integração" é empregada com relação ao problema da inclusão/exclusão, sem que haja univocidade a esse respeito.

Apontam-se aqui duas advertências relativas a essas exposições precedentes sobre inclusão/exclusão, que, de certa maneira, foram respostas às minhas críticas ao modelo anterior da inclusão como característica da sociedade moderna[76]. Em primeiro lugar, cabe observar que, para ser consequente com a proposição de que "inclusão/exclusão" serve de *metacódigo* que mediatiza todos os outros códigos, impõe-se admitir – radicalizando a tese – que a sociedade mundial é diferenciada primariamente de acordo com essa *metadiferença*[77]; no caso de "inclusão/exclusão" *versus* a di-

---

[72] Luhmann, 1997, pp. 618 ss.

[73] *Id.*, 1993a, pp. 584-5; 1997, pp. 631 ss.; 1995a, pp. 259 ss., espec. p. 262.

[74] *Id.*, 1995b, p. 148.

[75] *Id.*, 1997, p. 621.

[76] Cf. Luhmann, 1992, pp. 2 ss.; 1993a, pp. 25, 81, 194, 478-9 e 584; 1995a, p. 261; 1997, pp. 169, 632, 787, 806 e 810; 2000a, pp. 356 e 428.

[77] Stichweh (1997) sustenta que essa conclusão estaria presente na própria obra de Luhmann: "Em Niklas Luhmann, encontra-se a tese de que a diferenciação de inclusão e exclusão impõe-se como diferenciação primária do sistema da sociedade, prevalecendo sobre a diferenciação funcional" (p. 132). Ele refere-se a Luhmann, 1995a. Este mesmo insistia – apesar de caracterizar a diferença "inclusão/exclusão" como metadiferença – no primado da diferenciação funcional na sociedade mundial do presente (cf. Luhmann, 1997, pp. 743 ss.; 1994, pp. 4-5; 1993a, p. 572).

ferença (orientada funcionalmente) "sistema/ambiente", porém, trata-se de diferenças em concorrência na sociedade mundial contemporânea. Em segundo lugar, parece-me mais frutífero definir a inclusão como dependência e acesso aos sistemas, reconhecendo os seus limites na sociedade mundial, especialmente na modernidade periférica. Tal como tenho formulado, nesta há relações de subintegração (ou subinclusão) e sobreintegração (ou sobreinclusão) que implicam a insuficiente inclusão, seja, respectivamente, por falta de acesso (de integração positiva) ou de dependência (de integração negativa)[78], constituindo posições hierárquicas faticamente condicionadas (não classificações baseadas em princípio), a saber, o fato de ser integrado (ou incluído) nos sistemas funcionais "por baixo" ou "por cima". Em ambas as direções (para "baixo" ou para "cima") trata-se de limitação e unilateralidade na capacidade de imputação dos sistemas sociais em suas referências a pessoas.

No âmbito do direito, isso significa que os sobreintegrados ou sobreincluídos têm acesso aos direitos (e, portanto, às vias e garantias jurídicas), sem se vincularem, efetivamente, aos deveres e às responsabilidades impostos pelo sistema jurídico; os subintegrados ou subincluídos, ao contrário, não dispõem de acesso aos direitos, às vias e garantias jurídicas, embora permaneçam rigorosamente subordinados aos deveres, às responsabilidades e às penas restritivas de liberdade. Daí por que tanto os subincluídos quanto os sobreincluídos são carentes de cidadania, que, enquanto mecanismo político-jurídico de inclusão social (não no sentido

---

[78] Caso, com base em Peters (1993, p. 92), pretenda-se conceituar integração social como "uma relação bem-sucedida de liberdade e vínculo", pode-se definir, no sentido aqui proposto, subintegração como "vínculo" sem "liberdade" (ou melhor, "vínculo" rígido e "liberdade" restrita) e sobreintegração como "liberdade" sem "vínculo" (ou melhor, "vínculo" flexível e "liberdade" ampla) das pessoas em face dos sistemas sociais.

técnico-jurídico de ser membro de um Estado como organização: "nacionalidade")[79], pressupõe igualdade não apenas em relação aos direitos, mas também a respeito dos deveres[80].

Se a inclusão como dependência e acesso às prestações dos diversos sistemas sociais não é generalizada no âmbito territorial do respectivo Estado, há fragilidade da esfera pública universalista e pluralista como espaço de heterolegitimação dos procedimentos do Estado constitucional. E, caso se generalizem formas de exclusão, sejam por falta de acesso, sejam por privilégio de grupos, pode-se falar de inexistência de esfera pública ou, no mínimo, de uma esfera pública restrita, com força legitimadora muito limitada. Essa situação é sobretudo relevante quando se trata especificamente de exclusão da política e do direito, isto é, de ausência efetiva de cidadania como instituto generalizado de inclusão político-jurídica. Nesse caso, não estão presentes as condições para a intermediação do dissenso conteudístico pelo consenso procedimental nem se pode compatibilizar a seletividade procedimental consistente (autolegitimação) com a abertura dos procedimentos sistêmicos para o futuro contingente, relacionado à permanência e, eventualmente, à fortificação do dissenso na esfera pública, a cada absorção deste por aqueles. Ao contrário, em uma ordem de procedimentos jurídico-políticos excludentes (totalitária ou autoritária), ou em uma estrutura social com prevalência generalizada da preferência por exclusão, o dissenso é desconhecido ou negado, ou a sua emergência é reprimida.

---

[79] Em uma perspectiva sistêmica, Holz (2000, pp. 191 ss.) propõe uma diferença entre *inclusão* na *sociedade* (ou em seus sistemas funcionais) e *cidadania* como qualidade de *membro de um Estado* ("nacionalidade") (cf. também Bora, 2002, p. 76). Dessa maneira, desconhece a distinção entre o sentido técnico-jurídico de cidadania como "nacionalidade" (qualidade de membro de um Estado enquanto *organização*) e o sentido sociológico de cidadania como instituição político-jurídica de inclusão na sociedade.

[80] Cf. Marshall, 1976 [1949-1950], pp. 112-3.

Em relação ao outro pressuposto da esfera pública, o reconhecimento, cabe alguns esclarecimentos em uma perspectiva de reconstrução a partir da teoria dos sistemas. Ao contrário da inclusão, que se refere à relação de dependência e acesso das pessoas aos sistemas funcionais e, portanto, à sociedade como sistema social mais abrangente, o reconhecimento é um problema que surge primariamente no plano da "dupla contingência"[81] presente na relação de observação recíproca entre *ego* e *alter* na interação. Em primeiro lugar, não se desconhece aqui que a questão da dupla contingência na teoria sistêmica luhmanniana não se restringe à interação, na qual os polos *ego* e *alter* remetem a (embora não se confundam com) pessoas, tendo em vista que *alter* e *ego* podem remeter também a sistemas sociais[82]. Em segundo lugar, cabe advertir que a dupla contingência na interação supõe observação recíproca de pessoas enquanto construções sociais ou endereços de comunicação, não se tratando de relação interpsíquica entre homens, como prevalece nas teorias dominantes do reconhecimento[83]. Como *black boxes*, *ego* e *alter* remetem, na interação, a pessoas, cujo agir e vivenciar permanecem indeterminados. Por fim, deve-se observar que a questão do reconhecimento não se confunde com o tema da dupla contingência,

---

[81] Luhmann, 1987a, pp. 148 ss.; 1987b, pp. 32 ss.; 2002a, pp. 315 ss. O conceito de dupla contingência remonta, segundo Luhmann (1987a, p. 148; 2002a, p. 317), a Talcott Parsons e a um grupo de pesquisadores a ele vinculado. Cf. Parsons *et al.*, 1951, p. 16; Parsons, 1968, p. 436.

[82] Luhmann, 1987a, espec. pp. 152 e 155.

[83] Cf., na esteira de Mead, Honneth, 1994, pp. 114 ss., cuja teoria do reconhecimento intersubjetivo remonta à concepção hegeliana de "luta pelo reconhecimento" (1994, espec. pp. 54 ss.; cf. Hegel, 1967 [1805-1806], espec. pp. 200 ss.). Segundo Honneth (1994, p. 12), o modelo de uma "luta pelo reconhecimento" teria perdido o seu significado teórico na Fenomenologia do Espírito (cf. Hegel, 1988 [1807], pp. 127 ss.; Honneth, 1994, pp. 104-5). Para a compreensão do debate dominante sobre reconhecimento, ver Taylor, 1993, 1995, pp. 52 ss.; Fraser, 2004; Fraser e Honneth, 2003.

constituindo apenas um dos inúmeros problemas que emergem no plano da dupla contingência na interação.

A dupla contingência implica que *ego* conta com a possibilidade de que a ação de *alter* seja diversa daquela que ele projetou e vice-versa. Embora não possa persistir uma "pura dupla contingência" – pois há os condicionamentos da interação[84] e a "absorção da insegurança" mediante a "estabilização de expectativas"[85] –, "a tentativa de prever precisamente o outro fracassaria inevitavelmente"[86]. Isso importa a suposição mútua de "graus de liberdade"[87] (a ação de *alter* pode ser bem diversa da projetada no vivenciar de *ego* e vice-versa), que converte o comportamento em ação: "O comportamento torna-se ação no espaço de liberdade de outras possibilidades de determinação."[88] E a própria dupla contingência como "autocatalisadora" dos sistemas sociais[89] supõe a liberdade recíproca na forma de "uma incerteza que se condiciona a si mesmo" em um círculo autorreferencial: "Eu não me deixo determinar por ti, se tu não te deixas determinar por mim."[90] Disso decorre que a dupla contingência na interação envolve uma combinação de não identidade e identidade: "*Ego* vivencia *alter* como *alter ego*. Ao mesmo tempo que tem a experiência com a *não identidade das perspectivas*, *ego* vivencia *a identidade dessa experiência* de *ambos* os lados."[91] O problema (da negação) do reconhecimento na interação põe-se precisamente quando um

---

[84] Cf. Luhmann, 1987a, pp. 168 e 185-6.

[85] *Ibid.*, p. 158.

[86] "der Versuch, den anderen zu berechnen, würde zwangsläufig scheitern" (Luhmann, 1987a, p. 156).

[87] *Ibid.*, p. 186.

[88] *Ibid.*, p. 169.

[89] *Ibid.*, pp. 170 ss.

[90] *Ibid.*, p. 167.

[91] *Ibid.*, p. 172.

dos polos, na relação de observação recíproca entre *ego* e *alter*, não se dispõe a suportar a "liberdade" do outro, tanto porque não considera o seu comportamento como ação (pois não poderia ser diverso do comportamento projetado por *ego*) quanto porque não leva a sério a não identidade de sua perspectiva.

Assim esboçada, a negação do reconhecimento pode ser compreendida a partir de um equívoco que obstaculiza a emergência da dupla contingência como autocatalisadora dos sistemas sociais: "o outro ainda nem sequer me viu ou ainda não me estimou como possível parceiro da interação"[92]. Esse equívoco, que representa um caso-limite, enseja uma outra formulação, na qual se apresenta o problema da negação do reconhecimento: o outro não suporta ver-me como um parceiro digno de interações consigo, ou, simplesmente, despreza-me como parceiro de interações[93]. O "também-ser-possível-de-outra-maneira"[94] do meu comportamento (minha ação) não faz parte do seu vivenciar, minha perspectiva é desprezada. Nesse sentido, o reconhecimento ou não reconhecimento, um problema que surge primariamente no âmbito da interação como sistema social entre presentes, relaciona-se com a moral como forma especial de comunicação que se reproduz conforme o código-diferença entre consideração ou estima e desconsideração ou desprezo por pessoas[95].

---

[92] Luhmann, 1987a, p. 166.

[93] A partir de outros pressupostos, Honneth (2003, p. 12), de maneira sugestiva, distingue gradualmente entre a "desatenção inofensiva daquele que esquece de cumprimentar um conhecido em uma festa" e a "invisibilidade" decorrente do desprezo, seja mediante "a ignorância de um ensimesmado dono de casa perante a faxineira, que ele não vê por causa de sua insignificância social", seja ainda mais fortemente mediante o "saliente olhar atravessado, que só pode ser compreendido como um sinal de humilhação pelo negro atingido".

[94] Luhmann, 1987a, p. 184.

[95] Luhmann, 1987a, pp. 319 ss.; 1989, pp. 361 ss.; 1990b; 1993b; 1997, pp. 244 ss. e 396 ss.

O perigo da moralização é que ela se põe, pelo lado negativo do código, no limiar da supressão da pessoa (do outro) enquanto "endereço do processo de comunicação"[96] e, no caso extremo, da eliminação do homem como seu substrato corpóreo-psíquico[97]. Além do mais, se atentamos para a diferença entre a chamada "interação" referente a animais não humanos, que não comportam substrato de sistemas constituintes de sentido (são sistemas biológicos), e a interação como sistema social entre pessoas presentes[98], cabe dizer que a negação do reconhecimento é um problema de dupla contingência por tender a retirar do comportamento do outro o caráter seletivo de uma ação contingente, desconsiderando o vivenciar e também as expectativas do outro como orientadoras dos comportamentos deste: a negação do reconhecimento tende, no extremo, à "animalização" do outro como corpo que se comporta sem personalidade correspondente, um outro indigno de ação e, portanto, de interação. Assim como Luhmann afirma em relação à exclusão dos sistemas sociais (para estes os homens são percebidos apenas como corpos)[99], cabe salientar o seguinte a respeito da falta de reconhecimento na interação: *ego* observa *alter* não como pessoa, mas apenas enquanto corpo. Por fim, se consideramos que "uma das mais importantes consequências da dupla contingência é o surgimento da *confiança* ou *desconfiança*"[100], pode-se afirmar que, na negação do reconhecimento do outro, a desconfiança expande-se de

---

[96] Luhmann, 1989, p. 367, nota 11.

[97] Cf. Luhmann, 1989, p. 368; 1990b, p. 26.

[98] Aqui cabe lembrar Mead, 1962 [1934], p. 108, ao distinguir o homem exemplificativamente de um cão pela capacidade daquele de autocondicionar o seu comportamento (ação), enquanto o comportamento deste pode apenas ser condicionado por um outro.

[99] Ver p. 231.

[100] Luhmann, 1987a, p. 179.

tal maneira que impede a construção de uma interação fundada na dupla contingência.

Embora o reconhecimento do outro na interação, um problema da dupla contingência, seja muito relevante, não tem, como pressuposto da esfera pública, a mesma importância que a inclusão[101]. Entre inclusão e reconhecimento há uma assimetria. Pode haver inclusão sem reconhecimento em interações concretas. Todos nós passamos, em um grau maior ou menor, por situações de falta de reconhecimento *na* interação ou *para* a interação no cotidiano, ainda que pertençamos ao setor de inclusão. Mas é impossível reconhecimento sem inclusão. Em uma cadeia de exclusão, na qual não ter emprego significa também não ter dinheiro, educação, direitos, acesso ao sistema de saúde etc., não cabe falar de reconhecimento da respectiva pessoa na interação, senão em um sentido pseudoassistencialista ou pseudocaritativo, no qual antes se trata de "compaixão" com os sofrimentos de corpo e "alma".

Em princípio, ninguém pode exigir o reconhecimento na interação ou para a interação, a não ser que se trate de uma exigência da organização (colegas de trabalho em uma reunião) ou de uma conexão funcional (direito, por exemplo, de ser ouvido no processo); ou nos casos extremos de proibir uma moralização negativa que pretende eliminar a pessoa do outro (o que, em princípio, já constitui por si mesma uma questão jurídica de direitos personalíssimos). Se em uma festa ninguém entrar em interação comigo (ninguém me vê, "por que você não olha para mim?"), seja qual for o motivo, essa situação, em princípio, não poderá ser considerada como negação de um direito ou uma pretensão po-

---

[101] A relação entre inclusão e reconhecimento, aqui analisada, não se confunde com a relação entre distribuição e reconhecimento, muito difundida na discussão filosófico-social dominante (a respeito desta, ver Fraser e Honneth, 2003).

lítica nem como uma negação e restrição à construção de uma esfera pública. E mesmo se, em um comício político, os presentes não prestam a mínima atenção para as palavras de um candidato, isso não pode, em princípio, ser tratado como negação de um direito político ou de um pressuposto da esfera pública. O contrário levaria a uma juridicização abrangente da sociedade ou a uma politização totalitária de esfera pública.

Entretanto, se o problema da negação do reconhecimento de determinados grupos e pessoas ultrapassa os limites da interação concreta, com tendências à generalização no mundo da vida e na esfera pública, ficam prejudicados a construção e o desenvolvimento desta. Nesse caso, cabe observar que o problema de reconhecimento tende a transformar-se em problema de exclusão social de certos grupos. Ou seja, a generalização da falta de reconhecimento de certas pessoas nas interações do mundo da vida engendra a sua exclusão dos sistemas funcionais (por exemplo, discriminação dos judeus na Alemanha nazista e os diversos racismos contra os negros e outros grupos étnicos, especialmente na forma de *apartheid*). Portanto, embora assimétrica, a relação entre inclusão e reconhecimento caracteriza-se por uma circularidade: sem inclusão das pessoas nos sistemas funcionais e, por extensão, na sociedade, não se pode falar de reconhecimento delas na interação ou para a interação, ou seja, exclusão implica a negação do reconhecimento; a generalização do não reconhecimento de pessoas e grupos nas interações ou para as interações do mundo da vida engendra a sua exclusão dos sistemas funcionais e, dessa maneira, impede a construção e o desenvolvimento de uma esfera pública "universalista", indispensável à concretização e à realização da Constituição do Estado democrático de direito.

6.5 Considerações finais

No âmbito da *estrutura da sociedade mundial* do presente, cuja autocompreensão expressa-se cada vez mais intensamente na *semântica da globalização*, diversos fatores contribuem para os limites da esfera pública como uma malha complexa cujos fluxos de sentido servem à heterolegitimação dos procedimentos constitucionais no Estado democrático de direito. Nesse contexto, também se sugere a superação do conceito de esfera pública política em virtude do fim das condições de sua existência. A seguir, tratarei dessa questão em dois níveis: no primeiro, os problemas que a esfera pública enfrenta atualmente no âmbito do Estado constitucional, perante o qual ela se construiu e se desenvolveu na sociedade moderna; no segundo, os limites e as possibilidades de uma esfera pública no plano supraestatal, transestatal ou global.

Na esteira da chamada "globalização econômica", que implica a expansão do sistema econômico em detrimento da autonomia constitucionalmente fundada dos sistemas jurídico e político, a esfera pública fragiliza-se pela sua incapacidade de manifestar-se relevantemente sobre temas significativos para a reprodução da sociedade global. A tendência *excludente* do "imperialismo" do código econômico atua, assim, como um fator de deslocamento das decisões político-econômicas e jurídico-econômicas para esferas supraestatais, transestatais ou globais, enfraquecendo tanto o Estado constitucional quanto a respectiva esfera pública.

Por outro lado, cabe considerar, no plano local, uma fortificação crescente da intolerância étnica e dos fundamentalismos, que reagem à complexidade sistêmica e ao reconhecimento do outro na sociedade mundial do presente, negando, dessa maneira, o dissenso estrutural e heterogeneidade da esfera pública. Relacionada a essa questão, encontra-se a apatia pública, uma postura de indiferença aos procedimentos constitucionais. A combinação dos extremismos políticos decorrentes da intolerância étnica e dos fundamentalismos com a apatia pública tende a anestesiar a esfera pública construída em torno dos procedimentos jurídicos e políticos do Estado constitucional[102].

Acrescenta-se que os fundamentalismos, ultrapassando os contornos territoriais do Estado, emergem no plano global na forma de terrorismo étnico e religioso, avesso à ideia de uma esfera pública pluralista. O terrorismo global associa-se, por sua vez, com "o imperialismo dos direitos humanos"[103], política intervencionista que, ao invocá-los retoricamente conforme uma leitura ocidental (ou melhor, norte-americana) deles, pretensamente se destina a impô-los unilateralmente contra os países que supostamente os ofendem. Dessa maneira, fica prejudicada, nos dois lados do conflito, a possibilidade da construção, da manutenção ou do desenvolvimento da esfera pública.

Esses problemas apontam para as tentativas de desenvolvimento de uma esfera pública supraestatal, transestatal ou global[104]. No plano da integração regional, sobretudo no caso da União Europeia, a construção de uma esfera pública em torno dos procedimentos "supranacionais" parece indissociável da emergência de uma organização política que possa ser caracterizada como um equivalente funcional de um Estado constitucional, com procedimentos em torno dos quais se articule relevantemente a malha de comunicações constitutivas dessa nova esfera pública.

---

[102] Cf. Neves, 2006 [2000], pp. 215-26.

[103] Neves, 2005, p. 186.

[104] Segundo Stichweh (2002, p. 57), "Esfera pública e esfera pública mundial são fenômenos aproximadamente simultâneos quanto ao seu surgimento". O problema reside, porém, nos diferentes níveis de influência e força legitimadora da esfera pública relacionada ao Estado e da esfera pública mundial para os respectivos procedimentos políticos e jurídicos.

Sem a sua relevância para os procedimentos jurídicos e políticos, com o chamado "*déficit* democrático", a esfera pública caracteriza-se pela fragilidade. A "esfera pública frágil" atua muito pontual e intermitentemente, ou seja, não é capaz de influenciar, de forma generalizada e permanente, os respectivos procedimentos políticos e jurídicos supraestatais, transestatais ou globais[105]. As decisões tomadas e as normas estabelecidas por meio desses procedimentos são, em regra, insensíveis às esferas públicas frágeis e marginais, no plano supraestatal, transestatal ou global. Nesse âmbito, a inexistência de uma "esfera pública forte" dificulta ou obstaculiza a heterolegitimação dos respectivos procedimentos.

Em face desses obstáculos nos planos estatal e global, tende-se a desprezar o conceito de esfera pública política e jurídica, para enfatizar o conceito de redes. Mas a própria esfera pública forte é um amálgama complexo de redes emergentes dos sistemas funcionais e do respectivo mundo da vida. A sobrevivência dessa conexão desestruturada de redes é ponto central para a legitimação dos procedimentos constitucionais e, dessa maneira, do direito e da política da sociedade mundial, enquanto sistemas funcionais segmentados territorialmente em Estados. Ausente uma esfera pública forte nos planos global, transestatal ou supraestatal, cabe a sua rearticulação mediante novas redes mobilizadas em torno dos procedimentos constitucionais, que, ao mesmo tempo, estejam abertas aos procedimentos jurídicos e políticos desenvolvidos naqueles planos, emergindo do nível local ao âmbito global. Sem uma renovação ampla da esfera pública constitucional em face dos novos problemas da sociedade mundial heterárquica, tornar-se-á insustentável o modelo de Estado democrático de direito, fundado na Constituição como acoplamento

---

[105] Cf. Brunkhorst, 2002, pp. 184 ss.

estrutural entre política e direito enquanto sistemas diferenciados segmentariamente em territórios delimitados, ou qualquer equivalente funcional nos planos supraestatal, transestatal ou global.

6.6 Bibliografia

ARENDT, Hannah (1989). *The Human Condition*. Chicago/Londres: The University of Chicago Press (1. ed. 1958).

BENDIX, Reinhard (1969). *Nation-Building and Citizenship. Studies of our Changing Social Order*. Garden City/Nova York: Anchor (1. ed. 1964).

BLUMENBERG, Hans (1998). *Paradigmen zu einer Methaphorologie*. Frankfurt am Main: Suhrkamp.

BORA, Alfons (2002). "'Wer gehört dazu?' Überlegungen zur Theorie der Inklusion". *In*: K.-U. Hellmann e R. Schmalz-Bruns (orgs.). *Theorie der Politik: Niklas Luhmanns politische Soziologie*. Frankfurt am Main: Suhrkamp, pp. 60-84.

BRUNKHORST, Hauke (2002). *Solidarität: Von der Bürgerfreundschaft zur globalen Rechtsgenossenschaft*. Frankfurt am Main: Suhrkamp.

ENGELS, Friedrich (1988). "Die Lage Englands. II. Die englische Konstitution". *In*: K. Marx e F. Engels. *Werke*. 15. ed. Berlim: Dietz Verlag, vol. I, pp. 569-92 [originariamente em: *Vorwärts!*, nº 75, 18 set. 1844].

FISCHER-LESCANO, Andreas; TEUBNER, Gunther (2006). *Regime--Kollisionen: Zur Fragmentierung des globalen Rechts*. Frankfurt am Main: Suhrkamp.

FRASER, Nancy (2004). "Institutionalizing Democratic Justice: Redistribution, Recognition, and Participation". *In*: S. Benhabib e N. Fraser (orgs.). *Pragmatism, Critique, Judgment: Essays for Richard J. Bernstein*. Cambridge, Mass.: The MIT Press, pp. 125-47.

______; HONNETH, Axel (2003). *Umverteilung oder Anerkennung? Eine politisch-philosophische Kontroverse*. Frankfurt am Main: Suhrkamp.

GRIMM, Dieter (1987). "Entstehungs- und Wirkungsbedingungen des modernen Konstitutionalismus". *In*: D. Simon (org.). *Akten des 26. Deutschen Rechtshistorikertages, Frankfurt am Main, 22. bis 26. September 1986*. Frankfurt am Main: Klostermann, pp. 45-76.

______ (1989). "Verfassung". *In*: Görres-Gesellschaft (org.). *Staatslexikon: Recht · Wirtschaft · Gesellschaft*. 7. ed. Friburgo/Basileia/Viena: Herder, vol. 5, colunas 633-43.

______ (1995). "Konstitution, Grundgesetz(e) von der Aufklärung bis zur Gegenwart". *In*: H. Mohnhaupt e D. Grimm. 1995, pp. 100-41.

HABERMAS, Jürgen (1978). *Theorie und Praxis: Sozialphilosophische Studien*. Frankfurt am Main: Suhrkamp.

______ (1982). *Theorie des kommunikativen Handelns*. 2. ed. Frankfurt am Main: Suhrkamp, 2 vols.

______ (1983). *Moralbewußtsein und kommunikatives Handeln*. Frankfurt am Main: Suhrkamp [trad. bras.: *Consciência moral e agir comunicativo*. Rio de Janeiro: Tempo Brasileiro, 1989].

______ (1986). *Vorstudien und Ergänzungen zur Theorie des kommunikativen Handelns*. 2. ed. Frankfurt am Main: Suhrkamp.

______ (1990). *Strukturwandel der Öffentlichkeit: Untersuchungen zu einer Kategorie der bürgerlichen Gesellschaft*. Frankfurt am Main: Suhrkamp [1. ed. Neuwied: Luchterhand, 1962].

______ (1991). *Erläuterung zur Diskursethik*. Frankfurt am Main: Suhrkamp.

______ (1992). *Faktizität und Geltung: Beiträge zur Diskurstheorie des Rechts und des demokratischen Rechtsstaats*. Frankfurt am Main: Suhrkamp.

______ (1999). *Wahrheit und Rechtfertigung: Philosophische Aufsätze*. Frankfurt am Main: Suhrkamp.

HEGEL, G. W. F. (1967). *Jenaer Realphilosophie: Vorlesungsmanuskripte zur Philosophie der Natur und des Geistes von 1805-1806*. Org. Johannes Hoffmeister. Hamburgo: Meiner (reimpr. inalterada da 1. ed. de 1931, sob o título *Jenenser Realphilosophie II*).

HEGEL, G. W. F. (1988). *Phänomenologie des Geistes*. Hamburgo: Meiner (1. ed. Bamberga/Wurzburgo, 1807).

HELLER, Hermann (1934). *Staatslehre*. Org. Gerhart Niemeyer. Leiden: A. W. Sijthoff [trad. bras.: *Teoria do Estado*. São Paulo: Mestre Jou, 1968].

HOLZ, Klaus (2000). "Citizenship. Mitgliedschaft in der Gesellschaft oder differenzierungstheoretisches Konzept?". *In*: K. Holz (org.). *Staatsbürgerschaft: Soziale Differenzierung und politische Inklusion*. Opladen: Westdeutscher Verlag, pp. 187-208.

HONNETH, Axel (1994). *Kampf um Anerkennung: Zur moralischen Grammatik sozialer Konflikte*. Frankfurt am Main: Suhrkamp.

______ (2003). *Unsichtbarkeit: Stationen einer Theorie der Intersubjektivität*. Frankfurt am Main: Suhrkamp.

KELSEN, Hans (1925). *Allgemeine Staatslehre*. Berlim: Julius Springer.

______ (1946). *General Theory of Law and State*. Trad. ingl. de Anders Wedberg. Cambridge, Mass.: Harvard University Press [trad. bras.: *Teoria geral do direito e do Estado*. 3. ed. 2. tiragem. São Paulo: Martins Fontes, 2000].

______ (1960). *Reine Rechtslehre*. 2. ed. Viena: Franz Deuticke (reimpr. inalterada: 1983) [trad. bras.: *Teoria pura do direito*. 6. ed. 5. tiragem. São Paulo: Martins Fontes, 2003].

LACLAU, Ernesto (1994). "Why do Empty Signifiers Matter to Politics?". *In*: J. Weeks (org.). *The Lesser Evil and the Greater Good. The Theory and Politics of Social Diversity*. Londres: Rivers Oram Press, pp. 167-78.

LASSALLE, Ferdinand (1987). "Über Verfassungswesen" [1862]. *In*: F. Lassale. *Reden und Schriften*. Org. Hans Jürgen Friederici. Colônia: Röderberg, pp. 120-47 [trad. bras.: *Que é uma Constituição?* Porto Alegre: Editorial Villa Martha, 1980].

LEFORT, Claude (1981). "Droits de l'homme et politique". *In*: C. Lefort. *L'invention démocratique : les limites de la domination totalitaire*.

Paris: Fayard, pp. 45-83 [trad. bras.: "Direitos do homem e política". *In*: C. Lefort. *A invenção democrática: os limites do totalitarismo*. 2. ed. São Paulo: Brasiliense, 1987, pp. 37-69].

LÉVI-STRAUSS, Claude (1973). "Introduction à l'œuvre de Marcel Mauss". *In*: M. Mauss. *Sociologie et Anthropologie*. 5. ed. Paris: Presses Universitaires de France, vol. I, pp. IX-LII [trad. bras.: "Introdução à obra de Marcel Mauss". *In*: M. Mauss. *Sociologia e Antropologia*. São Paulo: EPU/Edusp, 1974, vol. I, pp. 1-36].

LUHMANN, Niklas (1965). *Grundrechte als Institution: Ein Beitrag zur politischen Soziologie*. Berlim: Duncker & Humblot.

______ (1975). "Interaktion, Organisation, Gesellschaft: Anwendungen der Systemtheorie". *In*: N. Luhmann. *Soziologische Aufklärung 2: Aufsätze zur Theorie der Gesellschaft*. Opladen: Westdeutscher Verlag, pp. 9-20.

______ (1980). "Gesellschaftliche Struktur und semantische Tradition". *In*: N. Luhmann. *Gesellschaftsstruktur und Semantik: Studien zur Wissenssoziologie der modernen Gesellschaft*. Frankfurt am Main: Suhrkamp, vol. 1, pp. 9-71.

______ (1981a). *Politische Theorie im Wohlfahrtsstaat*. Munique: Olzog.

______ (1981b). "Machtkreislauf und Recht in Demokratien". *Zeitschrift für Rechtssoziologie* 2 (Opladen: Westdeutscher Verlag), pp. 158-67.

______ (1986). "Die Codierung des Rechtssystems". *Rechtstheorie* 17 (Berlim: Duncker & Humblot), pp. 171-203.

______ (1987a). *Soziale Systeme: Grundriß einer allgemeinen Theorie*. Frankfurt am Main: Suhrkamp (1. tiragem 1984).

______ (1987b). *Rechtssoziologie*. 3. ed. Opladen: Westdeutscher Verlag.

______ (1988a). *Macht*. 2. ed. Stuttgart: Enke (1. ed. 1975) [trad. bras.: *Poder*, 2. ed. Brasília: UnB, 1992].

______ (1988b). *Die Wirtschaft der Gesellschaft*. Frankfurt am Main: Suhrkamp.

LUHMANN, Niklas (1989). *Gesellschaftsstruktur und Semantik: Studien zur Wissenssoziologie der modernen Gesellschaft*. Frankfurt am Main: Suhrkamp, vol. 3.

______ (1990a). "Verfassung als evolutionäre Errungenschaft". *Rechtshistorisches Journal* 9 (Frankfurt am Main: Löwenklau), pp. 176-220.

______ (1990b). *Paradigma lost: Über die ethische Reflexion der Moral - Rede anläßlich der Verleihung des Hegel-Preises 1989*, incluída a "*Laudatio*" de Robert Spaemann. Frankfurt am Main: Suhrkamp.

______ (1990c). *Liebe als Passion: Zur Codierung von Intimität*. 5. ed. Frankfurt am Main: Suhrkamp (1. ed. 1982).

______ (1990d). *Die Wissenschaft der Gesellschaft*. Frankfurt am Main: Suhrkamp.

______ (1992). "Zur Einführung". *In*: Neves. 1992, pp. 1-4.

______ (1993a). *Das Recht der Gesellschaft*. Frankfurt am Main: Suhrkamp.

______ (1993b). "The Code of the Moral". *In*: *Cardozo Law Review* 14 (Nova York: Cardozo Law School), n°s 3-4, jan. 1993, pp. 995-1009.

______ (1994). "Europa als Problem der Weltgesellschaft". *Berliner Debatte INITIAL: Zeitschrift für sozialwissenschaftlichen Diskurs* 2. Berlim: GSFP, pp. 3-7.

______ (1995a). "Inklusion und Exklusion". *In*: N. Luhmann. *Soziologische Aufklärung 6: Die Soziologie und der Mensch*. Opladen: Westdeutscher Verlag, pp. 237-64.

______ (1995b). *Gesellschaftsstruktur und Semantik: Studien zur Wissenssoziologie der modernen Gesellschaft*. Frankfurt am Main: Suhrkamp, vol. 4.

______ (1996a). *Protest: Systemtheorie und soziale Bewegungen*. Org. K.-U. Hellmann. Frankfurt am Main: Suhrkamp.

______ (1996b). *Die Kunst der Gesellschaft*. 2. ed. Frankfurt am Main: Suhrkamp.

______ (1997). *Die Gesellschaft der Gesellschaft*. Frankfurt am Main: Suhrkamp, 2 tomos.

LUHMANN, Niklas (1998). "Der Staat des politischen Systems: Geschichte und Stellung in der Weltgesellschaft". *In*: U. Beck (org.). *Perspektiven der Weltgesellschaft*. Frankfurt am Main: Suhrkamp, pp. 345-80.

______ (1999). "Ethik in internationalen Beziehungen". *Soziale Welt* 50 (Baden-Baden: Nomos), pp. 247-54.

______ (2000a). *Die Politik der Gesellschaft*. Frankfurt am Main: Suhrkamp.

______ (2000b). *Die Religion der Gesellschaft*. Frankfurt am Main: Suhrkamp.

______ (2002a). *Einführung in die Systemtheorie*. Org. Dirk Baecker. Heidelberg: Carl-Auer-Systeme.

______ (2002b). *Das Erziehungssystem der Gesellschaft*. Frankfurt am Main: Suhrkamp.

______ (2004). "Codierung und Programmierung: Bildung und Selektion im Erziehungssystem" (1986). *In*: N. Luhmann. *Schriften zur Pädagogik*. Org. Dieter Lenzen. Frankfurt am Main: Suhrkamp, pp. 23-47.

MACDOWELL, Douglas M. (1989). "The Oikos in Athenian Law". *The Classical Quarterly* 39 (Cambridge: Cambridge University Press), nº 1, pp. 10-21.

MARSHALL, T. H. (1976). "Citizenship and Social Class" [1949-1950]. *In*: T. H. Marshall. *Class, Citizenship, and Social Development*. Westport, Connecticut: Greenwood Press, pp. 65-122 (reimpr. da edição de Nova York, 1964).

MARX, Karl (1988). "Zur Judenfrage". *In*: K. Marx e F. Engels. *Werke*. 15. ed. Berlim: Dietz Verlag, vol. I, pp. 347-77 [originariamente em: *Deutsch-Französische Jahrbücher*, Paris, 1844].

MEAD, George Herbert (1962). *Mind, Self, & Society: from the Standpoint of a Social Behaviorist*. Org. e intr. Charles W. Morris. Chicago/Londres: The University of Chicago Press (1. ed. 1934).

MOHNHAUPT, Heinz (1995). "Konstitution, Status, Leges fundamentales von der Antike bis zur Aufklärung". *In*: H. Mohnhaupt e D. Grimm. 1995, pp. 1-99.

______; GRIMM, Dieter (1995). *Verfassung: Zur Geschichte des Begriffs von der Antike bis zur Gegenwart; zwei Studien*. Berlim: Duncker & Humblot.

MÖLLERS, Christoph (2005). "Netzwerk als Kategorie des Organisationsrechts – zur juristischen Beschreibung dezentraler Steuerung". *In*: J. Oebbecke (org.). *Nicht-normative Steuerung in dezentralen Systemen (Nassauer Gespräche der Freiherr-Vom-Stein-Gesellschaft* 7). Stuttgart: Franz Steiner Verlag, pp. 285-302.

NEVES, Marcelo (1992). *Verfassung und Positivität des Rechts in der peripheren Moderne: Eine theoretische Betrachtung und eine Interpretation des Falls Brasilien*. Berlim: Duncker & Humblot.

______ (1994). "Entre subintegração e sobreintegração: a cidadania inexistente". *Dados – Revista de Ciências Sociais* (Rio de Janeiro: Iuperj), vol. 37, nº 2, pp. 253-75.

______ (2005). "Die Symbolische Kraft der Menschenrechte". *Archiv für Recht und Sozialphilosophie* 91 (Stuttgart: Franz Steiner), nº 2, pp. 159-87.

______ (2006). *Entre Têmis e Leviatã: uma relação difícil – o Estado democrático de direito a partir e além de Luhmann e Habermas*. São Paulo: Martins Fontes [original: *Zwischen Themis und Leviathan: Eine Schwierige Beziehung – Eine Rekonstruktion des demokratischen Rechtsstaates in Auseinandersetzung mit Luhmann und Habermas*. Baden-Baden: Nomos, 2000].

PARSONS, Talcott (1968). "Interaction: Social Interaction". *International Encyclopedia of the Social Sciences* 7 (Nova York: The Macmillan Company & The Free Press/Londres: Collier Macmillan Publishers), pp. 429-41 (reimpr. 1972).

PARSONS, Talcott (1971). *The System of Modern Societies*. Englewood Cliffs, Nova Jersey: Prentice-Hall [trad. bras.: *O sistema das sociedades modernas*. São Paulo: Pioneira, 1974].

______ (1994). "Full Citizenship for the Negro American: A Sociological Problem" [1965]. *In*: B. S. Turner e P. Hamilton (orgs.). *Citizenship: Critical Concepts*. Londres/Nova York: Routledge, vol. II, pp. 141-75.

______ *et al.* (1951). "Some Fundamental Categories of the Theory of Action: A General Statement". *In*: T. Parsons e E. A. Shils (orgs.). *Toward a General Theory of Action*. Cambridge, Mass.: Harvard University Press, pp. 3-29 (6. impr. 1967).

PETERS, Bernhard (1993). *Die Integration moderner Gesellschaften*. Frankfurt am Main: Suhrkamp.

SKINNER, Quentin (1989). "Language and Political Change". *In*: T. Ball, J. Farr e R. L. Hanson (orgs.). *Political Innovation and Conceptual Change*. Cambridge: Cambridge University Press, pp. 6-23.

SMEND, Rudolf (1968). "Verfassung und Verfassungsrecht" [1928]. *In*: R. Smend. *Staatsrechtliche Abhandlungen und andere Aufsätze*. 2. ed. Berlim: Duncker & Humblot, pp. 119-276.

STICHWEH, Rudolf (1997). "Inklusion/Exklusion, funktionale Differenzierung und die Theorie der Weltgesellschaft". *Soziale Systeme: Zeitschrift für soziologische Theorie* 3 (Opladen: Leske + Budrich), pp. 123-36.

______ (2002). "Die Entstehung einer Weltöffentlichkeit". *In*: H. Kaelble, M. Kirsch e A. Schmidt-Gernig (orgs.). *Transnationale Öffentlichkeiten und Identitäten im 20. Jahrhundert*. Frankfurt am Main/Nova York: Campus, pp. 57-66.

STOURZH, Gerald (1975). "Vom aristotelischen zum liberalen Verfassungsbegriff. Zur Entwicklung in Nordamerika im 17. und 18. Jahrhundert". *In*: F. Engel-Janosi, G. Klingenstein e H. Lutz (orgs.). *Fürst, Bürger, Mensch: Untersuchungen zu politischen und soziokulturellen Wandlungsprozessen im vorrevolutionären Europa*. Munique:

R. Oldenbourg, 1975, pp. 97-122 (posteriormente, com algumas alterações: "Vom aristotelischen zum liberalen Verfassungsbegriff. Staatsformenlehre und Fundamentalgesetze in England und Nordamerika im 17. und 18. Jahrhundert". *In*: G. Stourzh. *Wege zur Grundrechtsdemokratie: Studien zur Begriffs- und Institutionengeschichte des liberalen Verfassungsstaates*. Viena/Colônia: Böhlau, 1989, pp. 1-35).

TAYLOR, Charles (1993). *Multikulturalismus und die Politik der Anerkennung*. Trad. al. de Reinhard Kaiser. Frankfurt am Main: Fischer.

______ (1995). *Das Unbehagen an der Moderne*. Frankfurt am Main: Suhrkamp.

TEUBNER, Gunther (1996). "Altera Pars Audiatur: Das Recht in der Kollision anderer Universalitätsansprüche". *Archiv für Rechts- und Sozialphilosophie*, número suplementar [*Beiheft*] 65. Wiesbaden: Steiner, pp. 199-220 [trad. bras.: "*Altera pars adiatur*: o direito na colisão de discursos". *In*: G. Teubner *et al. Direito e cidadania na pós-modernidade*. Piracicaba: Unimep, 2002, pp. 91-129].

______ (1998). "Nach der Privatisierung? Diskurskonflikte im Privatrecht". *Zeitschrift für Rechtssoziologie* 19. Wiesbaden: Westdeutscher Verlag, pp. 8-36 [trad. bras.: "Após a privatização: conflitos de discursos no direito privado". *In*: G. Teubner. *Direito, sistema e policontexturalidade*. Piracicaba: Unimep, 2005, pp. 233-68].

THÜRER, Daniel (1996). "Der Wegfall effektiver Staatsgewalt: 'The Failed State'". *Berichte der Deutschen Gesellschaft für Völkerrecht* 34 (Heidelberg: C. F. Müller), pp. 9-47.

WEBER, Max (1985). *Wirtschaft und Gesellschaft: Grundriß der verstehenden Soziologie*. 5. ed. Org. Johannes Winckelmann. Tübingen: Mohr (1. ed. 1922) [trad. bras.: *Economia e sociedade: fundamentos da sociologia compreensiva*. Brasília: UnB/São Paulo: Imprensa Oficial, 2004, 2 vols.].

WITTGENSTEIN, Ludwig (1997). "Philosophische Untersuchungen" [1945-1949]. *In*: L. Wittgenstein. *Werkausgaben*. 11. ed. Frankfurt am Main: Suhrkamp, vol. 1, pp. 225-580 [trad. bras.: *Investigações filosóficas*. 2. ed. São Paulo: Abril Cultural, 1979 (Os Pensadores)].

CAPÍTULO 7

DO CONSTITUCIONALISMO AO TRANSCONSTITUCIONALISMO: ALÉM DO NACIONALISMO CONSTITUCIONAL, DA UNIDADE CONSTITUCIONAL COSMOPOLITA E DO PLURALISMO CONSTITUCIONAL FRAGMENTADO*

7.1 Ubiquidade constitucional?

Quando examinamos o constitucionalismo, seja de uma perspectiva jurídico-normativa ou político-sociológica, torna-se essencial definir o conceito de Constituição[1]. A aplicação do termo "Constituição" em várias áreas do saber e seu apelo simbólico no campo jurídico e político apontam para um uso frequentemente muito impreciso, de tal maneira que participantes de discussões sobre o termo acabam comumente se envolvendo em "falácias de ambiguidade" (Copi, 1961, pp. 73 ss.). Essa expressão foi cunhada em análise lógica para descrever a situação em que os debatedores de um tema usam a mesma palavra para se referir a conceitos totalmente distintos e apontam, portanto, para referentes de conceito que frequentemente se contradizem.

---

* Tradução: Edvaldo Moita e Francisco Sales Martins.

[1] Este texto é o resultado de duas estadias de pesquisa em instituições renomadas: a primeira como *Visiting Senior Research Fellow* pela Fundação Adam Smith na Faculdade de Ciências Sociais da Universidade de Glasgow em 2014; a segunda como *Senior Research Scholar* na Faculdade de Direito de Yale em 2015. Gostaria de agradecer a Emilios Christodoulidis e Marco Goldoni pelas conversas esclarecedoras enquanto estive em Glasgow. Também sou muito grato a Robert Post, Paul Kahn, Bruce Ackerman, Daniel Markovits e Alec Stone Sweet por me abrirem as portas para o excelente ambiente acadêmico de Yale.

Quando o termo é empregado em várias áreas da vida social, o risco de esse fenômeno ocorrer é ainda maior. Nesse sentido, António Hespanha (2004, pp. 67 ss.) destaca o caráter plurívoco da palavra "Constituição", que, além das variações históricas de sentido jurídico e político, também excede o domínio do mundo cultural, já que pode denotar disposições biológicas e físicas. Em suas análises de direito constitucional comparado, Ackerman associa esse fenômeno ao erro persistente do nominalismo: "Importantes diferenças são muitas vezes apagadas por invocações nada rigorosas de um rótulo comum" (Ackerman, 1997, p. 794 [trad. bras., 2007, p. 109]).

Esse problema não se limita a uma questão de ambiguidade conceitual ou de vagueza lógica no processo argumentativo. Ele também decorre de disputas políticas e conflitos acadêmicos em torno do uso e da construção de conceitos. Assim, a atribuição de um significado de avaliação extremamente positiva a uma expressão conceitual pode levar à glorificação de um grupo, que apresenta a si mesmo como identificado com a expressão em disputa, e ao desdém de outro grupo, que é apresentado como averso a ela. Isso corresponde ao que Reinhart Koselleck (1989, pp. 211 e 213 [trad. bras., 2006, pp. 191 e 193]) chama de "conceitos antitéticos assimétricos", os quais desqualificam moralmente os que se lhes opõem, ao introduzirem "um significado depreciativo" que, para seus contrários, "pode equiparar-se linguisticamente a uma privação, facticamente a uma espoliação". Essa definição, sem dúvida, aplica-se ao conceito de Constituição na política e no direito. Tal circunstância está relacionada ao fato de a Constituição ter se tornado um "suporte de esperança" (Biaggini, 2000, p. 465). Com efeito, tanto o conceito de Constituição quanto o de constitucionalização tornaram-se parte de uma "ofensiva vitoriosa" (Biaggini, 2000, pp. 447 ss.; Wahl, 2002, p. 191), sendo usados como "conceito político de luta" (Biaggini, 2000, p. 464). Nos Estados Unidos, a Constituição escrita era chamada de "Bíblia política do Estado": "dificilmente uma família não tinha uma" (Paine, 1992 [1791-1792], p. 149; ver Preuss, 1990, p. 17; Vorländer, 1999, p. 9; Biaggini, 2000, p. 446). Na França pós-revolucionária, as "Sociedades de Amigos da Constituição", mais conhecidas como Clubes Jacobinos, espalharam-se por todo o país (Schmale, 1988, pp. 64-6), e a Constituição era designada como o "catecismo do gênero humano" (Schmale, 1988, p. 13)[2]. Tudo isso levou a uma veneração dos constitucionalistas e a um desdém daqueles considerados não constitucionalistas ou anticonstitucionalistas. Mas essa distinção variava de acordo com o significado atribuído ao termo Constituição no contexto das disputas conceituais, visto que ele era ligado a uma gama muito diversa de desejos e interesses[3]. Nós poderíamos, por exemplo, pensar o que significaria "Constituição" do ponto de vista dos girondinos e o que o mesmo termo significaria na perspectiva dos jacobinos (ver, p. ex., Gauchet, 1989, pp. 216 ss.). Evidentemente, a discussão em torno das palavras teve um impacto não apenas no âmbito da mente, mas também sobre os corpos dos participantes.

Essas disputas conceituais levaram à tentação de se considerar a "Constituição" uma mera metáfora para os jogos de linguagem da política e do direito na sociedade. Naturalmente, é sempre muito improvável que uma palavra não tenha origem ou

---

[2] O jornal semanal *Révolutions de Paris* (nº 20, de 21-28 de novembro de 1789) incluía a seguinte asserção: "Uma Constituição é objeto do anseio de todos. E para alcançar isso os cidadãos sacrificam seus bens, seus negócios pessoais e sua tranquilidade [...]" (citado por Schmale, 1988, p. 13; ver também Preuss, 1990, p. 12).

[3] Esse uso é associado a um certo "fetichismo constitucional" (Walker, 2002, pp. 324-7), revivido posteriormente em uma forma "global" (Fischer-Lescano, 2005, p. 208). Nesse contexto, Maduro (2006, pp. 335 ss.) refere-se à "importância de ser chamada de Constituição".

potencial metafóricos. Mas é importante distinguir as "metáforas arbitrárias" das "metáforas conceituais". Seguindo essa distinção, do ponto de vista da teoria do direito e da sociologia política, não é apropriado fazer da "Constituição" uma "metáfora arbitrária" nos termos do cenário particular e específico de interesses e desejos que a cercam. Isso significa que não se deve invocar indiscriminadamente o conceito de Constituição nos mais diversos contextos sem o apoio de estruturas sociais correspondentes. Sem negar a relevância social de jogos de linguagem metafóricos, suspeito, no entanto, que eles podem ter uma relação inadequada com contextos estruturais, na medida em que não servem à compreensão nem à solução oportuna dos problemas sociais que emergem da deficiência das estruturas. A Constituição em sentido moderno depende, no nível estrutural, de pressupostos amplos e requer, no nível semântico, clareza conceitual para que possa servir de categoria capaz de esclarecer problemas decisivos da sociedade mundial contemporânea.

Outra tentação que surge é a de reduzir a "Constituição" a um "significante flutuante" ou a um "valor simbólico zero", nos termos do estruturalismo (Lévi-Strauss, 1973 [1950], XLIX-L, nota 1 [trad. bras., 1974, p. 35, nota 37]), ou a um "significante vazio", nos termos do pós-estruturalismo (Laclau, 1994). Essas alternativas concebem Constituições ou como um ponto de referência *estrutural* com pitada de força mágica, capaz de ocultar ou apaziguar conflitos *reais* nos contextos mais díspares, ou como modelo invocado por interesses e desejos de todos aqueles envolvidos em disputas políticas ou sociais, sem vinculação com estruturas sociais específicas. Porém, o constitucionalismo como um construto da sociedade moderna requer certos contornos de significado que impeçam uma desconexão absoluta entre semântica constitucional e mudança estrutural, bem como possibilitem que crises na semântica sejam relacionadas ao surgimento de problemas na estrutura. É verdade que existem tensões entre a semântica desenvolvida no nível da autodescrição ou reflexão da sociedade e o plano estrutural da delimitação seletiva de operações possíveis, mas mudanças estruturais evidentemente influenciam alterações em artefatos semânticos e vice-versa (ver Luhmann, 1980, espec. pp. 17, 22 e 34). Vale notar não apenas que inovações semânticas estão relacionadas a mudanças estruturais (ver Skinner, 1989), mas também que a obsolescência de semânticas específicas pode estar associada ao esgotamento das estruturas respectivas, tendo em vista que, "se o nível de complexidade da sociedade modifica-se, a semântica orientadora do vivenciar e agir precisa adequar-se a ele, porque, senão, ela perde a conexão com a realidade" (Luhmann, 1980, p. 22). E isso é especialmente pertinente para a relação entre estrutura social e os conceitos de Constituição ou constitucionalismo, de modo que o aparato semântico do constitucionalismo não deve ser dissociado de seu significado histórico e funcional para a transformação estrutural que levou ao surgimento de Constituições.

A terceira tentação é recorrer à ideia de panconstitucionalismo. Nesse sentido, a proposta mais extrema de um "conceito historicamente universal" (Canotilho, 1991, p. 59) é dada por Teubner (2012, p. 63 [trad. ingl., 2012, p. 35]), para quem: "não apenas *ubi societas, ibi ius*, como Grotius uma vez disse, mas *ubi societas, ibi constitutio*"[4]. Nessa abordagem, as Constituições são

---

[4] A referência a Grotius aparece apenas na tradução inglesa. De acordo com a formulação de Teubner, é necessário expandir o constitucionalismo (Teubner e Beckers, 2013) em diferentes arenas sociais. Seguindo esse mesmo caminho, ver, por exemplo, Kjaer (2014; 2013); Thornhill (2013); Kumm (2013); Berman (2013); Lindahl (2013); Prandini (2013); Anderson (2013); Wielsch (2013); Renner (2013); Bailey e Mattei (2013); Rödl (2013); Ellis (2013); Backer (2013); Bregvadze (2013); Teubner (2016).

encontradas não apenas nas formas pré-modernas de organização social de base territorial, em que a dominação política está no topo da estrutura e é apoiada por uma semântica moral-religiosa abarcante de toda a sociedade, mas também em sociedades tribais. Isso porque essas sociedades também teriam fronteiras que implicariam uma distinção entre identidade e alteridade, isto é, entre a própria comunidade tribal e outras tribos. Além disso, a identidade tribal estaria refletida em cosmovisões religiosas com um pano de fundo mágico, por meio de autodescrições a partir de um conjunto de narrativas. Desse modo, o conceito de Constituição perde sua especificidade e confunde-se com o conceito básico de formação social.

Apesar de Koselleck não adotar um modelo panconstitucional, ele se aproxima dessa abordagem na medida em que atribui ao conceito de Constituição um significado muito abrangente. Ele afirma: "Minha proposta de que a história da Constituição deveria abranger todos os domínios que se caracterizam pela repetibilidade em virtude de regras jurídicas visa a superar, portanto, a fratura entre histórias pré-modernas do direito e histórias modernas da Constituição e, assim, tematizar inclusive fenômenos pós-estatais e, em certa medida, supraestatais, não apenas interestatais, de nossa época" (Koselleck, 2006, pp. 370-1). Assim, as Constituições estariam presentes em todos os domínios sociais em que há "repetibilidade em virtude das regras jurídicas". Mas, para além do fato de que a noção de "repetibilidade em virtude de regras jurídicas" é porosa, é muito difícil encontrar um contexto social em que esse tipo de repetibilidade não exista. Se nós estivéssemos preparados para admitir que repetibilidade tem a ver com "redundância" em agir de acordo com expectativas normativas, a proposta de Koselleck estaria próxima ao conceito de direito como estabilização e generalização congruente de expectativas normativas nos termos da teoria dos sistemas (Luhmann, 1987a, pp. 94 ss. [trad. ingl., 2014, pp. 73 ss.]; 1993, pp. 131 ss.). Nessa linha de raciocínio, constitucionalização não seria diferente de legalização. De fato, Koselleck (2006, p. 370) parece corroborar esse entendimento, pois ele amplia o conceito de Constituição para incluir "todas as instituições juridicamente reguladas e suas formas de organização, sem as quais uma comunidade social de ação não é politicamente capaz de agir". Esse conceito em Koselleck está ligado à noção de "comunidades de ação" *politicamente organizadas*, excluindo do campo de referência conceitual formas tribais de vida social, bem como as formas jurídicas não relacionadas a uma coletividade política[5]. Ainda assim, apesar dessas restrições, há uma identidade entre Constituição e direito na concepção de Koselleck. Aqui, o conceito de Constituição perde especificidade e torna-se supérfluo.

Thornhill (2011, p. 11) também propõe um conceito bastante abrangente de Constituição, "em termos que podem ser aplicados a muitas sociedades em diferentes períodos históricos". Embora limitando sua compreensão de Constituição ao "fato de que ela se refere principalmente à função dos Estados [em geral, não apenas os Estados modernos – MN] e estabelece uma forma jurídica relativa ao uso do poder pelos Estados, ou, pelo menos, pelos atores que portam ou utilizam autoridade pública" (*ibid.*), seu conceito também abrange as "Constituições pré-modernas", particularmente as "Constituições medievais", em um contínuo evolucio-

---

[5] Teubner (2012, p. 34 [trad. ingl., 2012, p. 16]) incorpora a referência a fenômenos "pós-estatais" e "supraestatais" para colocar sua concepção de "Constituições civis", que são construídas por "atores privados" (não políticos), sob o conceito de Constituição de Koselleck. Todavia, Koselleck restringe esse conceito a uma "comunidade social de ação" que é "politicamente capaz de agir", independentemente de ser um Estado ou uma comunidade interestatal, pós-estatal ou supraestatal (2006, p. 370). Para uma crítica a Teubner, ver Christodoulidis (2013, p. 649).

nário (Thornhill, 2011, pp. 11-2 e 20 ss.). Nesse contexto, qualquer organização na qual haja conexão funcional entre direito e autoridade pública terá uma Constituição. Novamente, esse tipo de formulação carece de especificidade, referindo-se a um conceito de Constituição quase que "historicamente universal", que visa abranger diferentes cenários políticos e jurídicos da antiguidade até a era moderna, como expresso, por exemplo, no título do livro de Charles Howard McIlwain (1940): *Constitutionalism: Ancient and Modern* (Constitucionalismo: antigo e moderno)[6].

A tradição de compreender a Constituição nesses termos remonta não tanto à *constitutio* romana, que se referia de forma genérica ao estabelecimento de leis pelo imperador romano e incluía os "editos, decretos (decisões judiciais) e rescritos (respostas escritas aos oficiais ou aos postulantes)" (Roberts, 2007, verbete *constitutions*), mas sim à noção de *politeía* da Grécia antiga[7].

---

[6] Surpreendentemente, enquanto propõe um campo semântico bem abrangente para o conceito de constitucionalismo, McIlwain define-o de forma muito mais estrita em uma passagem do seu trabalho: "é uma limitação jurídica ao governo; é a antítese de regime arbitrário" (1940, p. 24). Contudo, é difícil aplicar essa definição às inúmeras conformações políticas ou regimes não apenas da antiguidade, mas também da era moderna.

[7] Em algumas passagens, Cícero emprega "*constitutio*" no sentido de "*politeía*", ao referir-se, por exemplo, às formas mistas de governo: "*haec constitutio primum habet aequabilitatem quandam magnam, qua carere diutius vix possunt liberi, deinde firmitudinem*" ("Tal constituição, em primeiro lugar, oferece em alto grau um tipo de igualdade que é uma coisa sem a qual um homem dificilmente pode manter-se livre por uma considerável duração de tempo e, em segundo lugar, ela tem estabilidade") (Cicero, 1928, pp. 104-5 [I.XLV.69]). Em outra passagem, a expressão se repete nos seguintes termos: "*Nunc fit illud Catonis certius, nec temporis unius nec hominis esse constitutionem rei publicae*" ("Agora nós temos outra prova do rigor da afirmação de Catão de que a fundação de nosso Estado não foi obra nem de um período nem de um homem") (Cicero, 1928, pp. 144-5 [II.XXI.37]). McIlwain (1940, pp. 27-8) atribui a essas passagens o "primeiro uso" da "palavra 'constituição' no seu aceito sentido moderno". É refutável essa compreensão, porque a primeira passagem refere-se a "*constitutio*" como um sinônimo de "*conformatione rei publicae*" ("a estrutura da república"), apontando para uma das suas formas: "*moderateque permixta conformatione rei publicae*"

O conceito de *politeía*, naturalmente, encontrou uma notável definição no trabalho de Aristóteles: "[...] Constituição (πολιτεία) é a ordem (τάξις) dos Estados em relação aos cargos governamentais, como eles hão de distribuir-se, e à determinação do poder governamental supremo no Estado, como também do fim (τελος) da respectiva comunidade" (Aristotle, 1944, p. 281 [IV. I. 5, 1289a]; ver pp. 173 [III. I. 1, 1274b], 201 [III. IV. 1, 1278b]). Essa definição refere-se tanto descritivamente a elementos de estruturas reais de poder (McIlwain, 1940, p. 28; Maddox, 1989, p. 51) quanto à dimensão teleológica da organização da *polis* (Mohnhaupt, 1995, p. 9), de tal maneira que, até o final do século XVIII, o termo *politeía* não tinha sido traduzido para o inglês como *constitution*, mas mais aproximadamente como *government* (Stourzh, 1989, pp. 3 ss.; Mohnhaupt, 1995, p. 8)[8]. Entretanto, no trabalho de Aristóteles, *politeía* incluía não apenas a monarquia, a aristocracia e a *politeía* como formas justas/puras de governo, "cujo objetivo é o bem comum", mas também a tirania, a oligarquia e a democracia como formas de governo injustas/impuras, que "visam apenas ao bem dos próprios governantes" (Aristotle, 1944, pp. 205 ss. [III. IV. 6 ss., 1279a ss.]). Essa tradução por "Constituição" é um típico anacronismo da era das revoluções liberais (um "anacronismo iluminista")[9], que tem prejudicado o correto en-

("a constituição mista e uniformemente equilibrada") (Cicero, 1928, pp. 104-5 [I.XLV.69]); e a segunda passagem relaciona-se antes à fundação ou construção de comunidade política, como se pode inferir da tradução transcrita.

[8] Uma tradução do século XX amplamente conhecida do livro *Politics* contém a seguinte sentença: "*the constitution is the government*" ("a constituição é o governo") (Aristotle, 1944, p. 201 [III. IV. 1, 1278b]). Ver também *ibid.*, p. 205 [III. V. 1, 1279a].

[9] Essa é uma expressão usada em outro contexto por Koselleck (1989, p. 180 [trad. ingl., 2004, p. 131; trad. bras., 2006, p. 164]), o qual se refere ao "puro anacronismo" como "a destruição egocêntrica da experiência intersubjetiva", associando-a à "esquizofrenia" (*ibid.*, p. 291 [trad. ingl., p. 215; trad. bras., pp. 257-8] [N. do Org.: a expressão "puro anacronismo" não se encontra na tradução brasileira, embora esteja no original e na tradução inglesa]).

tendimento e explicação dos problemas e aspirações que emergiram no contexto das transformações estruturais da sociedade moderna e que levaram ao movimento constitucionalista e à crescente importância da Constituição no sentido moderno. Aparentemente, seria possível justificar esse uso invocando a ideia de "ressignificação" de termos, mas isso só faz sentido se houver um núcleo de continuidade, revisão e expansão ou deslocamento de um conceito antigo[10]. Contudo, o significado de *politeía* ou mesmo de *polis* em geral estava restrito aos chefes do espaço doméstico (*oikía* ou *oíkoi*)[11]. Requisitos normativo-estruturais excluíam outros seres humanos (ou seja, a vasta maioria), na medida em que eram mantidos no espaço doméstico como dependentes ou escravos. Em oposição a isso, o constitucionalismo surgiu como uma nova semântica apontada para estruturas normativas com o objetivo de inclusão universal de qualquer pessoa como sujeita de direitos, mesmo diante de todas as limitações socioestruturais a sua realização e desenvolvimento. Não penso, portanto, que seja apropriado invocar a "ressignificação" de um modelo político-jurídico excludente para entender e explicar – pelo menos em nível normativo – um modelo político-jurídico inclusivo.

As tentações de recuperar "vocabulários políticos mais antigos" para abarcar novos conceitos, como o de "Constituição", que surgem com o movimento constitucionalista desconsideram

---

[10] Salvo se aceitarmos a noção de "reocupação ou ressignificação radical" proposta por Butler (1997, p. 104). Sob essa perspectiva, "em suas ressignificações, o próprio direito é transmutado naquilo que se opõe ou excede seus propósitos originais" (*ibid.*, p. 99); mas isso é relacionado à "mobilização contra sujeição" (*ibid.*, p. 104), o que não parece ser o caso do anacronismo constitucional ou do panconstitucionalismo que quero evitar.

[11] É importante notar que *oîkos* (pl. *oíkoi*) tinha um significado mais amplo do que *oikía* (pl. *oikíai*), incluindo a propriedade pertencente ao chefe de família fora da casa como um espaço doméstico físico (cf. MacDowell, 1989, p. 10).

que esses vocabulários "são quase impossíveis de serem ressuscitados e revitalizados" e que "as linguagens políticas anteriores são mais bem estudadas e apreciadas que revividas" (Ball e Pocock, 1988, p. 11). Na era da revolução liberal, a nova palavra emergente "Constituição" e seu significado corresponderam a transformações estruturais da sociedade (Luhmann, 1990a, p. 177)[12]. É muito difícil analisar a especificidade do significado e da função da Constituição no sentido moderno quando os instrumentos analíticos a serem utilizados são conceitos histórico-universais, que tentam encontrar o mesmo conceito em contextos histórico-sociais inteiramente distintos (ver Luhmann, 1990a, p. 212). Nessa perspectiva, Luhmann não aceitou – contrariamente ao que sugeriu Thornhill (2011, p. 9) – uma "latitude na definição da Constituição". Inversamente, ele propôs um conceito bem estrito de Constituição: "minha tese será a de que o conceito de Constituição, ao contrário do que parece à primeira vista, é uma resposta à diferenciação entre direito e política; de forma ainda mais forte: à completa separação desses dois sistemas funcionais *e à consequente necessidade de ligação entre eles*" (Luhmann, 1990a, pp. 179-80)[13]. Dois pontos devem ser considerados em relação a essa concepção. Por um lado, a Constituição moderna não aparece como uma "ordem fundamental da comunidade" que tudo abrange juridicamente (ver, por exemplo, Hesse, 1980, p. 11; Hollerbach,

---

[12] A esse respeito, Luhmann utiliza Skinner (1989).

[13] Enquanto Thornhill (2008, pp. 161-2, 165-6, 170, 175 e 179; 2011, p. 13; 2012, p. 376; 2013, p. 583) invoca a teoria dos sistemas de Luhmann como um modelo para sua sociologia das Constituições, ele não aceita a concepção fundamental de Constituição de Luhmann como resultado e fator da diferenciação entre direito e política (Thornhill, 2014, p. 358). Dessa maneira, parece-me que a sociologia constitucional de Thornhill está mais próxima de uma leitura funcional do conceito de constituição de Carl Schmitt (Thornhill, 2014, p. 360; Seitzer e Thornhill, 2008) do que da teoria luhmanniana da diferenciação funcional, especialmente na ênfase desta na autonomia do direito em face da política com base na Constituição.

1969, p. 46; Böckenförde, 1983, pp. 16 ss.)[14], mas como um artefato associado a uma relação específica entre política e direito no Estado moderno. Por outro lado, não é apropriado restringir o conceito de Constituição a uma das poucas "aquisições da civilização moderna" que são "resultado de planejamento intencional" (Luhmann, 1990a, p. 176), muito menos para sustentar que "os norte-americanos inventaram não apenas a coisa, mas também o nome dela"[15]. Embora seja admissível falar de invenção constitucional fazendo um paralelo com "invenção democrática" (Lefort, 1981), não é plausível reduzir o surgimento da Constituição ao resultado de atos de vontade constituinte em um "momento constitucional", a exemplo das experiências francesa e norte-americana. A crescente importância da Constituição também abrange processos históricos dilatados de separação institucional em que a política e o direito vão gradualmente tornando-se funcionalmente diferenciados, embora interdependentes, como demonstra a experiência britânica[16]. Sob essa perspectiva, considerarei a seguir a Constituição do constitucionalismo partindo da rejeição de qualquer reivindicação de ubiquidade constitucional nos termos da dominante catarse panconstitucionalista.

---

[14] De acordo com Luhmann (1973, p. 2), essa visão pressupõe "que, também em nossa sociedade, estruturas 'constitutivas' assumem a forma de uma expectativa de comportamento".

[15] Adams (1980, p. 65) refere-se diretamente a "poder constituinte" nessa passagem, mas também, indiretamente, à "Constituição" como expressão de um artefato moderno não resultante da legislação, mas do "processo constituinte". De uma forma diferente, mas ainda similar, Klug (2000, espec. pp. 600-1) aponta para a Constituição dos Estados Unidos como um modelo e ponto de partida para o resto do mundo.

[16] A noção de "momento constitucional" foi proposta por Ackerman (1991, pp. 3-33) no contexto da história constitucional dos Estados Unidos, mas ela não pode ser, consequentemente, estendida para todas as experiências constitucionais. Para uma revisão crítica da noção de "momento constitucional", ver Benvindo (2015).

7.2 A Constituição do constitucionalismo

7.2.1 Os problemas: transformações estruturais e a semântica dos direitos contra o poder arbitrário ou particularista

Uma análise funcional-estrutural sempre envolve definir problemas e encontrar soluções, seja por mecanismos tipicamente funcionais, seja por equivalentes funcionais, seja pelo surgimento de novos fenômenos. Por conseguinte, entender a Constituição do constitucionalismo requer especificar os problemas estruturais que deram causa ao aparecimento da semântica constitucionalista e para os quais a "invenção" da Constituição como artefato político e jurídico do Estado moderno apareceu como solução.

No quadro geral da sociedade, o problema básico da ascensão da Constituição relaciona-se às limitações estruturais que impediam a diferenciação entre o ser humano e a sociedade e entre diferentes esferas de comunicação, em uma sociedade que se encontrava no processo de tornar-se altamente complexa. De um lado, o surgimento da Constituição refletiu a reivindicação de autonomia do ser humano em relação à sociedade através da noção de pessoa no sentido moderno da palavra – como uma forma de diferenciação e, portanto, como uma forma de dois lados (Luhmann, 1995). Por outro lado, refletiu a reivindicação de autonomia de várias áreas funcionais dentro da sociedade. Essa situação, contudo, tornou-se manifestamente explícita em alguns setores sociais – por assim dizer – privilegiados; nomeadamente, nas regiões politicamente segmentadas e delimitadas estatalmente da sociedade moderna. Nesses centros dominantes da sociedade mundial, as consequências da diferenciação não apenas ressoaram no aparecimento de um sistema econômico global "diferenciado", como também reverberaram nas esferas políticas e jurídicas.

No quadro jurídico da metrópole europeia, refletido também na América do Norte, surgiu um apelo semântico por direitos fundamentais e inalienáveis do indivíduo, que foi expresso na retórica revolucionária do "*droits de l'homme*" (Gauchet, 1989, espec. pp. 15-6) e dos "*rights of man*" (Paine, 1992 [1791-1792]). Essa semântica referiu-se inicialmente à procura por respostas jurídicas à diferenciação do ser humano *vis-à-vis* à sociedade através do conceito de pessoa no sentido moderno. Essa diferenciação continha duas formas distintas de consideração: liberdade da pessoa humana como autonomia "para fora" e dignidade humana como autonomia "para dentro". A primeira diz respeito à ideia de que o ser humano como pessoa é, em princípio, livre para agir na sociedade; a segunda, à ideia de que a pessoa humana deve ser protegida contra inserções arbitrárias na sociedade, especialmente por meio da agência do poder estatal (Luhmann, 1965, p. 77).

Associado a essa semântica de liberdade e dignidade humana como direitos inalienáveis, um cenário semântico se desenvolveu, objetivando definir direitos fundamentais relacionados às esferas sociais que, em variados níveis, estavam tornando-se diferenciadas (Luhmann, 1965). No início, essa semântica ganhou maior proeminência na relação com a economia, o que implicou a consagração semântica do direito à propriedade privada e à liberdade comercial como direitos naturais inegáveis. Mas ela também ganhou destaque na relação com a ciência, a religião e a arte, e o discurso de liberdade científica, religiosa e artística se expandiu intensamente nos séculos XVII e XVIII. No que tange às reivindicações de diferenciação e autonomia do próprio sistema político, a reação, do ponto de vista do direito, apresentava-se na linguagem da liberdade política e do direito ao voto. Com a intensificação da diferenciação, desenvolveram-se ainda outras linguagens relativas a direitos vinculados a outras esferas sociais, como educação, o que levantou a questão do direito à educação.

Do ponto de vista da diferenciação da política, a semântica revolucionária refere-se, por um lado, à limitação jurídica e ao controle do poder político, objetivando prevenir qualquer forma de poder arbitrário[17] e, ao mesmo tempo, tornar a cadeia de poder mais eficiente (ver Luhmann, 1973, pp. 11-2). Por outro lado, essa semântica aponta para a ideia de que o poder poderia assegurar um apoio geral, que, substituindo as fontes particularistas tradicionais de apoio ao poder, contribuiria para uma ampla "legitimação" do sistema político (Luhmann, 1981a, p. 165, nota 19). Esses dois processos entrelaçam-se como uma concepção de política limitada por direitos e apoiada por figuras retóricas que expressam unidade, a exemplo de "povo" ou "nação". Ambas buscam superar o poder diluído pelas características particularistas persistentes do feudalismo ou pelo poder instrumentalmente concentrado em um soberano com reivindicação absoluta nos termos do direito natural, mas factualmente ligado a cenários concretos e particulares de forças sociais.

7.2.2 A solução: a Constituição entre direitos constitucionais e o povo constitucional

Como o Estado moderno, enquanto organização geograficamente segmentada em uma sociedade mundial, reage a esses problemas? Como isso foi expresso nas semânticas jurídica e política ligadas a mudanças estruturais? A semântica clássica do constitucionalismo encontrou sua contrapartida estrutural no surgimento de Constituições estatais. Com variados graus de su-

---

[17] Esse é o desenho atual, que, como é bem conhecido, remonta a Montesquieu (1979 [1748], pp. 294-304, Livro XI, Capítulo VI).

cesso, elas também ofereceram soluções jurídicas e políticas para os novos problemas.

Em relação ao direito, a Constituição do constitucionalismo tem definido uma lista de direitos fundamentais ou direitos humanos por meio de declarações formais. Embora em um primeiro momento algumas não fossem juridicamente vinculantes ou tivessem um caráter puramente simbólico, elas ganharam força jurídico-normativa no decorrer do tempo (Lefort, 1981, pp. 67 ss. e 82). Os direitos constitucionais fundamentais responderam tanto à autonomia da pessoa na sociedade em geral (liberdade geral e dignidade humana) quanto à pretensão de autonomia das várias esferas sociais (principalmente direito à propriedade, livre iniciativa, liberdade científica, artística e religiosa, bem como direito universal à educação). Por um lado, essa diferenciação de direitos associada à diferenciação social foi avaliada em termos positivos, como "desintrincamento do poder, direito e conhecimento" por meio da "invenção democrática", na formulação de Claude Lefort (1981, p. 64). Por outro lado, houve uma avaliação em termos negativos, como "desagregação do homem" (Marx, 1988 [1844], p. 357), conforme Marx em sua crítica aos "direitos do homem" ("como distintos dos direitos do cidadão") (*ibid.*, pp. 361 ss.), dos quais ele zombou "como os direitos do membro da sociedade burguesa, isto é, do homem egoísta, do homem separado de outros homens e da comunidade" (*ibid.*, p. 364).

Com a declaração constitucional de direitos, a Constituição desenvolveu a noção de *rule of law* (na tradição do "*common law*") ou de *Rechtsstaat/L'état de Droit* (na tradição do "*civil law*") em resposta aos desafios das mudanças estruturais, analisadas principalmente do ponto de vista do direito. Aqui, dois aspectos separados precisam ser considerados. Um diz respeito ao ponto de vista da autorreferência do sistema jurídico. O Estado de direito, como *rule of law* ou *Rechtstaat*, é o mecanismo de autonomia do sistema jurídico, especialmente em face do poder político. Mas, ao mesmo tempo, ele serve para possibilitar uma codificação secundária do poder (Luhmann, 1997, tomo 1, pp. 357 e 367 [trad. ingl., 2012, pp. 213 e 220]), garantindo que a política, de certa maneira, esteja vinculada ao direito. Essa condição implica uma restrição (jurídica) externa ao poder, mas incorporada à política através de uma "reentrada", que muda seu significado. Do ponto de vista do direito, ela serve à autonomia do sistema jurídico; do ponto de vista da política, ela reage ao potencial expansivo e dispersivo do poder. Por fim, em uma perspectiva abrangente, o princípio do *rule of law* ou *Rechtstaat* implica reflexividade, envolvendo o processo legislativo em termos de constitucionalidade (Neves, 2000, pp. 3-4, nota 4).

Em relação à política como uma esfera social orientada para a tomada e implementação de decisões coletivamente vinculantes, a Constituição responde, primeiramente, aos desafios da diferenciação funcional e da semântica respectiva através da chamada "separação de poderes". Essa solução já estava presente no modelo de "freios e contrapesos", que, enquanto remonta a uma noção de Montesquieu (1979 [1748], pp. 168-79, Livro XI, Cap. VI), foi introduzido na Constituição dos Estados Unidos pelo trabalho dos federalistas (Madison, Hamilton e Jay, 1987 [1788], pp. 302-22, n°s XLVII-LI [Madison]). Essa solução também é evidente no art. 16 da Declaração de Direitos do Homem e do Cidadão, aprovada pela Assembleia Nacional Constituinte da França de agosto de 1789: "Qualquer sociedade em que não esteja assegurada a garantia dos direitos nem estabelecida a separação de poderes não tem Constituição." À primeira vista, o modelo de "separação de poderes" parece ser desenhado simplesmente para limitar o poder político, prevenindo sua expansão destrutiva diante de outras esferas sociais, especialmente a esfera jurídica e seus direitos. Nesses termos, ele foi definido como o "princípio da organização" (formal) do Estado liberal, garantindo seu "princípio da distribuição" (substantivo) relativo a direitos fundamentais (Schmitt, 1993 [1928], pp. 167-7 [trad. ingl., 2008, p. 170]). Porém, essa leitura é incompleta, porque a "separação de poderes" promoveu uma diferenciação específica de funções, que intensificou a eficiência e a capacidade operacional dos poderes do Estado, evitando que diferentes forças particulares prejudicassem a autonomia do sistema político em sua totalidade. A "separação de poderes" (uma expressão sempre imprecisa), que limita juridicamente o poder político e torna-o mais eficiente sob condições sociais complexas, refere-se à pluralidade e circularidade dos procedimentos dentro do Estado constitucional (Neves, 2000, pp. 142-9).

Um corolário da "separação de poderes" é a distinção interna do sistema político entre política (em sentido estrito) e administração (burocrática). Enquanto esta é mais vinculada ao sistema jurídico, aquela é mais flexível, representando a cúpula do Poder Executivo em conexão com a maioria parlamentar. A ideia de uma administração burocrática vinculada ao direito e independente dos governantes tem um papel crucial para prevenir a disseminação de poder contrário aos direitos, servindo até mesmo para a realização prática do princípio da igualdade[18]. Mas, ainda tratando dessa distinção, constata-se que ela tem servido tanto para aumentar a eficiência de políticas públicas por meio de uma burocracia composta de especialistas quanto para assegurar a autonomia do sistema político, tornando difícil que ele seja manipulado *ad hoc* por correlações particulares de poder.

---

[18] "A separação entre política e administração possibilita a aplicação prática do princípio de igualdade" na esfera da burocracia estatal (Luhmann, 1965, p. 155).

A delimitação constitucional dos contornos diferenciados do sistema político vai além da diferenciação interna da política por meio da "separação de poderes" e estende-se para a institucionalização constitucional da oposição política, que acarretou "a cisão da cúpula do sistema político diferenciado através da distinção entre governo e oposição" (Luhmann, 1987b, p. 127). A esse respeito, por um lado, o constitucionalismo transformou a diferença entre poderosos e desprovidos de poder ou entre poder superior (autoridade) e aqueles subordinados a ele, nos termos da pré-modernidade ou do início da modernidade. Adicionalmente, o constitucionalismo transmutou a distinção entre governantes (detentores do poder) e governados (destinatários do poder), acrescentando a diferença governo/oposição como abrangendo o sistema político (Luhmann, 1986, p. 199; 1993, p. 436 [trad. ingl., 2004, p. 378]; 2000, pp. 97-8). Por meio dessa diferença, tornou-se possível imaginar a *legitimidade* do sistema político como uma fórmula de contingência, que serve para motivar a ação e comunicação no sistema político (ver Luhmann, 2000, pp. 122 ss.) e constitui um paradoxo que não pode ser definitivamente transcendido, mas apenas controlado e resolvido em casos procedimentalmente concretos. A diferença entre governo e oposição refere-se à permanente possibilidade de crítica ao governo. Isso significa admitir que há sempre alguma coisa "faltando" no sistema político. Sobre esse tema, Luhmann diz: "Então, isso significa que a política se torna ativa sob condições de legitimidade, assim como a economia em relação ao problema da escassez." Ele acrescenta: "E, enquanto a política deve ver isso no sentido de que, sem opções que exijam legitimidade, a política torna-se desnecessária, uma descrição externa vê a situação de maneira inversa: sem um sistema político diferenciado, não há problemas de legitimidade" (Luhmann, 2000, p. 126). Consequentemente, eliminar o paradoxo da legitimidade como uma fórmula de contingência significaria o fim do sistema político diferenciado. Isso poderia ocorrer através de um processo regressivo de desdiferenciação em direção à política tradicional (ainda presente no início da era moderna no Estado absolutista) orientada para o "bem comum" (Luhmann, 2000, pp. 120-2). Alternativamente, poderia ocorrer através da construção de um "paraíso", derivado de um consenso moral comunitarista, no qual a necessidade de legitimação desapareceria. Ambos os modelos seriam incompatíveis, evidentemente, com a Constituição do constitucionalismo. Em resumo, sem a institucionalização da diferença "governo/oposição", não se pode falar de legitimidade de um sistema político diferenciado.

Finalmente, observada da perspectiva da política, a Constituição apresenta outra importante resposta aos desafios da diferenciação funcional, estabelecendo um modelo de apoio generalizado para o sistema político e, portanto, substituindo os mecanismos particularistas de apoio *ad hoc* ao poder pela ideia de "povo". Nesse contexto, *povo* não deve ser confundido com a população de fato ou com uma suposta unidade cultural como a "nação" (embora essa linguagem tenha sido usada na retórica constitucionalista), mas, sim, entendido como uma unidade heterogênea construída pela Constituição através de um complexo procedimental, como, notadamente, eleições e consultas populares diretas. Enquanto o "público" como destinatário de decisões é uma pluralidade passiva que reage esporadicamente aos *outputs* do sistema político, o "povo" como unidade constitucional heterogênea que opera através de procedimentos *fecha* o sistema político. Resumindo a clássica semântica constitucionalista, Luhmann é sugestivo nesse sentido: "O fechamento do sistema ocorre no momento em que o público formado de indivíduos, grupos e organizações, recebedor de ordens, importunado administrativamente, torna-se povo; no momento em que *la volonté de tous* torna-se *la volonté générale*" (Luhmann, 2000, p. 265). Em consequência, o povo não deve ser visto apenas como uma mera ficção. Essa linguagem é totalmente deslocada e será absurda se aplicada a um sistema totalitário ou autoritário, que impede qualquer canal de "participação" popular. Para que o povo como um construto constitucional tenha significado prático na circulação do poder, é necessário que a Constituição estabeleça procedimentos de participação política que envolvam a incerteza do resultado e que possam, realmente, influenciar a tomada de decisão, não sendo reduzidos a meros rituais (ver Luhmann, 1983, espec. pp. 51-2 e 172-3). Somente nesses termos é pertinente falar de democracia como inclusão política generalizada. Isso não quer dizer que deveríamos nutrir a ilusão de unidade do governo e do "povo", mas, antes, que o "povo" como uma instância procedimental permanente de irritação do sistema político é fundamental para a sua legitimação, porque sempre haverá uma lacuna entre "demandas populares" e respostas governamentais a essas demandas.

A noção de povo constitucional como instituição que fecha o sistema político não implica que ele é sujeito do sistema político, muito menos da Constituição. De uma perspectiva diferente, de fato, o próprio Habermas modificou seu posicionamento em relação à "esfera pública" ao dizer posteriormente que não se trata de sujeito coletivo (Habermas, 1990, p. 33). Aliás, também prosseguiu para afirmar que o povo "não forma um sujeito" que, "dotado de consciência e vontade", é o portador do poder soberano: "Ele surge somente no plural, não sendo capaz de decidir ou agir em conjunto *como* povo" (1992a, p. 607 [trad. ingl., 1997, p. 41; trad. bras., 2020, p. 630]). Entretanto, Habermas insiste no modelo de consenso racional, argumentando que as "formas de comunicação sem sujeito", nas quais a soberania popular se expressa, podem regular "o fluxo da formação discursiva da opinião e da vontade de tal modo que seus resultados falíveis possam contar com a presunção da razão prática" (Habermas, 1992a, p. 626 [trad. ingl., 1997, p. 58; trad. bras., 2020, p. 648]). Esse pressuposto do povo construído intersubjetivamente nos termos formais pragmáticos de um discurso racional contém um idealismo moral sobrecarregado que vai muito além de qualquer análise jurídico-sociológica pertinente. De fato, parece apropriado considerar o povo constitucional como uma instância transubjetiva (ver Fischer-Lescano, 2013, pp. 17-22; Ladeur, 2014), que torna o sistema político capaz de canalizar, absorver e dissipar o dissenso estrutural subjacente à esfera pública e à sociedade. O povo representa, assim, um plexo de comunicações procedimentalmente estruturadas com base na Constituição.

Em relação ao surgimento das Constituições do constitucionalismo, o povo não implica necessariamente a noção de poder constituinte. Essa noção apenas faz sentido nas primeiras experiências revolucionárias do constitucionalismo nos Estados Unidos e na França, seguidas por outras experiências constitucionais nos séculos XIX e XX, especialmente na Europa e nas antigas colônias. Nesses casos, realmente, trata-se de poder decisório para estabelecer uma Constituição escrita. O poder constituinte foi apresentado como algo interno à política e externo ao direito positivo do Estado. De fato, ele era limitado pelas barreiras do direito internacional e por certos discursos socialmente relevantes que invocavam os chamados "*moral rights*", típicos da linguagem pré-revolucionária. Não acredito, porém, que a noção de poder constituinte aplica-se a todas as experiências constitucionais do Estado moderno. Por exemplo, na experiência inglesa, em que a Constituição do constitucionalismo nasceu em um processo histórico gradual tanto através do desenvolvimento do Estado de direito pelo *common law* (ver Tomkins e Scott, 2015) como pelos raros atos do legislador constituído[19], torna-se difícil e artificial aplicar a noção de poder constituinte; não há nem mesmo um equivalente funcional. Nesse sentido, não parece apropriado falar de um "constitucionalismo pós-constituinte" na experiência de uma emergente Constituição europeia (Walker, 2007), pois o constitucionalismo clássico, em parte, foi "não constituinte"; além disso, não compreendo por que seria apropriado insistir em uma nova leitura do "poder constituinte" para explicar e justificar novas experiências constitucionais desenvolvidas em nível mundial por tribunais na proteção de direitos (ver Thornhill, 2012, 2013, 2014)[20]. A relação do povo constitucional e de direitos constitucionais com o poder constituinte é contingente no constitucionalismo clássico.

A Constituição do constitucionalismo não implicou apenas a diferenciação entre política e direito. Ela também estabeleceu uma relação de interdependência entre esses dois sistemas. De muitas formas, é possível identificar entre eles uma relação de

---

[19] Esse processo histórico de constitucionalização foi contínuo até o século XX. Porém, o *Parliament Act* de 1911, *basicamente*, transferiu a autoridade legislativa (não a "soberania") do rei (ou rainha) e das duas câmaras parlamentares para o rei (ou rainha) e a Câmara dos Comuns, reduzindo essencialmente o poder legislativo da Câmara dos Lordes e, consequentemente, superando as reminiscências do antigo regime (veja, alternativamente, Dicey, 1982 [1915], pp. xxxvii ss.).

[20] Quando Thornhill refere-se à "tendência constitucional em direção à substituição parcial do poder constituinte pelo poder constituído na sociedade contemporânea" (2014, p. 365), ele desenvolve uma narrativa tipicamente eurocêntrica ou ocidentocêntrica, que desconsidera muitas experiências recentes de outras regiões do mundo, como o atual processo constituinte no Chile (ver Chia e Quezada, 2015; Correa Sutil, 2015; Soto Barrientos, 2014; Zúñiga Urbina, 2013). Além disso, processos constituintes como um todo não estiveram ausentes no estabelecimento de Constituições pós-comunistas na Europa Oriental, a não ser que os associemos, estritamente, a um *demos* unificado (Preuss, 2007, pp. 227-8) ou à presença de "assembleias constitucionais constituintes" nos termos clássicos (Teitel, 1994, p. 172). Ver também Castellà Andreu (2015) sobre o debate na Catalunha. Para uma visão mais recente sobre o Reino Unido e outros contextos ao redor do mundo, ver Renwick (2014).

dependência-independência recíproca, de tensão-complementariedade. Em um nível, nota-se a conexão constitucional entre positividade como autonomia funcional do direito e democracia como autonomia funcional da política: a positividade do direito pressupõe democracia; democracia pressupõe a positividade do direito (Luhmann, 1981a, pp. 148-9; ver também 1983, pp. 151-4). Em outra formulação, pode-se apontar igualmente para a relação entre Estado de direito e democracia: procedimentos democráticos devem ser regidos por normas jurídicas do jogo político; normas jurídicas precisam de suporte democrático (ver Luhmann, 1981b). Essa relação, que é sempre paradoxal e problemática, pode ser expressa de uma maneira mais abrangente na conexão entre direito constitucional e povo constitucional. Naturalmente, enquanto o último fecha operativamente o sistema político, o primeiro "fecha o sistema jurídico", suplantando sua tradicional dependência do direito natural (Luhmann, 1990a, p. 187). Entretanto, uma espécie de ligação surge entre eles, a qual, na terminologia da teoria dos sistemas, é referida como "acoplamento estrutural", habilitando permanente e continuamente irritações e influências recíprocas através de procedimentos constitucionalmente estabelecidos (Luhmann, 1990a, pp. 193 ss.; 1993, pp. 470 ss. [trad. ingl., 2004, pp. 404 ss.]; 2000, pp. 389-92; 1997, tomo 2, pp. 782-3 [trad. ingl., 2013, p. 112]). Seria possível ir mais além para defender que a realização da Constituição do constitucionalismo ocorreu com o estabelecimento de uma *racionalidade transversal* entre política e direito. Isto é, culminou na emergência de uma racionalidade na qual ambos os sistemas poderiam aprender um com o outro de uma maneira baseada em pré-seleções que cada um fez e, portanto, pela observação da complexidade que cada um já estruturou (Neves, 2013, pp. 27 ss. e 42 ss.)[21]. A relação des-

---

[21] Nesse contexto, racionalidade transversal é entendida como uma racionalidade intersistêmica, não exatamente de acordo com o conceito de "razão transversal"

ses sistemas não é um reino de harmonia, mas sim um domínio em que relações dialógicas e agonísticas entre direito e política, entre "direitos constitucionais" e "povo constitucional" alternam-se permanentemente.

7.2.3 O paradoxo: externalizando exclusões e arbitrariedade dos centros para as periferias

É evidente que a Constituição do constitucionalismo tem tido algum sucesso – embora em graus variados – nos centros dominantes e irradiadores de constitucionalismo da sociedade mundial. Nesses locais, as condições estruturalmente privilegiadas possibilitaram inclusão jurídica e política, não completa e imediatamente, mas de forma gradual e generalizada. No entanto, não podemos encontrar essas condições nas periferias da sociedade mundial. Mas será que isso é um problema exclusivo das periferias? Não me parece ser esse o caso.

Primeiramente, é preciso fazer um esclarecimento. Quando utilizo a diferença simplificadora "centro(s)/periferia(s)", estou ciente de que ela não é absoluta, muito menos que abarcaria a sociedade mundial na sua totalidade. É claro que há outras diferenças simplificadoras, como ocidentalismo e orientalismo, fundamentalismo e liberalismo e – até há pouco tempo relevante – entre socialismo e capitalismo. A modernidade não é apenas plural em termos culturais, como pode ser compreendido de acordo com Eisenstadt (2000, espec. p. 10), mas também na multiplicidade de diferenças relevantes que ela contém. Ademais, há uma escala fluida entre centros e periferias, o que tem levado alguns observadores a afirmarem a existência de "semiperiferias"

---

de Wolfgang Welsch, que abrange todos os "jogos de linguagem" (Welsch, 1996; 2002, pp. 295 ss.). De qualquer modo, esse conceito foi meu ponto de partida para ir além da noção de "acoplamento estrutural".

ou "Estados semiperiféricos" nos termos da economia mundial (Wallerstein, 1979, pp. 50 ss.; 2004, pp. 28 ss.). Há também "mobilidade" entre posições de centro e de periferia (Luhmann, 2000, p. 224). Entretanto, a distinção entre centro e periferia como forma de redução teórica da complexidade social possuía e ainda pode possuir um significado relevante para o entendimento de assimetrias entre regiões que são politicamente segmentadas em Estados na sociedade moderna. Esse continua a ser o caso, apesar de que essa distinção tem sido enfraquecida por uma certa "periferização" paradoxal dos centros (Neves, 1998, pp. 153 ss.) e que pode, consequentemente, perder todo seu significado ao longo do tempo.

A distinção entre centro e periferia pode ser entendida como um resultado do processo de colonização e de dinâmicas neocoloniais ou pós-coloniais depois de antigas colônias terem conquistado a independência como "Estados". Apesar de nos centros as condições para a inclusão política e jurídica determinadas pelo constitucionalismo terem se desenvolvido de maneira relativamente satisfatória, nas periferias persistiu uma estrutura de exclusão de amplos setores da população, gerando uma "realidade constitucional inconstitucional" (Grimm, 1989, p. 637)[22]. É claro que a exclusão existiu e aumentou recentemente (especialmente em virtude do novo fluxo de imigração ilegal dos "refugiados da exclusão") nos centros[23], mas, até agora, isso tem sido uma "exclusão secundária", que apenas limita a validade do direito e da Constituição (Müller, 1997, pp. 50-1). Nas periferias, a "exclusão primária" (*ibid.*) afeta a força normativa essencial da

[22] Em uma visão pós-colonial, Baxi (2005, p. 540) fala do "paradoxo de 'Constituições sem constitucionalismo'".

[23] Como dito em uma manchete de jornal: "Uma crise de imigração em massa, e ainda pode piorar" (Rod Norland, *New York Times*, 31 de outubro de 2015).

Constituição, seja por uma constitucionalização simbólica (texto constitucional como uma fachada para o discurso político, em vez de um artefato para concretizar padrões constitucionais como normas jurídicas) (Neves, 1998), seja por um instrumentalismo autocrático que cria permanentemente "leis constitucionais" para assegurar um contínuo "estado de exceção".

Se a inclusão for entendida como dependência e acesso de pessoas aos sistemas sociais – incluindo os sistemas político e jurídico (Luhmann, 1981c, p. 25) –, a exclusão estrutural nos países periféricos ocorreu não apenas como falta de acesso, mas também como ausência de dependência dos sistemas sociais. Do ponto de vista do direito, especialmente do direito constitucional, isso significa, de um lado, que grandes segmentos da população não têm acesso aos direitos básicos e, de outro lado, que grupos privilegiados encontram-se amplamente localizados "acima" das leis e da Constituição, presumindo até mesmo uma garantia de impunidade. Os primeiros são aqueles que chamei de "subintegrados" ou "subincluídos" (excluídos por "baixo"), enquanto os últimos são os "sobreintegrados" ou "sobreincluídos" (excluídos por "cima"). Usando uma linguagem constitucional, podemos falar de relações de "subcidadania" e "sobrecidadania" (Neves, 2005). Nós nunca poderemos observar uma pessoa ou grupo puramente subintegrados ou absolutamente sobreintegrados. Além disso, há segmentos da população que não estão em nenhuma dessas situações. Contudo, a persistência de relações de subcidadania/sobrecidadania implode a Constituição enquanto ordem básica da comunicação política e jurídica. O texto constitucional elaborado de acordo com o modelo constitucionalista torna-se, basicamente, uma fachada simbólica em relação aos direitos fundamentais e ao controle jurídico do poder ou é posto de lado por regimes autocráticos que impõem leis constitucionais de exceção.

Como essa distinção essencial sugere, esse fenômeno não parece ser exclusivo dos países periféricos. Os centros irradiadores de ideias constitucionais têm, ao mesmo tempo, externalizado ou "exportado" em grande medida problemas jurídicos e políticos de exclusão para as periferias da sociedade mundial, apoiando exclusão e regimes antidemocráticos favoráveis a eles. A título ilustrativo, podemos considerar o "Código Negro", adotado na França em 1685 por Louis XIV no Édito chamado de *Le Code Noir* e aplicado apenas nas colônias francesas[24]. Ele permaneceu em vigor até 1843, sem ser questionado durante a Revolução ou após o período revolucionário. Não havia objeção a ele, mesmo entre os principais autores do iluminismo. Sala-Molins (1987, pp. 206 ss.; 2006) apontou com acuidade para o silêncio ou cumplicidade de autores como Montesquieu, Rousseau, Diderot e Voltaire em relação à escravidão nas colônias[25]. Essa posição significou que o constitucionalismo apareceu como um conjunto de disposições para inclusão jurídica e política dos europeus brancos (e, mais tarde, dos norte-americanos) como pessoas inteiras, sem nenhum comprometimento com aqueles que, nas periferias, trabalhavam para fomentar o bem-estar social dos países centrais. Essas considerações não negam que setores da elite privilegiada da periferia beneficiaram-se desse estado de coisas, mas apenas que sua existência é construída principalmente a partir dos centros, na medida em que externalizam e exportam medidas de exclusão.

É certo que essa situação não se restringiu ao período colonial em si, no qual a Europa desempenhou um papel fundamental.

---

[24] O texto está disponível em: https://archive.org/stream/lecodenoirouedio ofran#page/n5/mode/2up. Sobre o assunto, ver Sala-Molins (1987), Mignot (2007) e Richard (2010).

[25] Nesse contexto, pode-se referir ao "imperialismo da democracia constitucional" (Tully, 2007, pp. 328 ss.).

Em termos "neocoloniais" e "pós-coloniais", os "avanços" do constitucionalismo em relação à inclusão jurídica e política nos centros dominantes durante o século XX estavam associados a posições estratégicas de luta geopolítica, que pressupõem posições completamente anticonstitucionais por parte dos mesmos agentes políticos em países estrangeiros. Quando foi aprovada em 1963 a legislação que prescrevia ações afirmativas nos Estados Unidos, o governo democrático de Lyndon Johnson, ao mesmo tempo, estava ocupado com a preparação, em conjunto com os militares brasileiros, de um golpe para derrubar um governo civil eleito democraticamente no país, que havia proposto reformas políticas e sociais na busca de novos caminhos para inclusão. Alegando como justificativa o perigo do comunismo e a proteção dos direitos individuais, os Estados Unidos apoiaram a opressão na fundação da ditadura, incluindo o envio de navios de guerra estadunidenses para uma área próxima ao Porto de Santos, que teriam intervindo caso a operação dos militares brasileiros fracassasse (ver Corrêa, 1977). Mais do que isso, os Estados Unidos apoiaram a opressão através da manutenção da ditadura: por exemplo, mais de 300 brasileiros foram para a Escola das Américas, mantida pelo Departamento de Defesa dos Estados Unidos e localizada no Panamá (transferida em 1984 para Fort Benning, Geórgia), para aprender com os norte-americanos métodos mais eficientes de tortura e outros tipos gravíssimos de violações a direitos humanos, como publicado em dezembro de 2014 no final do relatório da Comissão da Verdade brasileira (Brasil, 2014, pp. 330 ss.)[26].

Assim como a presença de um sistema jurídico funcionalmente autônomo que tem relevância para a sociedade parece ser

---

[26] Oficiais do exército brasileiro também foram enviados para a Inglaterra para aprender métodos de tortura com os britânicos (ver Brasil, 2014, pp. 333 ss.).

uma "anomalia europeia que se enfraquecerá no curso da evolução de uma sociedade mundial" (Luhmann, 1993, p. 586 [trad. ingl., 2004, p. 490])[27], poder-se-ia questionar se o constitucionalismo não seria uma "anomalia" de alguns Estados ocidentais, tendendo a perder significado na sociedade mundial. O constitucionalismo surgiu nos centros da sociedade mundial, mas corresponde a expectativas normativas de inclusão jurídica e política que têm se propagado pela sociedade mundial, apesar dos focos de resistência e das realizações limitadas. Entretanto, sua expansão depende da redução de assimetrias estruturais na sociedade mundial entre países que constituem ilhas privilegiadas de riqueza e numerosas regiões onde pobreza e exclusão estrutural são dominantes. Trata-se de algo que está longe do horizonte de possibilidades da situação global no momento. Tal situação, contudo, exclui a consideração do problema que o constitucionalismo apresenta para toda a sociedade mundial: inclusão política e jurídica. É claro que as soluções podem ser muito diferentes e não necessariamente impõem um único modelo individualista liberal de matriz ocidental. Assim como os desafios levantados pelo constitucionalismo encontraram soluções bem diferentes nos países escandinavos e nos Estados Unidos, nada impede o desenvolvimento de várias formas de constitucionalismo: ocidental *versus* oriental, latino-americano *versus* norte-americano, liberal *versus* socialista, países com tradições islâmicas *versus* países com tradições cristãs ou judaicas etc. E assim como devemos estar atentos à ironia expressa na ideia de uma "anomalia europeia", parece-me que também devemos nos precaver contra alguns eruditos pós-coloniais, que tendem a reduzir o problema a uma

---

[27] No original: "[...] eine europäische Anomalie, die sich in der Evolution einer Weltgesellschaft abschwächen wird".

questão semântica de dominação por uma linguagem que induz a entendimentos impostos, deformados e heterogêneos e a encobrir assimetrias estruturais através de distinções eufemísticas entre "norte global" e "sul global"[28]. Os problemas colocados pelo constitucionalismo em relação à inclusão política e jurídica geral através de direitos fundamentais e democracia, independentemente de sua origem, formam um desafio para a sociedade global. O constitucionalismo como um desafio não deveria ser supervalorizado em termos cosmopolitas, em razão da sua origem europeia, nem desprezado, em termos pós-coloniais, de acordo com o discurso de autenticidade cultural[29]: ele somente faz sentido se for responsivo e flexível para a imensa diversidade da sociedade mundial.

7.3 Constitucionalismo sem Constituição além do Estado e do pluralismo: limites e possibilidades de transconstitucionalismo em uma sociedade mundial assimétrica

No final do século XX, devido ao intenso desenvolvimento da sociedade mundial, que, por fim, resultou na prevalência de

[28] Ver, com algumas reservas, Rajagopal (2012) e Ochoa e Greene (2011).

[29] Não se deve somente admitir: "A tarefa de encontrar narrativas puramente africanas não é mais fácil se nós mudarmos nossa atenção dos acadêmicos universitários para o campesinato" (Feierman, 2003, p. 198); além e acima disso, deve-se reconhecer que não é mais possível encontrar, na sociedade mundial de hoje, narrativas *puramente* locais, regionais ou nacionais. Desse modo, é preciso aceitar, pelo menos até certa medida: "A disseminada queixa sobre a exploração pós-colonial dos países periféricos pelas nações industriais, as teorias sob títulos como dependência ou marginalidade, independentemente do que se possa pensar sobre seus conteúdos, são uma evidência a favor e não contra a sociedade mundial" (Luhmann, 1993, p. 572 [trad. ingl., 2004, p. 480]). Mas, diferentemente da visão de Luhmann, isso não é resultado de uma "primazia da diferenciação funcional" mundial (*ibid.*), mas um efeito do entrelaçamento mundial de comunicações por meio de várias diferenças, como sistema/ambiente, inclusão/exclusão e centro/periferia.

sua autodescrição nos termos da semântica da globalização, os problemas constitucionais estenderam-se para além das fronteiras dos Estados, envolvendo diferentes ordens jurídicas e contextos sociais não controlados por um Estado nem regulados direta ou exclusivamente por uma Constituição estatal. As Constituições estatais não desaparecem completamente nem perdem sua relevância, mas questões concernentes a direitos humanos ou fundamentais e ao controle jurídico do poder, muito frequentemente, não podem ser resolvidas sob um constitucionalismo "paroquial" (Slaughter, 2000, pp. 1117-8) ou "provincial". Isso não significa que o Estado tornou-se um "herói local", fato no qual residem "sua limitação e força" (Willke, 1992, pp. 362 ss.), já que também não é mais soberano para definir se um problema constitucional permanecerá localmente confinado ou ultrapassará suas fronteiras.

Esse problema tem sido reconhecido por constitucionalistas ligados ao constitucionalismo estatal, incluindo o *mainstream* acadêmico dos Estados Unidos, um país com forte tradição chauvinista de constitucionalismo. Nesse sentido, Mark Tushnet (2009), por exemplo, sinalizou para a "inevitável globalização do direito constitucional". Por sua vez, Bruce Ackerman (1997) referiu-se à "ascensão do constitucionalismo mundial", admitindo que a "prática e teoria norte-americanas têm se movido em direção a um enfático provincianismo" e ressaltando que "deveríamos resistir às tentações de um particularismo provinciano" (1997, pp. 773 e 794).

O reconhecimento de uma nova configuração global para o constitucionalismo não levou de forma alguma a respostas uniformes ou harmônicas em termos cognitivos ou normativos. Uma resposta tem sido focar na Constituição da comunidade internacional para prevalecer sobre as Constituições dos Estados, de acordo com um internacionalismo que afirma a unidade do "direito das nações". Essa posição não é tão recente; há muito tempo, em 1926, Alfred Verdross argumentou que existiria uma "Constituição da comunidade jurídica internacional", baseada na experiência da Liga das Nações[30]. Contudo, no final do século XX, a referência a uma Constituição internacional unitária tornou-se frequente, e seus proponentes ou atribuem essa função à própria Carta das Nações Unidas (Fassbender, 1998, 2007, pp. 281 ss.; Dupuy, 1997)[31], ou atribuem uma competência mais ampla às instituições de direito público internacional e política internacional[32].

---

[30] Pouco tempo depois, nos anos 1930, a expressão "direito constitucional internacional" teve algumas aparições dispersas (ver Mello, 2000, pp. 3 ss., notando a ambiguidade da frase).

[31] Nesse ponto, Giegerich (2003, p. 11) diz que "a Carta das Nações Unidas é atualmente a única Constituição mundial capaz de consenso". Bem antes, Ross (1950) já tinha se referido à "Constituição das Nações Unidas". Verdross e Simma (1984, pp. 69 ss.) também usam essa expressão.

[32] Ver, por exemplo, Tomuschat (1995, p. 7), que também se refere ao "direito internacional como a Constituição da humanidade" (1997). Com certas restrições, Kadelbach e Kleinlein (2008) propõem um modelo baseado em princípios constitucionais do direito internacional. Verdross e Simma (1984, pp. 59 ss.) referem-se à "Constituição das comunidades estatais não organizadas" e aos "princípios constitucionais da comunidade dos Estados". Outros preferem falar de "direito constitucional internacional" (ver Uerpmann, 2001; Mello, 2000), embora o uso dessa expressão seja bastante ambíguo. Alguns tratam a constitucionalização do direito internacional público, mais cuidadosamente, como um processo (Wahl, 2002, pp. 192 e 199 ss.; Biaggini, 2000, pp. 470 ss.; Frowein, 2000; Giegerich, 2003, pp. 2-3). Von Bogdandy (2004, p. 242) reconhece a fragilidade do "constitucionalismo internacional", mas ressalta o seu potencial quando comparado com outras opções. Peters (2006) rejeita um modelo baseado na afirmação de uma constitucionalização do direito internacional, preferindo "constitucionalismo internacional" para compensar a desconstitucionalização na esfera doméstica, mas, rigorosamente falando, sua tese aponta para o desenvolvimento de um constitucionalismo mundial "multinível" (p. 610). Enquanto se refere a "indicadores de constitucionalização do direito internacional, pelo menos dentro da Europa", Stone Sweet (2009, pp. 632 e 643) esboça "uma perspectiva que considera as características pluralistas e constitucionalistas do sistema internacional simultaneamente". Por sua vez, Koskenniemi (2004, p. 206), discutindo o problema da hegemonia no direito internacional, argumenta que algo como a "constitucionalização

Enquanto esse tipo de internacionalismo constitucional pressupõe as Constituições existentes, há modelos com uma carga contrafactual, sugerindo uma pretensão normativa de uma Constituição global. Essa versão tem sido notoriamente proposta por Habermas. Inicialmente, ela foi expressa na forma de um projeto da "política interna mundial sem governo mundial" (Habermas, 1998a, pp. 156 e 165 [trad. ingl., 2001, pp. 104 e 110][33]; 2004, pp. 133-4; 2007, p. 452)[34], que implicaria uma "cidadania mundial" fundada na "consciência de uma solidariedade cosmopolita obrigatória/compulsória" (*id.*, 1998a, pp. 88-9 e 168 [trad. ingl., 2001, pp. 55-6 e 112]; 1998b, pp. 77-8) e um "regime de bem-estar global" (*id.*, 1998b, pp. 75 e 80; 1998a, p. 86 [trad. ingl., 2001, p. 54]), bem como a construção de procedimentos para legitimar intervenções em defesa de direitos humanos ("intervenções humanitárias") (*id.*, 1996, pp. 225-6; 2000). Mais tarde, esse modelo de política global supranacional foi desenvolvido para incluir um projeto para a "constitucionalização do direito público internacional" (*id.*, 2004; 2011), que, com o modelo normativo de uma "Constituição política para a sociedade mundial pluralista" (*id.*, 2005), pretendia assegurar uma "Constituição cosmopolita sem uma república mundial" (*id.*, 2007, pp. 447 ss.) ou uma "Constituição democrática da sociedade mundial" (*id.*, 2011, pp. 86 ss.). A dificuldade aí residiria no fato de que uma Constituição assim não seria relacionada a uma comunidade ética, mas baseada tão somente em uma moralidade racional com pretensão de universalidade (ver *id.*, 1998b, p. 163). Em todo caso, as reflexões de Habermas a esse

---

do direito internacional" não poderia assemelhar-se à formação da Constituição no espaço doméstico, não apenas pela falta de um poder constituinte na esfera internacional, mas também porque "a Constituição que fosse promulgada não seria a de um domínio internacional, mas a de um domínio imperial".

[33] No original: "Weltinnenpolitik ohne Weltregierung".

[34] Para uma formulação análoga, ver Ferrajoli (1997, pp. 51-2).

respeito sugerem uma busca por – e uma afirmação de – uma unidade constitucional abrangente para a sociedade global.

Em contraponto a esses modelos, várias formulações de um constitucionalismo pluralista e fragmentado apareceram, sustentando o surgimento de várias Constituições em novas organizações, instituições e regimes transnacionais, supranacionais e internacionais, sejam globais ou regionais. A formulação mais extrema dessa tendência é encontrada no trabalho de Gunther Teubner, segundo o qual não apenas regimes públicos internacionais ou supranacionais, mas também regimes transnacionais privados ou quase públicos implicam Constituições como acoplamentos estruturais entre o direito e outros subsistemas sociais correspondentes no nível reflexivo[35]. Teubner coloca ênfase na autonomia fragmentada de um sistema ou procedimento e no perigo de sua expansão imperial à custa de outros (ver Teubner, 2008 [trad. ingl., 2009]). As Constituições civis (ou sociais) da sociedade mundial, definidas como instâncias reflexivas de ambos os sistemas acoplados[36], desempenham um papel fundamental no enfrentamento desse perigo (ver Fischer-Lescano e Teubner, 2006, pp. 25-33; Teubner, 2012, pp. 129-32 [trad. ingl., 2012, pp. 81-3]).

Apesar de este não ser o espaço para retomar uma análise crítica do constitucionalismo unitário internacional ou global ou do pluralismo constitucional fragmentado, há margem para algumas considerações sobre esses modelos[37]. Parece que conti-

---

35 Ver Teubner (2012, espec. pp. 159 ss. [trad. ingl., 2012, pp. 102 ss.]; 2000, pp. 446 ss. [trad. ingl., 2004, pp. 82 ss.]; 2003, espec. pp. 17-26 [trad. ingl., 2004, pp. 18-28]; 2016), Fischer-Lescano e Teubner (2006, pp. 53 ss.) e Teubner e Beckers (2013).

36 Embora com outro ponto de partida teórico e outras implicações, Teubner (2012, pp. 14 e 67 ss. [trad. ingl., 2012, pp. 3 e 38 ss.]; 2003, pp. 8-9 [trad. ingl., 2004, pp. 10-1]) recorre à "teoria do constitucionalismo social" de Sciulli (1992) no desenvolvimento do seu próprio conceito de Constituição civil ou social.

37 Para mais detalhes, ver Neves (2013, pp. 55 ss.).

nua correta a observação de Luhmann no sentido de que "o acoplamento estrutural do sistema político e do sistema jurídico através das Constituições não tem correspondência no plano da sociedade mundial" (Luhmann, 1993, p. 582 [trad. ingl., 2004, pp. 487-8])[38]. Isso significa que as condições estruturais que tornaram possível o aparecimento das Constituições do Estado moderno como mecanismos de interdependência entre política e direito estão ausentes naquele nível. Ainda que tenha havido um surgimento generalizado de reivindicações individuais e coletivas relevantes sob o manto dos direitos humanos, ordens jurídicas/direitos subjetivos e política continuam largamente desacoplados em nível internacional e global. O caráter "arbitrário", "paternalista" e "seletivo" de intervenção para a proteção de direitos humanos tem sido destacado não apenas por teóricos sociais (Brunkhorst, 1999, p. 382; Maus, 1997, pp. 168 e 190)[39], mas também por pesquisadores do direito internacional com vasta experiência na prática jurídica internacional, a exemplo de Koskenniemi (1995, espec. pp. 325-6). A geopolítica extremamente assimétrica das relações internacionais, que envolve o imperialismo dos direitos humanos através do seu uso simbólico (Neves, 2007, pp. 432 e 436)[40], torna altamente improvável um regime constitucional unitário em nível global ou internacional. Nesse contexto, as condições

---

[38] Teubner (1996a, p. 260 [trad. ingl., 1997, p. 6]; 1996b, p. 248) invoca esse trecho para dar-lhe um sentido oposto, qual seja, como se Luhmann estivesse referindo-se à possibilidade de uma Constituição sem o acoplamento estrutural entre direito e política no plano global. Na verdade, Luhmann estava falando da ausência de uma Constituição em nível global.

[39] De fato, enquanto Brunkhorst (2014; 2012, pp. 137 ss., 229 ss. e 307 ss.) apoia um projeto normativo orientado para um constitucionalismo democrático em nível mundial (ver também Holmes, 2013), Maus (2015; 2011) critica fortemente qualquer ideia ou concepção de constitucionalismo ou democracia global.

[40] Por isso, Koskenniemi (2002, p. 500) aponta: "o imperialismo racional acabou sendo uma fachada para o imperialismo cínico".

para um apoio generalizado em torno de procedimentos jurídicos e políticos capazes de absorver o dissenso estrutural na sociedade mundial estão, muito claramente, ausentes – essas são as condições que tornaram possível o surgimento da Constituição do constitucionalismo.

De maneira inversa, modelos de constitucionalismo plural e fragmentado tendem a catarses panconstitucionais sem verificar cuidadosamente se há um equivalente funcional para a Constituição do Estado moderno nas novas organizações e instituições jurídicas e políticas que surgiram e estão se desenvolvendo em nível internacional, transnacional e supranacional. Embora se possa observar na União Europeia um precário equivalente funcional à Constituição do constitucionalismo, é difícil transpô-lo para qualquer regime público e privado que envolva um vínculo entre a política ou um subsistema funcional e uma ordem jurídica ou direitos subjetivos (Neves, 2013, pp. 55 ss.). Com a inflação de "Constituições", o termo ou o conceito "Constituição" perde seu significado histórico e funcional[41]. Na maioria dos cenários identificados como constitucionais, trata-se de instrumentalização do direito pelo sistema social correspondente. O direito atua como um "meio" para a eficiência do respectivo regime ou sistema funcional, como é o caso da *lex mercatoria*, da *lex sportiva* e da *lex digitalis*. Na *lex mercatoria*, por exemplo, enquanto a reflexividade da economia é alta e sólida, a reflexividade do direito é fraca, dado que o código do direito, nesse contexto, é frágil em relação ao código da economia (figura 1). Isso se aplica a outras situações, como o direito da Organização Mundial do Comércio, que é relevante aqui em termos de poder político, além de inte-

[41] Em relação à "cidadania", ver, no mesmo sentido, Zolo (1993, p. 259); em relação aos direitos humanos, ver Bobbio (1996, p. xi).

resses econômicos. O relacionamento nesses contextos não é um acoplamento estrutural (horizontal) entre direito e política ou qualquer outro sistema funcional no plano reflexivo, mas uma subordinação estrutural do direito a outra esfera social. Isso não significa necessariamente corrupção sistêmica, pois essas formas jurídicas são desenhadas, em princípio, não para garantir inclusão (integração social), mas para assegurar integração sistêmica[42]. E a Constituição do constitucionalismo requer certa "desintegração sistêmica" (menos dependência de sistemas funcionais), de maneira que a "integração social", especialmente na forma de inclusão política e jurídica, possa ser incrementada (Luhmann, 1997, tomo 2, pp. 618 e 631-2 [trad. ingl., 2013, pp. 16 e 25]; 1993, p. 584 [trad. ingl., 2004, p. 489]; 1995, pp. 259-60).

Figura 1 – Acoplamento assimétrico entre economia global e *lex mercatoria*

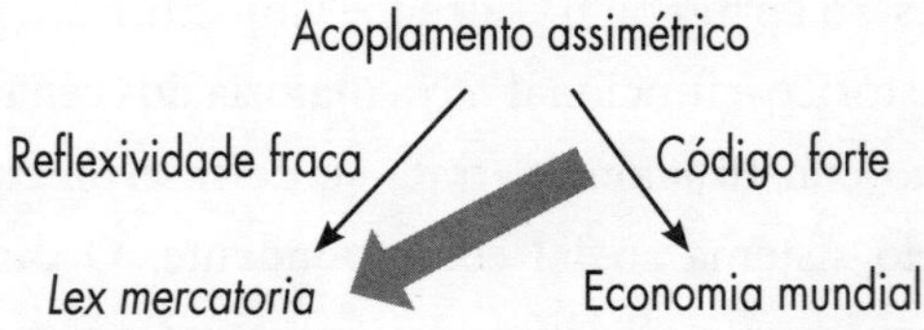

Apesar das celebrações refletidas na catarse panconstitucional, não temos visto o surgimento de uma abundância de Cons-

[42] Não uso integração sistêmica e integração social aqui como termos para denotar a diferença entre sistema e mundo da vida, no sentido de Habermas (1982, pp. 173 ss. [trad. ingl, 1987, pp. 113 ss.). Antes, utilizo-os como termos que se referem ao grau de dependência dos sistemas sociais uns dos outros (integração sistêmica) e à medida que pessoas têm acesso aos benefícios dos sistemas sociais. A esse respeito, "integração social" refere-se à diferença "inclusão/exclusão", aproximando-se das implicações em Luhmann (1997, tomo 2, p. 618 [trad. ingl., 2013, pp. 16 ss.]).

tituições. De fato, problemas constitucionais, particularmente em relação aos direitos fundamentais e direitos humanos, persistem para além do Estado, envolvendo sistemas jurídicos sem uma Constituição. Como consequência, paradoxalmente, surgiu um constitucionalismo que é independente de Constituição. Usei o termo *transconstitucionalismo* para descrever o modo pelo qual esse tipo de constitucionalismo sem ou além da Constituição desenvolveu-se. Transconstitucionalismo significa que duas ou mais ordens ou organizações jurídicas, sejam elas de tipos iguais ou diferentes, envolvem-se simultaneamente no mesmo caso ou problema constitucional. Ordens jurídicas estatais (baseadas em uma Constituição), ordens jurídicas internacionais (fundadas em torno de tratados e convenções que envolvem primariamente Estados), supranacionais (fundadas em um tratado constitucional integrando Estados) e transnacionais (construídas por acordos ou práticas estabelecidos entre atores privados e quase públicos) bem como ordens normativas nativas e extraestatais (baseadas em costumes de comunidades indígenas) confrontam-se cada vez mais, na medida em que são envolvidas na solução de problemas constitucionais comuns. Apesar de juízes e tribunais assumirem uma função central e de protagonismo em relações transconstitucionais, estas também envolvem o legislador, o Poder Executivo e atores da sociedade civil, incluindo, em alguns casos, membros de comunidades tribais. Os entrelaçamentos transconstitucionais têm sido considerados em termos de interconstitucionalidade entre a ordem jurídica supranacional europeia e as ordens constitucionais dos Estados europeus (Canotilho, 2006, pp. 265 ss.; Pires, 1997, pp. 101 ss.), mas eles estendem-se para além dessas experiências particulares de colisão. Por exemplo, desenvolveram-se problemas intensos de transversalidade constitucional entre o Sistema Americano de Direitos

Humanos e os sistemas jurídicos da América Latina e dos países caribenhos. Entre a Organização Mundial do Comércio (OMC) e a Corte Europeia, surgiram divergências ligadas a temas tipicamente constitucionais, assim como ocorreu entre a OMC e seus países-membros. A referência cruzada entre ordens estatais em questões constitucionais expressa outra forma de transconstitucionalismo. No nível da relação entre direito internacional e Constituições estatais, por um lado, e ordens das comunidades indígenas na América do Sul, muitas delas até recentemente isoladas, por outro lado, ocorreram colisões graves no campo dos direitos fundamentais e direitos humanos. Esses conflitos já incluíram até mesmo controvérsias sobre o direito à vida e a prática de matar crianças recém-nascidas, levando a grandes paradoxos relativos à caracterização de direitos humanos como direitos de integridade do corpo e da mente[43]. Seria, por exemplo, apropriado condenar e prender todos os adultos pertencentes às comunidades Yanomami que praticam o ato de matar recém-nascidos de acordo com certas crenças essenciais? (Se a pena de morte estivesse vigente no Brasil como na maioria dos estados norte-americanos, isso provavelmente implicaria a morte de todos os adultos condenados.) Isso significa que uma leitura linear dos direitos fundamentais ou humanos nos termos de um cosmopolitismo eurocêntrico ou ocidental é altamente controversa[44]. Nos termos da figura 2, o transconstitucionalismo relacionado aos direitos humanos envolve uma rede transversal de expectativas normativas, que se refere tanto a reivindicações de *inclusão* jurídica generalizada na sociedade mundial quanto a reivindicações de *isolamento* e imunização de comunidades nativas em face de

---

[43] Como definido por Teubner (2006, pp. 175 e 180 [trad. ingl., 2006, pp. 338 e 341]).

[44] Para uma análise antropológica desse caso, ver Segato (2011); para uma perspectiva constitucional, ver Neves (2013, pp. 139 ss.).

sua contaminação pela sociedade mundial, especialmente na forma do imperialismo dos direitos humanos.

Figura 2 – Rede transversal de direitos humanos

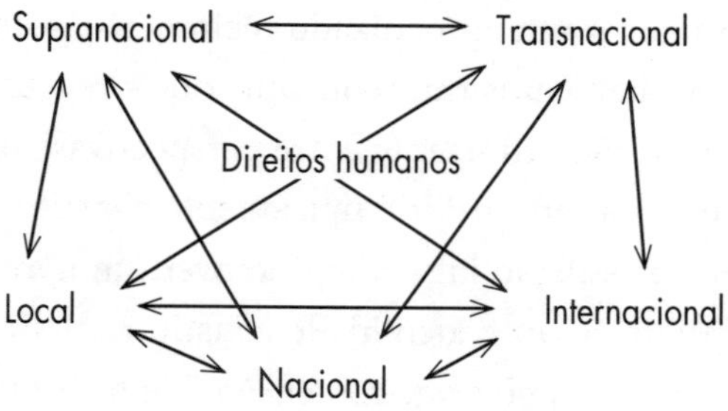

O transconstitucionalismo, envolvendo tanto dimensões normativas quanto empíricas, é ambivalente, uma vez que a racionalidade transversal que ele desdobra – a "transição" e "entrelaçamento" (Welsch, 1996, pp. 748 ss.) entre racionalidades heterogêneas nele envolvidas – constitui, de um lado, diálogos e, de outro lado, comunicações agonísticas. Essas duas formas estão relacionadas a um processo de aprendizagem permanente em condições de dupla contingência[45]. Não devemos presumir, contudo, que elas são formas comunicativas desenhadas para assegurar um consenso. Pelo contrário, elas visam absorver e dissipar o dissenso estrutural que envolve problemas constitucionais da sociedade mundial. Os diálogos transconstitucionais entre ordens jurídicas indicam que existe uma vontade de aprender

[45] Dupla contingência importa a suposição mútua de "graus de liberdade" (a ação de *alter* pode ser bem diversa daquela esperada por *ego* e vice-versa) (Luhmann, 1984, p. 186 [trad. ingl., 1995, p. 133]), que converte comportamento em ação: "O comportamento torna-se ação no espaço de liberdade de outras possibilidades de determinação" (*ibid.*, p. 169 [trad. ingl., 1995, p. 120]). A esse respeito, ver Neves (2013, pp. 169 ss.).

com o outro e uma predisposição para reconstruir a *identidade com base na alteridade*[46]. Mas tais diálogos nem sempre são possíveis. O transconstitucionalismo pode se aproveitar de posturas agonísticas que sejam minimamente reflexivas e, portanto, capazes de promover um aprendizado recíproco *a posteriori*. Daí por que os engajamentos transconstitucionais rejeitam um método de ponderação otimizante entre perspectivas concorrentes de ordens jurídicas em matéria tipicamente constitucional (Neves, 2013, pp. 171 ss.). No lugar de promover um narcisismo otimizante a partir de uma identidade constitucional exclusiva, o transconstitucionalismo exige contenção diante de outra ordem, admitindo a revisão da identidade pela observação do outro. Isso não é para negar que todo observador tem um ponto cego (Von Foerster, 1981, pp. 288-9) nem para questionar o fato de que "eu vejo o que tu não vês" (Luhmann, 1990b [trad. ingl., 2002]). O argumento transconstitucional é sustentado pela suposição de que "o ponto cego, o outro pode ver" (Neves, 2013, p. 184). E essa base conceitual é incompatível tanto com um cosmopolitismo eurocêntrico ou ocidental quanto com um pós-colonialismo vinculado a identidades culturais não contamináveis por nenhum fluxo constitucional.

Os entrelaçamentos transconstitucionais não ocorrem em termos normativamente idealizados na sociedade mundial profundamente assimétrica em que vivemos. Evidentemente, embora os problemas transconstitucionais surjam em muitos contextos, há limitações empíricas para nossa capacidade de encontrar so-

---

[46] O sentido empregado aqui para "diálogo" é análogo ao formulado por Feyerabend (1991, pp. 164-5): "Ele pode mostrar o efeito de argumentos em estranhos e em especialistas de uma escola de pensamento diferente", assim como "demonstrar a natureza quimérica daquilo que nós acreditamos ser as partes mais sólidas das nossas vidas."

luções normativamente satisfatórias. Pode-se dizer que o transconstitucionalismo carrega em si mesmo uma dimensão positiva, o desenvolvimento da racionalidade transversal entre ordens jurídicas, e uma dimensão negativa, as relações bloqueantes e destrutivas entre elas[47]. Particularmente, as assimetrias das formas de direito criam obstáculos ou impedimentos ao transconstitucionalismo em virtude do fato de que, em determinados contextos, uma delas apresenta-se demasiadamente forte em relação à outra, desconsiderando-lhe as pretensões e exigências. Essa sobreposição de uma forma de direito à outra não implica a formação de uma ordem ou organização hierárquica no sentido tradicional de uma estrutura escalonada, mas, antes, conduz a mecanismos difusos de opressão ou negação da autonomia de formas de direito por outras.

Nas relações internacionais, a expansão do código do poder em detrimento do código jurídico está associada à imunização e intocabilidade das ordens jurídicas das chamadas "grandes potências". Um aspecto significativo reside na impotência das organizações internacionais para controlar a prática jurídica dos Estados Unidos e impor-lhes as devidas sanções[48]. No concernente à competência jurisdicional, os tribunais dos EUA não estão dispostos a admitir um reconhecimento generalizado da

---

[47] Neves (2013, pp. 175 ss.) apresenta uma discussão mais detalhada sobre o conteúdo dos parágrafos seguintes.

[48] Em outro contexto, Luhmann salienta: "Não é mais fácil aceitar que certos Estados – inclusive os EUA – comportem-se como juízes e como poder sancionatório, ao mesmo tempo em que se recusam a submeter-se à Corte Interamericana de Direitos Humanos" (Luhmann, 1993, p. 580 [trad. ingl., 2004, p. 486]). Com base nesse entendimento, ele argui que "não basta invocar-se o direito positivo dos Estados (por exemplo, na forma das Constituições), pois o direito positivo também pode ser utilizado para encobrir violações dos direitos humanos ou para tornar possível um sequestro em ofensa ao direito internacional, como na decisão da Suprema Corte dos Estados Unidos no caso Álvarez Marchain (1992)" (*ibid.*, p. 579 [trad. ingl., 2004, p. 486]).

competência das cortes internacionais para julgar os casos em que pretensões de direito internacional público são apresentadas contra o Estado norte-americano e, nos casos excepcionais, contra seus órgãos oficiais, organizações ou cidadãos. A prisão de Guantánamo é exemplar: o Judiciário norte-americano se impôs descartando qualquer possibilidade de decisão de um tribunal internacional, embora as características do litígio indicassem que o caso não envolvia apenas uma questão interna de violação à Constituição norte-americana ou ao Estado de direito, mas também uma importante questão de violações ao direito internacional público (Wolfrum, 2003, espec. pp. 52-62 e 77-8; Amann, 2004; Jinks e Sloss, 2004; Siehr, 2004; Hillgenberg, 2005). Consequentemente, no interior de Estados constitucionais, desenvolvem-se práticas anticonstitucionais, cuja "migração" (Scheppele, 2006; Roach, 2006) mina a pretensão normativa para soluções transconstitucionais dos casos.

Analogamente, a relação dos regimes privados para com as formas de direito dos países periféricos afasta-se, com certa regularidade, do modelo transconstitucional. A corrupção sistemática das formas de direito dos Estados frágeis mediante as autorregulações privadas no plano transnacional, em benefício das grandes empresas multinacionais, não é algo a ser considerado apenas na perspectiva de uma crítica de esquerda ao capitalismo. Esse problema deve ser levado a sério também com vista ao reconhecimento ou fortificação das autonomias discursivas das esferas plurais da sociedade mundial. As ordens jurídicas privadas transnacionais, nas quais o direito é um "meio" para a economia, desenvolvem um tipo de racionalidade instrumental no âmbito jurídico conforme a qual todas as pretensões normativas emergentes das formas de direito dos países mais fracos tendem a ser julgadas como perturbações para a dinâmica de sua expansão. A esse respeito, Christodoulidis (2013, p. 642) destaca que "relações entre Estados centrais e periféricos são uma parte vital da 'racionalização' do transnacional, um edifício que tem como premissa as assimetrias de poder". Daí por que aquelas ordens tendem a desprezar essas pretensões com efeitos destrutivos sobre as respectivas formas de direito. No campo da proteção do direito de patente, esse problema apresenta-se no exemplo da biopirataria (ver Teubner e Fischer-Lescano, 2008). Nesse caso, o argumento desenvolvimentista pode ser uma mera cobertura para formas de apropriação indevida de bens materiais e imateriais por grupos transnacionais, em prejuízo dos cidadãos dos respectivos Estados e também de membros das correspondentes comunidades nativas.

Em conexão com esse problema, cabe igualmente sublinhar que as instâncias centrais do Estado, frequentemente, não estão dispostas a apoiar formas de direito locais e colaborar com elas. Disso resulta a opressão das pretensões jurídicas locais em nome da unidade estatal. O oposto não é raro: separatismo cego de comunidades locais que não estão dispostas a conviver com a heterogeneidade do povo e a pluralidade da esfera pública de um Estado constitucional. Muitas vezes, os efeitos destrutivos recíprocos derivam de conflitos entre a pretensão de unidade de um Estado federal, regional ou unitário e as pretensões de autonomia de seus respectivos estados-membros, regiões, províncias ou departamentos. Mas também no que concerne a formas de direito não oficiais, tornam-se cada vez mais fortes as pretensões de autonomia jurídica, que estão associadas frequentemente a medidas opressoras por parte do Estado, assim como a conflitos inegociáveis que se originam de exigências locais de autonomia. Nesse caso, cabe falar antes de entrelaçamentos negativos, porque não se deixa um espaço para aprendizado recíproco nos termos do transconstitucionalismo. Ao contrário, a situação é dominada por conflitos de intolerância, que, por fim, não podem ser tratados ou resolvidos por meio de formas jurídicas e que, nas últimas consequências, podem levar à solução armada de contendas violentas e à recusa do Estado de direito.

Diante do exposto, pode-se inferir que o transconstitucionalismo é um recurso escasso da sociedade mundial. Entrelaçamentos transconstitucionais estáveis entre ordens jurídicas só ocorreram, até agora, em âmbitos muito limitados do sistema jurídico mundial multicêntrico, seja do ponto de vista territorial ou funcional. E as perspectivas permanecem desfavoráveis aos desenvolvimentos positivos. Nada seria mais ilusório do que a ideia de que as experiências com a racionalidade transversal nos termos do transconstitucionalismo entre ordens jurídicas estão generalizadas ou em condições de generalizar-se em um curto ou médio prazo. Essas experiências ainda fazem parte dos privilégios de algumas esferas jurídicas em uma sociedade mundial profundamente assimétrica.

O transconstitucionalismo faz parte das exigências funcionais e, correspondentemente, das pretensões normativas da sociedade mundial. Não obstante, de um ponto de vista empírico, as persistentes *explorações* dos discursos jurídicos no contexto de formas de direito assimétricas impõem-se ainda de maneira muito sólida contra essas exigências e pretensões. Essas *explorações* do direito promovem a ampliação dos setores de exclusão da sociedade mundial de uma maneira incompatível com o desenvolvimento do transconstitucionalismo.

7.4 Comentário final: do transconstitucionalismo ao pós-constitucionalismo?

Os limites da Constituição do constitucionalismo, afirmada nos centros privilegiados em detrimento de sua força normativa nas periferias, e do transconstitucionalismo, deformado pelas enormes assimetrias de poder na sociedade mundial do presente, levam à questão de se não precisamos de uma nova imaginação sociológica e jurídica que considere a abertura de uma era pós-constitucional. Não se trata aqui de um "pluralismo pós-nacional" que iria "além do constitucionalismo", pois também esse "pluralismo" é uma construção cosmopolita em termos do *status quo* jurídico-político da sociedade mundial[49]. O problema é que a inclusão político-jurídica, que constitui a expectativa normativa central do constitucionalismo, assentou-se em estruturas econômicas e técnico-científicas (expectativas cognitivas) da sociedade mundial que só viabilizaram a inclusão social em poucas regiões estatalmente organizadas, promovendo ampla exclusão em largas áreas do globo. E, com ampla exclusão social, todo constitucionalismo que vise à autonomia sistêmica do direito e da política e à inclusão jurídico-política torna-se uma fachada simbólica ou, no mínimo, uma expressão de "boas intenções". A própria ideia de direitos humanos foi capturada pelo *mainstream* da dominação internacional (Koskenniemi, 2010), tornando-se, em grande parte, um mecanismo simbólico em detrimento de sua força normativa.

O caminho para uma nova imaginação político-jurídica não pode ser a busca pós-colonial pela expansão de supostas identidades culturais autênticas no chamado "Sul Global". Tal visão, especialmente na formulação de intelectuais do "Sul Global" que

---

[49] Nessa direção, ao reivindicar uma nova perspectiva "além do constitucionalismo" e com o foco na "estrutura pluralista do direito pós-nacional", Krisch (2010, pp. 302-3) recai no desafio da distinção tradicional "*entre direito interno e direito internacional*", para enfatizar "a natureza problemática das visões tanto *cosmopolitas quanto nacionalistas* do desenvolvimento institucional". De fato, porém, a questão do pós-constitucionalismo vai muito além das visões cosmopolitas e nacionalistas do *mainstream*.

migram para universidades do "Norte Global", encobre formas de dominação excludente que prevalecem nas periferias da sociedade mundial. Parece-me que o surgimento de uma perspectiva pós-constitucional no âmbito da sociedade mundial implica um deslocamento do foco para as estruturas econômicas contrárias à autonomia do direito e da política como sistemas sociais e, correspondentemente, à inclusão político-jurídica (essas estruturas encontraram um contraponto eficaz apenas no domínio restrito do Estado constitucional dos países centrais). Dessa maneira, não seria de esperar, em primeiro plano, o potencial emancipador de uma "revolução" *jurídica* em jogo nos processos "evolucionários" em escala mundial (Brunkhorst, 2014), mas, antes, uma profunda "revolução" no sistema *econômico* mundial (com o fim do "capitalismo"!?), com a emancipação dos direitos em diversas formas de vida da sociedade mundial. Sem dúvida, isso vai muito além de uma explicação sociológica, mas deve ser refletido na perspectiva crítica da teoria dos sistemas[50]. Provavelmente, demandará uma reorientação do foco na autonomia e na diferenciação funcional, que sustentou a relação entre política e direito no constitucionalismo clássico, para uma ênfase na diferença "inclusão/exclusão"[51], que implica um problema normativo da sociedade mundial (ver Lindahl, 2010, pp. 222 ss.; Neves, 2013, pp. 180 ss.), envolvendo não apenas os "direitos humanos

---

[50] Não se trata aqui propriamente da "teoria crítica dos sistemas" proposta por Fischer-Lescano (2013). A concepção de Fischer-Lescano, por um lado, insiste no primado inquestionável da diferenciação funcional em escala mundial. Por outro lado, tenta reconciliar a "dialética negativa" de Theodor Adorno (2003), concernente à relação entre ser humano e sociedade, com a teorização reflexiva de Niklas Luhmann a respeito da diferença paradoxal sociedade/ser humano expressa no conceito de pessoa.

[51] Uma metadiferença ou metacódigo da sociedade mundial, como sugerido por Luhmann (1997, tomo 2, p. 632 [trad. ingl., 2013, p. 25]; 1993, p. 583 [trad. ingl., 2004, p. 489]). Ver, com ressalvas, Neves (2000, pp. 188 ss.).

como direitos dos estranhos" (Lindahl, 2010, pp. 239 ss.), mas também a ainda não ocorrida realização do constitucionalismo no sentido da inclusão universal.

7.5 Bibliografia

ACKERMAN, Bruce (1991). *We the People 1: Foundations*. Cambridge, Mass./Londres: Harvard University Press.

______ (1997). "The Rise of World Constitutionalism". *Virginia Law Review* 83 (Charlottesville, VA: Virginia Law Review Association), pp. 771-97 [trad. bras.: "A ascensão do constitucionalismo mundial". *In*: C. P. de Souza Neto e D. Sarmento (orgs.). *A constitucionalização do direito: fundamentos teóricos e aplicações específicas*. Rio de Janeiro: Lumen Juris, 2007, pp. 89-111].

ADAMS, Willi Pautlo (1980). *The First Americans Constitutions: Republican Ideology and the Making of the State Constitutions in the Revolutionary Era*. Chapel Hill: University of Carolina Press.

ADORNO, Theodor W. (2003). "Individuum und Organisation: Einleitungsvortag zum Darmstädter Gespräch 1953". *In*: T. W. Adorno. *Gesammelte Schriften*, vol. 8, *Soziologische Schriften 1*. Frankfurt am Main: Suhrkamp, pp. 440-56.

AMANN, Diane Marie (2004). "Guantánamo". *Columbia Journal of Transnational Law* 42 (Nova York: The Columbia Journal of Transnational Law), nº 2, pp. 263-348.

ANDERSON, Gavin W. (2013). "Societal Constitutionalism, Social Movements, and Constitutionalism from Below". *Indiana Journal of Global Legal Studies* 20, pp. 881-906.

ARISTOTLE (1944). *Politics*. Trad. ingl. de H. Rackham. Cambridge, Mass./Londres: Harvard University Press.

ARLT, Herbert (2002). "Konzeptuelle Metaphern und gesellschaftliche Prozesse". *TRANS. Internet-Zeitschrift für Kulturwissenschaften* 13, set. 2002 (disponível em: http://www.inst.at/trans/13Nr/arlt13.htm, último acesso em: 28 abr. 2023).

BACKER, Larry Catá (2013). "'Transnational Corporations' Outward Expression of Inward Self-Constitution: The Enforcement of Human Rights by Apple, Inc.". *Indiana Journal of Global Legal Studies* 20, pp. 805-79.

BAILEY, Saki; MATTEI, Ugo (2013). "Social Movements as Constituent Power: the Italian Struggle for the Commons". *Indiana Journal of Global Legal Studies* 20, pp. 965-1013.

BALL, Terence; POCOCK, J. G. A. (1988). "Introduction". *In*: T. Ball e J. G. A. Pocock (orgs.). *Conceptual Change and Constitution*. Lawrence, KA: University Press of Kansas, pp. 1-12.

BAXI, Upendra (2005). "Postcolonial Legality". *In:* H. Schwarz e S. Ray (orgs.). *A Companion to Postcolonial Studies*. Malden, Mass./ Oxford/Victoria: Blackwell, pp. 540-55.

BENVINDO, Juliano Zaiden (2015). "The Seeds of Change: Popular Protests as Constitutional Moments". *Marquette Law Review* 99, nº 2, pp. 363-426.

BERMAN, Paul Schiff (2013). "Jurisgenerative Constitutionalism: Procedural Principles for Managing Global Legal Pluralism". *Indiana Journal of Global Legal Studies* 20, pp. 665-95.

BIAGGINI, Giovanni (2000). "Die Idee der Verfassung – Neuausrichtung im Zeitalter der Globalisierung?". *Zeitschrift für Schweizerisches Recht* 141 (119 na nova série), pp. 445-76.

BLUMENBERG, Hans (1998). *Paradigmen zu einer Methaphorologie*. Frankfurt am Main: Suhrkamp.

BOBBIO, Norberto (1996). *The Age of Rights*. Trad. ingl. de A. Cameron. Cambridge: Polity Press.

BÖCKENFÖRDE, Ernst-Wolfgang (1983). "Geschichtliche Entwicklung und Bedeutungswandel der Verfassung". *In*: A. Buschmann *et al.* (orgs.). *Festschrift für Rudolf Gmür*. Bielefeld: Gieseking, pp. 7-19.

BRASIL, Comissão Nacional da Verdade (2014). *Relatório*. Brasília: CNV, vol. 1.

BREGVADZE, Lasha (2013). "Constituting Constitutions beyond the State: Polycontextural Constitutionalism of the World Society". *In*: A. Febbrajo e G. Harste (orgs.). *Law and Intersystemic Communication: Understanding 'Structural Coupling'*. Surrey, UK/Burlington, VT: Ashgate, pp. 327-41.

BRUNKHORST, Hauke (1999). "Heterarchie und Demokratie". *In*: H. Brunkhorst and P. Niesen (orgs.). *Das Recht der Republik*. Frankfurt am Main: Suhrkamp, pp. 373-85.

______ (2012). *Legitimationskrisen: Verfassungsprobleme der Weltgesellschaft*. Baden-Baden: Nomos.

______ (2014). *Critical Theory of Legal Revolutions: Evolutionary Perspectives*. Nova York: Bloomsbury.

BUTLER, Judith (1997). "Subjection, Resistance, Resignification: Between Freud and Foucault". *In*: J. Butler. *The Physic Life of Power: Theories in Subjection*. Stanford: Stanford University Press, pp. 83-105.

CANOTILHO, J. J. Gomes (1991). *Direito constitucional*. 5. ed. Coimbra: Almedina.

______ (2006). *"Brancosos" e interconstitucionalidade: itinerários dos discursos sobre a historicidade constitucional*. Coimbra: Almedina.

CASTELLÀ ANDREU, Josep Maria (2015). "La propuesta de secesión catalana: entre la consulta popular y los problemas de constitucionalidad". *Revista de Derecho Público* 82, pp. 13-39.

CHIA, Eduardo A.; QUEZADA, Flavio (orgs.) (2015). *Propuesta para una Nueva Constitución (Originada en Democracia)*. Santiago: Instituto Igualdad/Facultad de Derecho Universidad de Chile/Friedrich Ebert-Stiftung.

CHRISTODOULIDIS, Emilios (2013). "On the Politics of Societal Constitutionalism". *Indiana Journal of Global Legal Studies* 20, nº 2, pp. 629-63.

CICERO, Marcus Tullius (1928). *De Re Publica, De Legibus*. Trad. ingl. de C. W. Keyes. Londres: William Heinemann/Nova York: G. P. Putnam's Sons [*De Re Publica*, pp. 12-285].

COPI, Irving M. (1961). *Introduction to Logic*. 2. ed. Nova York: Macmillan.

CORRÊA, Marcos Sá (1977). *1964 visto e comentado pela Casa Branca*. Porto Alegre: L&PM.

CORREA SUTIL, Sofía (2015). "Los Procesos Constituyentes en la Historia de Chile: Lecciones para el Presente". *Estudios Públicos* 137, pp. 53-85.

DICEY, A. V. (1982). *Introduction to the Study of the Law of the Constitution*. Indianapolis: Liberty Classics (reimpr. da 8. ed. Londres: Macmillan, 1915).

DUPUY, Pierre-Marie (1997). "The Constitutional Dimension of the Charter of the United Nations Revisited". *Max Planck Yearbook of United Nations Law* 1, pp. 1-33.

EISENSTADT, S. N. (2000). *Die Vielfalt der Moderne*. Trad. al. de B. Schluchter. Frankfurt am Main: Velbrück.

ELLIS, Jaye (2013). "Constitutionalization of Nongovernmental Certification Programs". *Indiana Journal of Global Legal Studies* 20, pp. 1035-59.

FASSBENDER, Bardo (1998). "The United Nations Charter as Constitution of the International Community". *Columbia Journal of Transnational Law* 36, nº 3, pp. 529-619.

______ (2007) "'We the Peoples of the United Nations': Constituent Power and Constitutional Form in International Law". *In*: M. Loughlin e N. Walker (orgs.). *The Paradox of Constitutionalism: Constituent Power and Constitutional Form*. Oxford: Oxford University Press, pp. 269-90.

FEIERMAN, Steven (2003). "African Histories and the Dissolution of World History". *In*: R. H. Bates, V. Y. Mudimbe e J. O'Barr (orgs.). *Africa and the Disciplines: the Contributions of Research in Africa to the Social Sciences and Humanities*. Chicago/Londres: University of Chicago Press, pp. 167-212.

FERRAJOLI, Luigi (1997). *La sovranità nel mondo moderno. Nascita e crisi dello Stato nazionale*. Roma/Bari: Editori Laterza.

FEYERABEND, Paul K. (1991). *Three Dialogues on Knowledge*. Oxford: Basil Blackwell.

FISCHER-LESCANO, Andreas (2005). *Globalverfassung: Die Geltungsbegründung der Menschenrechte*. Weilerswist: Velbrück.

______ (2013). "Systemtheorie als kritische Gesellschaftstheorie". *In*: A. Fischer-Lescano (org.). *Kritische Systemtheorie: Zur Evolution einer normativen Theorie*. Bielefeld: Transcript Verlag, pp. 13-39.

______; TEUBNER, Gunther (2006). *Regime-Kollisionen: Zur Fragmentierung des globalen Rechts*. Frankfurt am Main: Suhrkamp.

FROWEIN, Jochen A. (2000). "Konstitutionalisierung des Völkerrechts". *In*: *Völkerrecht und Internationales Recht in einem sich globalisierenden internationalen System – Auswirkung der Entstaatlichung transnationaler Rechtsbeziehungen* (*Berichte der Deutschen Gesellschaft für Völkerrecht* 39). Heidelberg: Müller, pp. 427-45.

GAUCHET, Marcel (1989). *La Révolution des droits de l'homme*. Paris: Gallimard.

GIEGERICH, Thomas (2003). "Einführung: Transnationale Konstitutionalisierung als Antwort auf die Globalisierung". *In*: T. Giegerich. *Europäische Verfassung und deutsche Verfassung im transnationalen Konstitutionalisierungsprozess: Wechselseitige Rezeption, konstitutionelle Evolution und föderale Verflechtung*. Berlim: Springer, pp. 1-13.

GRIMM, Dieter (1989). "Verfassung". *In*: Görres-Gesellschaft (org.). *Staatslexikon: Recht, Wirtschaft, Gesellschaft*. 7. ed. Friburgo/Basileia/Viena: Herder, vol. V, colunas 633-43.

HABERMAS, Jürgen (1982). *Theorie des Kommunikativen Handelns*. 2. ed. Frankfurt am Main: Suhrkamp, vol. 2 [trad. ingl.: *The Theory of Communicative Action*. Boston: Beacon Press, vol. 2, 1987].

______ (1990). "Vorwort zur Neuauflage 1990". *In*: J. Habermas. *Strukturwandel der Öffentlichkeit: Untersuchungen zu einer Kate-*

gorie der bürgerlichen Gesellschaft. Frankfurt am Main: Suhrkamp, pp. 11-53.

HABERMAS, Jürgen (1992a). "Volkssouveränität als Verfahren (1988)". *In*: J. Habermas. *Faktizität und Geltung: Beiträge zur Diskurstheorie des Rechts und des demokratischen Rechtsstaats*. Frankfurt am Main: Suhrkamp, pp. 600-31 [trad. ingl.: "Popular Sovereignty as Procedure". *In*: J. Bohman e W. Rehg (orgs.). *Deliberative Democracy: Essays on Reason and Politics*. Cambridge, Mass./Londres: The MIT Press, 1997, pp. 35-65; trad. bras.: "Soberania popular como procedimento (1988)". *In*: J. Habermas. *Facticidade e validade: contribuições para uma teoria discursiva do direito e da democracia*. Trad. de F. G. Silva e R. Melo. São Paulo: Unesp, 2020, pp. 623-52].

______ (1992b). "Recht und Moral (Tanner Lectures 1986)". *In*: J. Habermas. *Faktizität und Geltung: Beiträge zur Diskurstheorie des Rechts und des demokratischen Rechtsstaats*. Frankfurt am Main: Suhrkamp, 541-99 [trad. ingl.: "Law and Morality" (The Tanner Lectures on Human Values, delivered at Harvard University, 1 and 2 Oct. 1986). *The Tanner Lectures on Human Values*, vol. 8. Salt Lake City: University of Utah Press, 1988, pp. 217-79].

______ (1996). "Kants Idee des ewigen Friedens – aus dem historischen Abstand von 200 Jahren". *In*: J. Habermas. *Die Einbeziehung des Anderen: Studien zur politischen Theorie*. Frankfurt am Main: Suhrkamp, pp. 192-236.

______ (1998a). *Die postnationale Konstellation: Politische Essays*. Frankfurt am Main: Suhrkamp [trad. ingl.: *PostNational Constellation: Political Essays*. Cambridge: Polity Press/Oxford: Blackwell, 2001].

______ (1998b). "Jenseits des Nationalstaats? Bemerkungen zu Folgeproblemen der wirtschaftlichen Globalisierung". *In*: U. Beck (org.). *Politik der Globalisierung*. Frankfurt am Main: Suhrkamp, pp. 67-84.

______ (2000). "Bestialität und Humanität: Ein Krieg an der Grenze zwischen Recht und Moral". *In*: R. Merkel (org.). *Der Kosovo-Krieg und das Völkerrecht*. Frankfurt am Main: Suhrkamp, pp. 51-65.

HABERMAS, Jürgen (2001). "Braucht Europa eine Verfassung?". *In*: J. Habermas. *Zeit der Übergänge: Kleine Politische Schriften IX*. Frankfurt am Main: Suhrkamp, pp. 104-129.

______ (2004). "Hat die Konstitutionalisierung des Völkerrechts noch eine Chance?". *In*: J. Habermas. *Der gespaltene Westen: Kleine Politische Schriften X*. Frankfurt am Main: Suhrkamp, pp. 113-93.

______ (2005). "Eine politische Verfassung für die pluralistische Weltgesellschaft?". *In*: J. Habermas. *Zwischen Naturismus und Religion: Philosophische Aufsätze*. Frankfurt am Main: Suhrkamp, pp. 324-65.

______ (2007). "Kommunikative Rationalität und grenzüberschreitende Politik: eine Replik". *In*: P. Niesen and B. Herborth (orgs.). *Anarchie der kommunikativen Freiheit: Jürgen Habermas und die Theorie der internationalen Politik*. Frankfurt am Main: Suhrkamp, pp. 406-59.

______ (2011). *Zur Verfassung Europas: Ein Essay*. Berlim: Suhrkamp.

HESPANHA, António Manuel (2004). *Guiando a mão invisível: direito, Estado e lei no liberalismo monárquico português*. Coimbra: Almedina.

HESSE, Konrad (1980). *Grundzüge des Verfassungsrechts der Bundesrepublik Deutschland*. 12. ed. Heidelberg/Karlsruhe: Müller.

HILLGENBERG, Hartmut (2005). "Incommunicado in Guantanamo". *In*: *Internationale Gemeinschaft und Menschenrechte: Festschrift für Georg Ress zum 70. Geburtstag am 21. Januar 2005*. Colônia/Berlim/Munique: Heymanns, pp. 133-40.

HOLLERBACH, Alexander (1969). "Ideologie und Verfassung". *In*: W. Maihofer (org.). *Ideologie und Recht*. Frankfurt am Main: Klostermann, pp. 37-61.

HOLMES, Pablo (2013). *Verfassungsrevolution in der Weltgesellschaft: Differenzierungsprobleme des Rechts und der Politik im Zeitalter der Global Governance*. Baden-Baden: Nomos.

JINKS, Derek; SLOSS, David (2004). "Is the President Bound by the Geneva Conventions?". *Cornell Law Review* 90, pp. 97-202.

KADELBACH, Stefan; KLEINLEIN, Thomas (2008). "International Law – a Constitution for Mankind? An Attempt at a Re-appraisal with an Analysis of Constitutional Principles". *German Yearbook of International Law* 50, pp. 303-47.

KJAER, Paul F. (2013). "Transnational Normative Orders: the Constitutionalism of Infra- and Trans-Normative Law". *Indiana Journal of Global Legal Studies* 20, pp. 777-803.

______ (2014). *Constitutionalism in the Global Realm: A Sociological Approach*. Londres/Nova York: Routledge.

KLUG, Heinz (2000). "Model and Anti-Model: The United States Constitution and the 'Rise of World Constitutionalism'". *Wisconsin Law Review* 2000, pp. 597-616.

KOSELLECK, Reinhart (1989). *Vergangene Zukunft: Zur Semantik geschichtlicher Zeiten*. Frankfurt am Main: Suhrkamp [trad. ingl.: *Futures Past: On the Semantics of Historical Time*. Nova York: Columbia University Press, 2004; trad. bras.: *Futuro passado: contribuição à semântica dos tempos históricos*. Rio de Janeiro: PUC-Rio, 2006].

______ (2006). "Begriffsgeschichtliche Probleme der Verfassungsgeschichtsbeschreibung". *In*: R. Koselleck. *Begriffsgeschichten*. Frankfurt am Main: Suhrkamp, pp. 365-401.

KOSKENNIEMI, Martti (1995). "The Police in the Temple – Order, Justice and the UN: A Dialectical View". *European Journal of International Law* 6, pp. 325-48.

______ (2002). *The Gentle Civilizer of Nations: The Rise and Fall of International Law 1870-1960*. Cambridge: Cambridge University Press.

______ (2004) "International Law and Hegemony: A Reconfiguration". *Cambridge Review of International Affairs* 17, pp. 197-218.

______ (2010). "Human Rights Mainstreaming as a Strategy for Institutional Power". *Humanity: An International Journal of Human Rights, Humanitarianism, and Development* 1, pp. 47-58.

KRISCH, Nico (2010). *Beyond Constitutionalism: The Pluralist Structure of Postnational Law*. Oxford: Oxford University Press.

KUMM, Mattias (2013). "The Cosmopolitan Turn in Constitutionalism: An Integrated Conception of Public Law". *Indiana Journal of Global Legal Studies* 20, pp. 605-28.

LACLAU, Ernesto (1994). "Why do Empty Signifiers Matter to Politics?". *In*: J. Weeks (org.). *The Lesser Evil and the Greater Good. The Theory and Politics of Social Diversity*. Londres: Rivers Oram Press, pp. 167-78.

LADEUR, Karl-Heinz (1992). *Postmoderne Rechtstheorie: Selbstreferenz – Selbstorganisation – Prozeduralisierung*. Berlim: Duncker & Humblot.

______ (2014). "Die transsubjektive Dimension der Grundrechte". *In*: T. Vesting, S. Korioth e I. Augsberg (orgs.). *Grundrechte als Phänomene kollektiver Ordnung*. Tübingen: Mohr, pp. 17-38.

LEFORT, Claude (1981). "Droit de l'homme et politique". *In*: C. Lefort. *L'invention démocratique : les limites de la domination totalitaire*. Paris: Fayard, pp. 45-83.

LÉVI-STRAUSS, Claude (1973). "Introduction a l'œuvre de Marcel Mauss". *In*: M. Mauss. *Sociologie et Anthropologie*. 5. ed. Paris: Presses Universitaires de France, vol. I, pp. IX-LII (1. ed. 1950) [trad. bras.: "Introdução à obra de Marcel Mauss". *In*: M. Mauss. *Sociologia e antropologia*. São Paulo: EPU/Edusp, 1974, vol. I, pp. 1-36].

LINDAHL, Hans (2010). *Fault Lines of Globalization: Legal Order and the Politics of A-Legality*. Oxford: Oxford University Press.

______ (2013). "We and Cyberlaw: The Spatial Unity of Constitutional Orders". *Indiana Journal of Global Legal Studies* 20, pp. 697-730.

LUHMANN, Niklas (1965). *Grundrechte als Institution: Ein Beitrag zur politischen Soziologie*. Berlim: Duncker & Humblot.

______ (1973). "Politische Verfassungen im Kontext des Gesellschaftssystems". *Der Staat* 12 (Berlim: Duncker & Humblot), pp. 1-22 e 165-82.

LUHMANN, Niklas (1980). "Gesellschaftliche Struktur und semantische Tradition". *In*: N. Luhmann. *Gesellschaftsstruktur und Semantik, Studien zur Wissenssoziologie der modernen Gesellschaft*. Frankfurt am Main: Suhrkamp, vol. 1, pp. 9-71.

______ (1981a). *Ausdifferenzierung des Rechts: Beiträge zur Rechtssoziologie und Rechtstheorie*. Frankfurt am Main: Suhrkamp.

______ (1981b). "Machtkreislauf und Recht in Demokratien". *Zeitschrift für Rechtssoziologie* 2 (Opladen: Westdeutscher Verlag), pp. 158-67.

______ (1981c). *Politische Theorie im Wohlfahrtsstaat*. Munique: Olzog.

______ (1983). *Legitimation durch Verfahren*. Frankfurt am Main: Suhrkamp.

______ (1984). *Soziale Systeme: Grundriß einer allgemeinen Theorie*. Frankfurt am Main: Suhrkamp [trad. ingl.: *Social Systems*. Stanford: Stanford University Press, 1995].

______ (1986). "Die Codierung des Rechtssystems". *Rechtstheorie* 17 (Berlim: Duncker & Humblot), pp. 171-203.

______ (1987a). *Rechtssoziologie*. 3. ed. Opladen: Westdeutscher Verlag [trad. ingl.: *A Sociological Theory of Law*. 2. ed. Abingdon, UK/ Nova York: Routledge, 2014].

______ (1987b) "Die Zukunft der Demokratie". *In*: N. Luhmann. *Soziologische Aufklärung 4: Beiträge zur funktionalen Differenzierung der Gesellschaft*. Opladen: Westdeutscher Verlag, pp. 126-32.

______ (1990a). "Verfassung als evolutionäre Errungenschaft". *Rechtshistorisches Journal* 9 (Frankfurt am Main: Löwenklau), pp. 176-220.

______ (1990b). "Ich sehe was, was Du nicht siehst". *In*: N. Luhmann. *Soziologische Aufklärung 5: Konstruktivistische Perspektiven*. Opladen: Westdeutscher Verlag, pp. 228-34 [trad. ingl.: "I See Something You Don't See". *In*: N. Luhmann. *Theories of Distinction: Redescribing the Descriptions of Modernity*. Stanford: Stanford University Press, 2002, pp. 187-93].

LUHMANN, Niklas (1993). *Das Recht der Gesellschaft*. Frankfurt am Main: Suhrkamp [trad. ingl.: *Law as a Social System*. Oxford: Oxford University Press, 2004].

______ (1995). "Inklusion und Exklusion". *In*: N. Luhmann. Soziologische Aufklärung 6: Die Soziologie und der Mensch. Opladen: Westdeutscher Verlag, pp. 237-64.

______ (1997). *Die Gesellschaft der Gesellschaft*. Frankfurt am Main: Suhrkamp, 2 tomos [trad. ingl.: *Theory of Society*. Stanford: Stanford University Press, vol. 1 (2012), vol. 2 (2013)].

______ (2000). *Die Politik der Gesellschaft*. Frankfurt am Main: Suhrkamp.

MACDOWELL, Douglas M. (1989). "The Oikos in Athenian Law". *The Classical Quarterly (New Series)* 39 (Cambridge: Cambridge University Press), nº 1, pp. 10-21.

MADDOX, Graham (1989). "Constitution". *In*: T. Ball, J. Farr e R. L. Hanson (orgs.). *Political Innovation and Conceptual Change*. Cambridge: Cambridge University Press, pp. 50-67.

MADISON, James; HAMILTON, Alexander; JAY, John (1987). *The Federalist Papers* [1788]. Londres/Nova York: Penguin.

MADURO, Miguel Poiares (2006). *A Constituição plural: constitucionalismo e União Europeia*. Cascais: Principia.

MARX, Karl (1988). "Zur Judenfrage". *In*: K. Marx e F. Engels. *Werke*. 15. ed. Berlim: Dietz Verlag, vol. I, pp. 347-77 [originariamente em: *Deutsch-Französische Jahrbücher*. Paris, 1844].

MAUS, Ingeborg (1997). "Staatssouveränität als Volkssouveränität. Überlegungen zum Friedensprojekt Immanuel Kants". *In*: W. Loth (org.). *Jahrbuch 1996 des Kulturwissenschaftlichen Instituts im Wissenschaftszentrum NRW*. Essen: Altes Rathaus, pp. 167-94.

______ (2011). "Vom Nationalstaat zum Globalstaat oder: der Verlust der Demokratie". *In*: I. Maus. *Über Volkssouveränität: Elemente einer Demokratietheorie*. Berlim: Suhrkamp, pp. 375-406.

MAUS, Ingeborg (2015). "Verfassung und Verfassunggebung. Zur Kritik des Theorems einer 'Emergenz' supranationaler und transnationaler Verfassungen". *In*: I. Maus. *Menschenrechte, Demokratie und Frieden: Perspektiven globaler Organisation*. Berlim: Suhrkamp, pp. 122-91.

MCILWAIN, Charles Howard (1940). *Constitutionalism: Ancient and Modern*. Ithaca, NY: Cornell University Press.

MELLO, Celso de Albuquerque (2000). *Direito constitucional internacional – Introdução*. 2. ed. Rio de Janeiro: Renovar.

MIGNOT, Dominique-Aimé (2007). "La matrice romaine de l'Édit de Mars 1865, dit le Code Noir". *In*: J.-F. Niort (org.). *Du Code Noir au Code Civil : Jalons pour l'histoire du droit en Guadeloupe. Perspectives comparées avec Martinique, la Guyane et la République d'Haïti*. Paris: L'Harmattan, pp. 87-98.

MOHNHAUPT, Heinz (1995). "Konstitution, Status, Leges fundamentales von der Antike bis zur Aufklärung". *In*: H. Mohnhaupt e D. Grimm. *Verfassung: Zur Geschichte des Begriffs von der Antike bis zur Gegenwart; zwei Studien*. Berlim: Duncker & Humblot, pp. 1-99.

MONTESQUIEU (1979). *De l'Esprit des Lois*. Paris: Garnier-Flammarion, vol. I (1. ed. 1748).

MÜLLER, Friedrich (1997). *Wer ist das Volk? Die Grundfrage der Demokratie – Elemente einer Verfassungstheorie VI*. Berlim: Duncker & Humblot.

NEVES, Marcelo (1992). *Verfassung und Positivität des Rechts in der peripheren Moderne: Eine theoretische Betrachtung und eine Interpretation des Falls Brasilien*. Berlim: Duncker & Humblot.

______ (1998). *Symbolische Konstitutionalisierung*. Berlim: Duncker & Humblot.

______ (2000). *Zwischen Themis und Leviathan: Eine Schwierige Beziehung – Eine Rekonstruktion des demokratischen Rechtsstaates in Auseinandersetzung mit Luhmann und Habermas*. Baden-Baden: Nomos.

NEVES, Marcelo (2005). "Between Under-Integration and Over-Integration: Not Taking Citizenship Rights Seriously". *In*: J. Souza e V. Sinder (orgs.). *Imagining Brazil*. Lanham, Md: Lexington Books, pp. 61-90.

______ (2007). "The symbolic force of human rights". *Philosophy & Social Criticism* 33, nº 4, pp. 411-44.

______ (2013). *Transconstitutionalism*. Oxford: Hart.

OCHOA, Christiana; GREENE, Shane (2011). "Introduction: Human Rights and Legal Systems Across the Global South". *Indiana Journal of Global Legal Studies* 18, pp. 1-6.

PAINE, Thomas (1992). *Rights of Man* [1791-1792]. Org. G. Claeys. Indianápolis/Cambridge: Hackett.

PETERS, Anne (2006). "Compensatory Constitutionalism: The Function and Potential of Fundamental International Norms and Structures". *Leiden Journal of International Law* 19 (Cambridge: Cambridge University Press), nº 3, pp. 579-610.

PIRES, Francisco Lucas (1997). *Introdução ao direito constitucional europeu (seu sentido, problemas e limites)*. Coimbra: Almedina.

PRANDINI, Riccardo (2013). "The Future of Societal Constitutionalism in the Age of Acceleration". *Indiana Journal of Global Legal Studies* 20, pp. 731-76.

PREUSS, Ulrich (1990). *Revolution, Fortschrift und Verfassung: Zu einem neuen Verfassungsverständnis*. Berlim: Wagenbach.

______ (2007). "The Exercise of Constituent Power in Central and Eastern Europe". *In*: M. Loughlin e N. Walker (orgs.). *The Paradox of Constitutionalism: Constituent Power and Constitutional Form*. Oxford: Oxford University Press, 211-28.

RAJAGOPAL, Balakrishnan (2012). "International Law and Its Discontents: Rethinking the Global South". *American Society of International Law Proceedings* 106 (Cambridge: Cambridge University Press), pp. 176-81.

RENNER, Moritz (2013). "Occupy the System! Societal Constitutionalism and Transnational Corporate Accounting". *Indiana Journal of Global Legal Studies* 20, pp. 941-64.

RENWICK, Alan (2014). *After the Referendum: Options for a Constitutional Convention*. Londres: The Constitution Society.

RICHARD, Jérémy (2010). "Du Code Noir de 1685 au Projet de 1829 : de la semi-réification à l'humanisation de l'esclave noir". *In*: T. le Marc'Hadour e M. Carius. *Esclavage et droit : du Code noir à nos jours*. Arras: Artois Presses Université, pp. 53-90.

ROACH, Kent (2006). "The Post-9/11 Migration of Britain's Terrorism Act 2000". *In*: S. Choudhry (org.). *The Migration of Constitutional Ideas*. Cambridge: Cambridge University Press, pp. 373-402.

ROBERTS, John (org.) (2007). *Oxford Dictionary of the Classical World*. Oxford: Oxford University Press, *on-line*.

RÖDL, Florian (2013). "Fundamental Rights, Private Law, and Societal Constitution: On the Logic of the So-Called Horizontal Effect". *Indiana Journal of Global Legal Studies* 20, pp. 1015-34.

ROSS, Alf (1950). *Constitution of United Nations: Analysis of Structure and Function*. Copenhague: Ejnar Munksgaard.

SALA-MOLINS, Louis (1987). *Le Code Noir ou le calvaire de Canaan*. Paris: Presses Universitaires de France.

______ (2006). *Dark Side of the Light: Slavery and the French Enlightenment*. Trad. ingl. de J. Conteh-Morgan. Minneapolis: Minnesota University Press.

SCHEPPELE, Kim Lane (2006). "The Migration of Anti-constitutional Ideas: the Post-9/11 Globalization of Public Law and the International State of Emergency". *In*: S. Choudhry (org.). *The Migration of Constitutional Ideas*. Cambridge: Cambridge University Press, pp. 347-73.

SCHMALE, Wolfgang (1988). *Entchristianisierung, Revolution und Verfassung: Zur Mentalitätsgeschichte der Verfassung in Frankreich, 1715-1794*. Berlim: Duncker und Humblot.

SCHMITT, Carl (1993). *Verfassungslehre*. 8. ed. Berlim: Duncker & Humblot (1. ed. 1928) [trad. ingl.: *Constitutional Theory*. Durham/Londres: Duke University Press, 2008].

SCIULLI, David (1992). *Theory of Societal Constitutionalism: Foundations of a Non-Marxist Critical Theory*. Cambridge: Cambridge University Press.

SEGATO, Rita Laura (2011). "Que cada pueblo teja los hilos de su historia: el pluralismo jurídico en diálogo didáctico con legisladores". *In*: V. Chenaut, M. Gómez, H. Ortiz e M. T. Sierra (orgs.). *Justicia y diversidad en América Latina. Pueblos indígenas ante la globalización*. México, DF: Ciesas/Quito: Flacso, pp. 357-81.

SEITZER, Jeffrey; THORNHILL, Christopher (2008). "Introduction to Carl Schmitt's Constitutional Theory: Issues and Context". *In*: C. Schmitt. *Constitutional Theory*. Durham/Londres: Duke University Press, pp. 1-50.

SIEHR, Angelika (2004). "Derogation Measures under Article 4 ICCPR with Special Consideration of the 'War Against International Terrorism'". *German Yearbook of International Law* 47, pp. 545-93.

SKINNER, Quentin (1989). "Language and political change". *In*: T. Ball, J. Farr e R. L. Hanson (orgs.). *Political Innovation and conceptual Change*. Cambridge: Cambridge University Press, pp. 6-23.

SLAUGHTER, Anne-Marie (2000). "Judicial Globalization". *Virginia Journal of International Law* 40, pp. 1103-24.

SOTO BARRIENTOS, Francisco (2014). "Asamblea Constituyente: La Experiencia Latinoamericana y el Actual Debate en Chile". *Estudios Constitucionales* 12, pp. 397-428.

STONE SWEET, Alec (2009). "Constitutionalism, Legal Pluralism, and International Relations". *Indiana Journal of Global Legal Studies* 16, pp. 621-45.

STOURZH, Gerald (1989). "Vom aristotelischen zum liberalen Verfassungsbegriff. Staatsformenlehre und Fundamentalgesetze in England und Nordamerika im 17. und 18. Jahrhundert". *In*: G. Stourzh. *Wege zur Grundrechtsdemokratie: Studien zur Begriffs und Institutionengeschichte des liberalen Verfassungsstaates*. Viena/Colônia: Böhlau, pp. 1-35.

TEITEL, Ruti (1994). "Post-Communist Constitutionalism: A Transitional Perspective". *Columbia Human Rights Law Review* 26, pp. 167-90.

TEUBNER, Gunther (1996a). "Globale Bukowina: Zur Emergenz eines transnationalen Rechtspluralismus". *Rechtshistorisches Journal* 15 (Frankfurt am Main: Löwenklau), pp. 255-90 [trad. ingl.: "Global Bukowina: Legal Pluralism in the World Society". *In*: G. Teubner (org.). *Global Law without a State*. Aldershot: Dartmouth, 1997, pp. 3-28].

______ (1996b). "Des Königs viele Leiber: Die Selbstdekonstruktion der Hierarchie des Rechts". *Soziale Systeme: Zeitschrift für soziologische Theorie* 2 (Opladen: Leske + Budrich), pp. 229-55.

______ (2000). "Privatregimes: Neo-Spontanes Recht und duale Sozialverfassungen in der Weltgesellschaft". *In*: D. Simon e M. Weiss (orgs.). *Zur Autonomie des Individuums. Liber Amicorum Spiro Simitis*. Baden-Baden: Nomos, pp. 437-53 [trad. ingl.: "Global Private Regimes: Neo-spontaneous Law and Dual Constitution of Autonomous Sectors in World Society?". *In*: K.-H. Ladeur (org.). *Public Governance in the Age of Globalization*. Aldershot: Ashgate, 2004, pp. 71-87].

______ (2003). "Globale Zivilverfassungen: Alternativen zur staatszentrierten Verfassungstheorie". *Zeitschrift für ausländisches öffentliches Recht und Völkerrecht* 63, pp. 1-28 [trad. ingl.: "Societal Constitutionalism: Alternatives to State centred Constitutional theory?". *In*: C. Joerges, I.-J. Sand e G. Teubner (orgs.). *Transnational Governance and Constitutionalism*. Oxford: Hart, 2004, pp. 3-28].

______ (2006). "Die Anonyme Matrix: Zu Menschenrechtsverletzungen durch 'private' transnationale Akteure". *Der Staat* 45 (Berlim: Duncker & Humblot), nº 2, pp. 161-87 [trad. ingl.: "The Anonymous Matrix: Human Rights Violations by 'Private' Transnational Actors". *Modern Law Review* 69, 2006, pp. 327-46].

TEUBNER, Gunther (2008). "Selbstsubversive Gerechtigkeit: Kontingenz- oder Transzendenzformel des Rechts". *Zeitschrift für Rechtssoziologie* 29, nº 1, pp. 9-36 [trad. ingl.: "Self-subversive Justice: Contingency or Transcendence Formula of Law?". *Modern Law Review* 72, 2009, pp. 1-23].

______ (2012). *Verfassungsfragmente: gesellschaftlicher Konstitutionalismus in der Globalisierung*. Berlim: Suhrkamp [trad. ingl.: *Constitutional Fragments: Societal Constitutionalism and Globalization*. Oxford: Oxford University Press, 2012].

______ (2016). "Exogenous Self-Binding: How Social Systems Externalise their Foundational Paradoxes in the Process of Constitutionalization". *In*: G. Corsi e A. Febbrajo (orgs.). *Sociology of Constitutions. A Paradoxical Perspective*. Oxford/Nova York: Routledge, pp. 30-48.

______; BECKERS, Anna (2013). "Expanding Constitutionalism". *Indiana Journal of Global Legal Studies* 20, pp. 523-50.

______; FISCHER-LESCANO, Andreas (2008). "Cannibalizing Epistemes: Will Modern Law Protect Traditional Cultural Expressions?". *In*: C. B. Graber e M. Burri-Nenova (orgs.). *Traditional Cultural Expressions in a Digital Environment*. Cheltenham: Edward Elgar, pp. 17-45.

THORNHILL, Chris (2008). "Towards a Historical Sociology of Constitutional Legitimacy". *Theory and Society* 37, pp. 161-97.

______ (2011). *A Sociology of Constitutions: Constitutions and State Legitimacy in Historical-Sociological Perspective*. Cambridge: Cambridge University Press.

______ (2012). "Contemporary Constitutionalism and the Dialectic of Constituent Power". *Global Constitutionalism* 1, nº 3, pp. 369-404.

______ (2013). "A Sociology of Constituent Power: The Political Code of Transnational Societal Constitution". *Indiana Journal of Global Legal Studies* 20, pp. 551-603.

THORNHILL, Chris (2014). "Rights and Constituent Power in the Global Constitution". *International Journal of Law in Context* 10, pp. 357-96.

TOMKINS, Adam; SCOTT, Paul (orgs.) (2015). *Entick v Carrington: 250 Years of the Rule of Law*. Oxford: Hart.

TOMUSCHAT, Christian (1995). "Die internationale Gemeinschaft". *Archiv des Völkerrechts* 33 (Tübingen: Mohr Siebeck), pp. 1-20.

______ (1997). "International Law as the Constitution of Mankind". *In*: United Nations (org.). *International Law on the Eve of the Twenty-first Century: Views from the International Law Commission*. Nova York: United Nations, pp. 37-50.

TULLY, James (2007). "The Imperialism of Modern Constitutional Democracy". *In*: M. Loughlin e N. Walker (orgs.). *The Paradox of Constitutionalism: Constituent Power and Constitutional Form*. Oxford: Oxford University Press, pp. 315-38.

TUSHNET, Mark (2009). "The Inevitable Globalization of Constitutional Law". *Virginia Journal of International Law* 49, nº 4, pp. 985-1006.

UERPMANN, Robert (2001). "Internationales Verfassungsrecht". *Juristenzeitung – JZ* 56 (Tübingen: Mohr Siebeck), nº 11, pp. 565-73.

VERDROSS, Alfred (1926). *Die Verfassung der Völkerrechtsgemeinschaft*. Viena/Berlim: Springer.

______; SIMMA, Bruno (1984). *Universelles Völkerrecht: Theorie und Praxis*. 3. ed. Berlim: Duncker & Humblot.

VON BOGDANDY, Armin (2004). "Constitution in International Law: Comment on a Proposal from Germany". *Harvard International Law Journal* 47, pp. 223-42.

VON FOERSTER, Heinz (1981). "On Constructing Reality". *In*: H. von Foerster. *Observing Systems*. Seaside: Intersystems Publications, pp. 288-309.

VORLÄNDER, Hans (1999). *Die Verfassung: Idee und Geschichte*. Munique: Beck.

WAHL, Rainer (2002). "Konstitutionalisierung – Leitbegriff oder Allerweltsbegriff?". *In*: C. E. Eberle, M. Ibler e D. Lorenz (orgs.). *Der Wandel des Staates vor den Herausforderungen der Gegenwart: Festschrift für Winfried Brohm zum 70. Geburtstag*. Munique: Beck, pp. 191-207.

WALKER, Neil (2002). "The Idea of Constitutional Pluralism". *Modern Law Review* 65, nº 3, pp. 317-59.

______ (2007). "Post-Constituent Constitutionalism: The Case of the European Union". *In*: M. Loughlin e N. Walker (orgs.). *The Paradox of Constitutionalism: Constituent Power and Constitutional Form*. Oxford: Oxford University Press, 247-67.

WALLERSTEIN, Immanuel (1979). "Aufstieg und künftiger Niedergang des kapitalistischen Weltsystems". *In*: D. Senghaas (org.). *Kapitalistische Weltökonomie: Kontroverse über ihren Ursprung und ihre Entwicklungsdynamik*. Frankfurt am Main: Suhrkamp, pp. 31-67.

______ (2004). *World-Systems Analysis: An Introduction*. Durham/Londres: Duke University Press.

WEBER (1968). "Idealtypus, Handlungsstruktur und Verhaltensinterpretation (Auszüge)". *In*: M. Weber. *Methodologische Schriften*. Org. J. Winckelmann. Frankfurt am Main: Fischer, pp. 65-167.

______ (1973). "Die 'Objektivität' sozialwissenschaftlicher und sozialpolitischer Erkenntnis". *In*: M. Weber. *Gesammelte Aufsätze zur Wissenschaftslehre*. Org. J. Winckelmann. 4. ed. Tübingen: Mohr, pp. 146-214 [originariamente em: *Archiv für Sozialwissenschaft und Sozialpolitik* 19, 1904] [trad. ingl.: "'Objectivity' in Social Science and Social Policy". *In*: M. Weber. The Methodology of the Social Sciences. Nova York: The Free Press, 1949, pp. 50-112].

WELSCH, Wolfgang (1996). *Vernunft: Die zeitgenössische Vernunftkritik und das Konzept der transversalen Vernunft*. 2. ed. Frankfurt am Main: Suhrkamp.

______ (2002). *Unsere postmoderne Moderne*. 6. ed. Berlim: Akademie Verlag.

WIELSCH, Dan (2013). "Private Governance of Knowledge: Societally--Crafted Intellectual Properties Regimes". *Indiana Journal of Global Legal Studies* 20, pp. 907-40.

WILLKE, Helmut (1992). *Ironie des Staates: Grundlinie einer Staatstheorie polyzentrischer Gesellschaft*. Frankfurt am Main: Suhrkamp.

WOLFRUM, Rüdiger (2003). "The Attack of September 11, 2001, the Wars Against Taliban and Iraq: Is there a Need to Reconsider International Law on the Recourse to Force and the Rules of Armed Conflict?". *Max Planck Yearbook of United Nations Law* 7, pp. 1-78.

ZOLO, Danilo (1993). "Democratic Citizenship in a Post-communist Era". *In*: D. Held (org.). *Prospect for Democracy: North, South, East, West*. Cambridge: Polity Press, pp. 254-68.

ZÚÑIGA URBINA, Francisco (2013). "Nueva Constitución y Operación Constituyente: Algunas notas acerca de la Reforma Constitucional y de la Asamblea Constituyente". *Estudios Constitucionales* 11, pp. 511-40.

GRÁFICA PAYM
Tel. [11] 4392-3344
paym@graficapaym.com.br